法大诉讼法学博士文库

总主编　卞建林

非法证据排除规则实施问题研究

甘雨来　著

中国人民公安大学出版社
·北　京·

图书在版编目（CIP）数据

非法证据排除规则实施问题研究/甘雨来著. —北京：中国人民公安大学出版社，2016. 11

（法大诉讼法学博士文库/卞建林主编）

ISBN 978 - 7 - 5653 - 2801 - 5

Ⅰ. ①非…　Ⅱ. ①甘…　Ⅲ. ①证据—研究—中国　Ⅳ. ①D925. 013. 4

中国版本图书馆 CIP 数据核字（2016）第 280403 号

非法证据排除规则实施问题研究

甘雨来　著

出版发行：中国人民公安大学出版社
地　　址：北京市西城区木樨地南里
邮政编码：100038
经　　销：新华书店
印　　刷：北京普瑞德印刷厂

版　　次：2016 年 11 月第 1 版
印　　次：2016 年 11 月第 1 次
印　　张：7. 375
开　　本：880 毫米 × 1230 毫米　1/32
字　　数：199 千字

书　　号：ISBN 978 - 7 - 5653 - 2801 - 5
定　　价：28. 00 元

网　　址：www. cppsup. com. cn　www. porclub. com. cn
电子邮箱：zbs@ cppsup. com　zbs@ cppsu. edu. cn

营销中心电话：010 - 83903254
读者服务部电话（门市）：010 - 83903257
警官读者俱乐部电话（网购、邮购）：010 - 83903253
法律图书分社电话：010 - 83905745

总　序

21世纪的中国诉讼法学将向何处去？这是每一位诉讼法学者都应当关心的重要问题。历史是昭示未来的一面镜子。我们不妨先从历史的角度来考察一下我国诉讼法学发展的轨迹和趋势。

我国近代诉讼法学肇始于一百多年前的清末修律。1906年，清政府创办了京师法律学堂，由沈家本亲自制定的法律学堂章程将刑事诉讼法与民事诉讼法均列为主要课程，这标志着诉讼法学作为一门新兴的学科开始独立存在。之后，夏勤、陈瑾昆、蔡枢衡、熊元襄、石志泉、邵勋、邵锋等学者在翻译和介绍日本、德国等国诉讼法律与诉讼理论方面都作出了杰出贡献，并在此基础上对诉讼法学基本原理进行了可贵的探索。至20世纪40年代，旧中国的诉讼法学理论体系得以初步形成。

新中国成立以后，随着旧中国的“六法全书”被废除，原有的诉讼法学理论体系和研究成果也被抛弃。受当时的政治环境影响，中国的法学理论工作者开始将目光转向苏联。在20世纪50年代，伴随着苏联法学教授来华授课，一批苏联的诉讼法学著作被翻译推介到我国。我国学者开始在学习苏联诉讼法律制度与法学理论的同时，结合中国无产阶级专政的实际经验与需要，尝试创建我国的诉讼法学理论体系。然而，不久后的“反右”运动和“文化大革命”动乱，法律虚无主义甚嚣尘上，诉讼法学研究长期陷入停滞。这种状况一直持续到20世纪70年代末期。

1978年改革开放以来的30余年，是我国诉讼法学的恢复和迅速发展时期。随着1979年中国第一部刑事诉讼法的颁布实施，我国诉讼法学开始全面“复苏”。在“解放思想、实事求是”方针的指引下，诉讼法学的学术研究变得活跃起来，关于刑事诉讼、民事诉讼、证据理论、司法制度方面的多本专著先后问世。特别是20世纪80年代初、中期，国家统一组织编写刑事诉讼法学、民事诉讼法学、证据法学教材。这些统编教材，发行量大，适用面广，读者群众，影响力巨，基本确立了诉讼法学与证据学的理论框架与教学体系。诚然，此时的诉讼法学仍不够成熟，大多停留在注释法学的阶段，教学和研究的目的主要是解释法律、宣讲法律，先进的诉讼理念尚未确立。至20世纪90年代，此种状况得到很大改善。“刑事诉讼法学的研究登上了一个新的台阶……在理论方面，对刑事诉讼基础理论的研究开始起步并初有成就。”① 其标志性成果是一系列有关诉讼目的、诉讼构造、起诉制度、审判原理等基本理论问题的学术专著陆续出版。随着我国政治、经济、社会、文化等各个方面日新月异的发展与进步，随着“依法治国，建立社会主义法治国家”基本治国方略的确立与实施，我国社会主义民主与法治建设取得巨大成就。在此大背景下诉讼立法进程加快，诉讼制度日臻完善，诉讼法学理论研究也在不断深入。“程序正义”、“人权保障”等先进的诉讼价值观念得到大力弘扬和广泛传播，公平、正义、人权、自由、秩序、效率等价值观不仅是诉讼理论界热衷探讨的命题，并逐步得到立法和司法实务部门的理解和认同，甚至成为普通百姓耳熟能详的大众话语。进入21世纪以来，诉讼法学研究方面最显著的进展莫过于研究方法的转型。不仅实证研究方法受到重视，多元化、跨学科的研究方法也得到了提倡，哲学、社会学、逻辑学、经济学等多学科的研究方法被广泛地应用于诉讼法学和证据法学研究。甚至文理汇聚、社会科学与自然科学交融的现象

① 陈光中、卞建林：《刑事诉讼法学研究现状与发展趋势》，载《法学家》1996年第2期。

也已出现，国家自然科学实验基地中国政法大学证据科学研究院的成立就是明证。通过研究方法上跨学科、多学科的融通交汇，我国诉讼法学研究的广度和深度得到进一步拓展。

不同于单纯的理论法学研究，诉讼法学研究还具有时代性和实践性的鲜明特点，在研究基础理论的同时，应当及时反映司法现实、回应社会关切。随着“全面建成小康社会、全面深化改革、全面依法治国、全面从严治党”战略布局的提出与落实，政治、经济、社会、文化、军事等各个领域的全面改革成为我国现代化进程中的主旋律。司法体制改革是全面深化改革的重要一环，是全面推进依法治国的主要抓手。一系列司法改革重大举措的制定并落地，推进中国特色社会主义诉讼制度和司法体系日趋成熟完善。在此背景下，我国诉讼法学研究也愈加关注司法体制改革与社会现实问题，探求司法规律，彰显中国特色，研究成果更加务实、更加中肯、更具实际参考和应用转化价值。

回顾历史，笔者在为我国诉讼法学发展历程的艰难曲折而感叹的同时，也为当前诉讼法学研究所取得的巨大成就感到欢欣鼓舞。然而，值得注意的是，从历史上看，我国诉讼法学的成长始终伴随着对外来法律文化的学习：从萌芽与初创阶段对日、德等国诉讼理论的借鉴，到重建与停滞阶段对苏联诉讼理论的模仿，再到恢复与提升阶段对美、英等国诉讼理论的引入。达马斯卡曾经告诫我们：“与私法领域相比，程序法的意义和效果更加依赖于外部环境——尤其是直接依赖于所在国家司法制度运行的制度背景。”① 诉讼法对其制度背景的依赖使得这门学科较之其他学科具有更强的地域性特征。所以，我们需要思考的一个问题是：我们仿效外国经验而建构起来的理论，我们从西方国家那里所引入的理念以及我们参考国外做法而采用的研究方法，是否真的适合于我国？即使这些理论、

① ［美］米尔吉安·R. 达马斯卡著：《比较法视野中的证据制度》，吴宏耀等译，中国人民公安大学出版社2006年版，第231～232页。

理念和方法能够适合于我国，中国学者对人类法治文明的独特贡献又何在？

笔者认为，21 世纪的中国诉讼法学应当以创建中国特色、中国风格的诉讼法学理论体系为努力方向。回首过去的一个多世纪，中国诉讼法学在对国外诉讼理论持续不断的“效仿”过程中渐渐迷失了自我，始终未能确立起自身的独立品格。因此，我国学者应当从中国实际出发，在了解和借鉴他国诉讼理论的同时，着力构建具有中国特色、中国风格的诉讼法学理论。这是一项艰巨而长期的历史任务。其艰巨性在于，曾经在世界法制发展史上占有一席之地的中华法系早已风光不再，一百多年来我国所进行的各项法制改革大多是跟在西方国家后面亦步亦趋，我国法学理论缺乏自主发展的传统。其长期性在于，我国民众存在着根深蒂固的“重实体、轻程序”观念，而观念的转变绝非一朝一夕可以实现的。昂格尔就曾经针对我国古代法律评论道，与其他非欧洲的法相比较，中国法是离“法治”（rule of law）理念最为遥远的一极。① 当然，伴随着我国全面推进依法治国和大力深化司法体制改革，我国诉讼法学研究已经开始摆脱西方话语体系、西方逻辑的研究“窠臼”，逐步走向自醒自觉，探索建立符合中国国情和司法规律二元目标的社会主义诉讼法学理论体系已经起步。同时也要认识到，建成体现中国特色、中国风格的具有独立思维和独立话语体系的社会主义诉讼法学理论体系非一时之功，可能需要几代学人的共同努力。

历史的经验告诉我们，对于任何事业来讲，人才都是关键。从我国京师法律学堂的创办与诉讼法学的诞生可以看出，诉讼法学学科的发展与诉讼法学人才的培养是分不开的。因此，针对我国诉讼法学研究任务的艰巨性和长期性，我们应当进一步加大对青年诉讼法学高级人才，尤其是对诉讼法学博士生的培养力度。法学博士生

① ［日］滋贺秀三：《中国法文化的考察——以诉讼的形态为素材》，载《明清时期的民事审判与民间契约》，王亚新等编译，法律出版社 1998 年版，第 3 页。

群体是一支重要的科研力量。博士生们大多风华正茂，正处于人生创造力最为旺盛的时期，有可能提出富有原创性的学术观点；博士生们思维活跃，较少受到成见的束缚，有利于发掘新思维、新视角，不断推陈出新；博士生们拥有最有利的学习环境和条件，有足够的时间和精力就某些专门问题深入钻研。也正是基于这些原因，有人认为，博士学位论文常常能够代表学者一生的最高学术成就。

中国政法大学是全国最早获得诉讼法学博士学位授予资格的高等学府，由于师资队伍、培养模式、图书资料、学术交流等诸多方面的优势，法大培养的诉讼法学博士人数众多，质量上乘，为我国诉讼法学的学科发展作出过重要贡献。早在20世纪80年代末期，中国政法大学前校长、诉讼法学学科带头人陈光中先生就呼吁学界进一步加强对刑事诉讼法学基本理论的研究和创新，并引进自然科学和其他社会科学中的相关学科的成果，开拓刑事诉讼法学研究的新领域。① 在法大导师们的指引下，一批优秀的法大诉讼法学博士生开始对诉讼法学基础理论进行了大胆探索，取得了很多填补空白的开拓性研究成果。我国诉讼法学界在20世纪90年代出版的具有代表性的基础理论著作大多是在他们的博士学位论文基础上完成的。曾经取得的辉煌成就使中国政法大学的诉讼法学学科在全国享有盛誉。1999年，中国政法大学诉讼法学研究中心（2006年更名为中国政法大学诉讼法学研究院）成立，这是诉讼法学专业唯一入选全国普通高等学校人文社会科学百所重点研究基地的研究实体。2013年，由中国政法大学牵头，以中国政法大学诉讼法学研究院和证据科学研究院为科研依托平台，联合吉林大学理论法学研究中心（教育部人文社会科学重点研究基地）和武汉大学环境法研究所（教育部人文社会科学重点研究基地）申报的司法文明协同创新中心顺利通过教育部和财政部的认定，成为全国首批14家“2011计划”协同创新中心之一。自此，中国政法大学在诉讼法学

① 陈光中：《中国刑事诉讼法学四十年（下）》，载《政法论坛》1989年第5期。

学科建设和人才培养方面掀开了新的一页。

“法大诉讼法学博士文库”是中国政法大学诉讼法学研究院主持编选并组织出版中国政法大学诉讼法学专业（含刑事诉讼法学、民事诉讼法学、行政诉讼法学、证据法学）博士学位论文的系列丛书。这套丛书旨在搭建学术平台，推出诉讼法学新人新作，营造百家争鸣的学术氛围。此外，由于博士学位论文不仅能够反映博士生个人的勤奋和智慧，还常常凝聚了博士生导师们的辛劳和心血。因此，这套丛书的出版也是对法大诉讼法学教学成果的集中展示。我们希望能够通过丛书的出版，进一步培养和造就高素质的诉讼法学博士生，推动诉讼法学年轻学者之间的互动和交流，促进我国诉讼法学的繁荣和发展。

中国政法大学诉讼法学研究院院长　卞建林

2016年11月16日于北京

目 录

前　言

一、选题意义

起源于美国的非法证据排除规则作为现代刑事诉讼一项重要的证据规则，经过长期的发展已经形成了一个非常复杂的体系，在体现程序正当性价值的同时也保障着实体公正，其中一些具有普适性的规则逐渐为其他国家采纳与借鉴，特别是联合国一系列国际公约对该项规则的确认使其逐渐成为联合国国际刑事司法准则的重要内容。早在1979年，我国的刑事诉讼法就规定了严禁刑讯逼供，但并未形成非法证据排除规则。1996年修改刑事诉讼法时仍保留了1979年《刑事诉讼法》的规定，并在之后的司法解释中强调了严禁刑讯逼供和以其他非法的方法收集证据，但由于缺乏程序性规定和解释，司法机关在实践中难以贯彻和施行，非法证据排除规则仍未确立起来，在司法实践中仍不断有刑讯逼供等非法取证的案件被曝光出来，对非法取证的遏制需要进一步加强。

2010年5月30日，在中央深化司法体制和工作机制改革工作的总体部署下，最高人民法院、最高人民检察院、公安部、国家安全部和司法部发布了《关于办理死刑案件审查判断证据若干问题的规定》和《关于办理刑事案件排除非法证据若干问题的规定》。特别是后一规定，以司法解释的形式正式确立起了我国的非法证据排除规则。随后，2012年3月14日，十一届全国人大五次会议通过修正案对1996年《刑事诉讼法》进行了全面修改，在吸收《关于办理刑事案件排除非法证据若干问题的规定》相关规定的基础上，进一步对我国非法证据排除规则进行了补充和完善，之后公安部、最高检、最高院又各自出台了对新刑事诉讼法的司法解释，其中对三机关执行非法证据排除规则也作了较为详细的规定。至此，非法证据排除规则在我国刑事诉讼法中已经得到全面的确立。如何切实贯彻实施我国法律及相关司法解释已经确立的非法证据排除规则，便成为目前实务界和理论界亟待研究的问题。

非法证据排除规则在我国刑事诉讼法中正式确立后，研究非法证据排除规则的实施问题主要具有以下意义：

首先，从非法证据排除规则本身来看，目前我国的非法证据排除规则还存在辩方承担启动程序的初步举证责任不够合理、法庭启动调查程序的标准过于笼统和抽象、公诉人证明取证手段合法性缺乏公信力、调查程序缺乏法庭裁决、证据能力与证明力混淆、缺乏救济程序等诸多缺陷，亟待通过进一步研究，建立更完善的非法证据排除规则体系。

其次，以非法证据排除规则的实际运行为角度进行研究，有助于进一步发现我国非法证据排除规则与实践脱轨的问题，发现我国在司法实践中实施非法证据排除规则遇到的困难和问题，并通过进一步完善非法证据排除规则的配套制度和措施，推动我国非法证据排除规则在实践中的发展。

最后，通过对各地公安司法机关实施非法证据排除规则的具体案例的考察研究，从司法实践的角度为进一步发展和完善我国的非法证据排除规则提供必要的实践经验和依据。

二、选题研究现状综述

国内学者对非法证据排除规则的研究由来已久，对该规则的研究基本可用以下时间点作为分界线：1996 年《刑事诉讼法》至 2010 年《关于办理刑事案件排除非法证据若干问题的规定》的出台作为第一阶段；2010 年《关于办理刑事案件排除非法证据若干问题的规定》至 2012 年《刑事诉讼法》及其司法解释的出台作为第二阶段；2012 年《刑事诉讼法》及其司法解释全面确立非法证据排除规则之后作为研究的第三阶段。

第一阶段学者的研究主要集中在国外非法证据排除规则的相关问题上，特别是非法证据排除规则的起源国——美国的非法证据排除规则一直是研究的重点和热点。另外，联合国多项国际公约，尤其是《公民权利和政治权利国际公约》和《禁止酷刑和其他残忍、不人道或有辱人格的待遇或处罚公约》，前一个公约我国已经签署尚待批准，后一个公约由于我国的正式批准已对我国产生了法律效力，这些公约有关非法证据的内容也成了学者研究的主要对象。

第二阶段是在《关于办理刑事案件排除非法证据若干问题的规定》出台前后，学者的研究主要集中在我国非法证据排除规则的确立问题上，在区域范围内围绕非法证据排除的具体实施问题展开一定的实证研究。主要内容包括非法证据范围的界定、非法证据排除的证明理论、非法证据排除规则的具体程序问题等方面。

第三阶段是在《关于办理刑事案件排除非法证据若干问题的规定》发布以及新刑事诉讼法及其司法解释出台后，在非法证据排除规则已经全面确立的情况下，学者的研究开始向非法证据排除规则在实践中的运用和实施问题发展。

三、选题研究方法

比较研究：本书在论述非法证据排除规则的实际运行机制时注重国际范围内的比较研究，特别是美国非法证据排除规则的运行情况与发展情况，并结合比较目前我国刑事诉讼中存在的相应问题进行阐述和分析，以期对我国的刑事诉讼规则的完善提供有益思路。

实证研究：制度的完善和发展离不开对实践的充分理解。本书在论述非法证据排除规则相关问题的同时也重点关注非法证据排除规则目前已有的实际案例，侧重于非法证据排除规则实际案例的收集和分析，以准确、科学的实际案例内容作为研究非法证据排除规则的有力支撑。

可行性分析：在导师杨宇冠教授的指导下，笔者有幸参加他和卞建林教授主持的美国律师协会资助项目——非法证据排除规则试点项目，并多次到江苏、四川等地进行项目实证考察调研，进行了一定的原始档案积累工作。同时，导师非常熟悉非法证据排除规则这个研究领域，对本书的写作和修改随时提出指导意见。此外，笔者对本选题也非常感兴趣。这些都是本研究可行并得以顺利成书的基础。

四、释义

在本书论述范围内，除非文义另有所指，下列词语具有下述含义：

"79 年刑诉法"指 1979 年 7 月 1 日第五届全国人民代表大会第二次会议通过的《中华人民共和国刑事诉讼法》。

"96 年刑诉法"指 1996 年 3 月 17 日第八届全国人民代表大会第四次会议通过的《中华人民共和国刑事诉讼法》。

"新刑诉法"指 2012 年 3 月 14 日第十一届全国人民代表大会第五次会议通过的《中华人民共和国刑事诉讼法》。

"最高检新《规则》"指 2012 年 10 月 16 日最高人民检察院第十一届检察委员会第八十次会议通过的《人民检察院刑事诉讼规则（试行）》。

"最高法新《解释》"指 2012 年 11 月 5 日最高人民法院审判委员会第 1559 次会议通过的《关于适用〈中华人民共和国刑事诉讼法〉的解释》。

"公安机关新《规定》"指 2012 年 12 月 3 日公安部部长办公会议通过的《公安机关办理刑事案件程序规定》。

"新刑诉法《实施规定》"指 2012 年 12 月 26 日最高人民法院、最高人民检察院、公安部、国家安全部、司法部、全国人大常委会法制工作委员会发布的《关于实施刑事诉讼法若干问题的规定》。

"新刑诉法及其司法解释"指 2012 年新刑事诉讼法及上述各

机关指定的司法解释。

“最高院”指最高人民法院。

“最高检”指最高人民检察院。

“《非法证据排除规定》”指2010年5月30日最高人民法院、最高人民检察院、公安部、国家安全部和司法部出台的《关于办理刑事案件排除非法证据若干问题的规定》。

“《办理死刑案件审查证据规定》”指2010年5月30日最高人民法院、最高人民检察院、公安部、国家安全部和司法部出台的《关于办理死刑案件审查判断证据若干问题的规定》。

第一章　非法证据排除规则在我国的确立与发展

非法证据排除规则，是指“国家机关执法人员（包括行政机关和司法机关的执法人员）及其授权的其他人员通过非法方法所收集的证据不得在刑事诉讼各个阶段采纳”。[①] 也有学者提出：“所谓的‘非法证据排除规则’，其实是一种狭义上的排除规则，它所针对的不是一般的不具有可采性的证据，而是那种在取证手段和搜集程序上违反法律的证据，也就是通常所说的‘非法证据’。”[②] 非法证据排除规则起源于美国，其基础是美国宪法第四修正案，第一个排除非法证据的案例是 1886 年的博伊德诉合众国案（Boyd v. United States），[③] 1914 年的威克斯诉合众国案（Weeks v. United States）确立起非法证据排除规则。[④] 之后经过长期发展，美国的非法证据排除规则已经形成包括“毒树之果规则”、[⑤] “米兰达规则”、[⑥] 非法证据排除的例外规则等在内的非常复杂的完整体系，

---

① 杨宇冠：《非法证据排除规则研究》，中国人民公安大学出版社 2002 年版。

② 陈瑞华：《程序性制裁理论》，中国法制出版社 2005 年版，第 163 页。

③ Boyd v. United States，116 U. S. 616（1886）.

④ Weeks v. United States，232 U. S. 383（1914）.

⑤ 最早提出派出证据也不可采取的判例是 1920 年的西尔弗索恩木材公司诉合众国案（Silverthone Lumber Co. v. U. S. ）；最早在非法证据排除的意义上使用“毒树之果”这个短训的判例是 1939 年的纳多恩诉合众国案（Nardone v. United States），是由法官弗兰克伏特（Frankfurter）提出来的；最常被引用的“毒树之果”判例是 1963 年的王森诉合众国案（Wong Sun v. United States）。参见郑旭：《非法证据排除规则》，中国法制出版社 2009 年版，第 139 页。

⑥ Miranda v. Arizona，384U. S. 436（1966）.

其中一些具有普适性的规则逐渐为其他国家采纳与借鉴，并为联合国《公民权利和政治权利国际公约》(以下简称《公民权利公约》)、《禁止酷刑和其他残忍、不人道或有辱人格的待遇或处罚公约》（以下简称《禁止酷刑公约》）等多个与刑事司法相关的重要国际公约所吸收。《公民权利公约》第 7 条规定："任何人均不得加以酷刑或施以残忍的、不人道的或侮辱性的待遇或刑罚。"《禁止酷刑公约》第 15 条规定："每一缔约国应确保在任何诉讼程序中不得援引任何确属酷刑逼供作出的陈述为证据，但这类陈述可引作对被控施用酷刑逼供者起诉的证据。"非法证据排除规则由此成为联合国刑事司法国际准则中一项重要内容，是现代刑事诉讼中的关键性规则。

我国刑事诉讼中非法证据排除规则的确立经历了一个比较漫长的历程。2010 年 5 月 30 日，《非法证据排除规定》和《办理死刑案件审查证据规定》正式以司法解释的形式确立了具有中国特色的非法证据排除规则。随后，2012 年 3 月 14 日，新刑诉法的通过以及之后各司法机关依据新刑诉法制定的司法解释对《非法证据排除规定》确立的非法证据排除规则作了进一步的补充和完善。2012 年新刑诉法及其司法解释是对我国非法证据排除规则的全面确立。尽管我国现阶段确立的非法证据排除规则对联合国刑事司法国际准则中非法证据排除规则的内容有所借鉴和吸收，但总体来说，我国非法证据排除规则的确立与发展主要还是立足于国内刑事司法实践，是具有中国特色的非法证据排除规则。在此背景下，研究我国非法证据排除规则确立的背景及其发展的路径，有助于深刻理解现行刑事诉讼法中非法证据排除规则的特点与立法目的，以更好地推动我国 2012 年新刑诉法及其司法解释确立的非法证据排除规则的实施与完善。本章主要通过对 96 年刑诉法之前非法证据排除规则的萌芽，到 96 年刑诉法中初步形成该项规则，再到《非法证据排除规定》的出台和新刑诉法及其司法解释的施行，对我国非法证据排除规则的确立和发展展开研究。

第一节 1996年刑事诉讼法及相关司法解释中非法证据排除规则之考察

一、我国排除非法证据规则的萌芽

早在79年刑诉法中，我国就已经有了非法证据排除规则的萌芽。79年刑诉法第32条规定："……严禁刑讯逼供和以威胁、引诱、欺骗以及其他非法的方法收集证据……"。但是在当时的社会大环境下，人权作为西方资产阶级的观念还是理论研究的禁区，保障人权理念特别是保障犯罪嫌疑人和被告人诉讼权利的理念并未深入人心，使得79年刑诉法中还大量使用"犯罪人"、"罪犯"指称"犯罪嫌疑人、被告人"，并强调其任务是"保证准确、及时地查明犯罪事实，正确应用法律，惩罚犯罪分子，保障无罪的人不受刑事追究"。[①] 就此看来，79年刑诉法第32条关于"严禁刑讯逼供"的规定实际上仅仅是为了规范侦查机关的侦查取证行为，并不具有非法证据排除规则对于人权保障特别是犯罪嫌疑人、被告人权利保障这一基本属性。此外，整部79年刑诉法除了第32条之外，再没有与非法证据排除规则相关的规定，特别是对于用非法方法取得的证据如何处理，其是否具有证据能力、证明力等问题没有作任何规定，使得79年刑诉法距离非法证据排除规则的确立还有相当大的差距。79年刑诉法施行之后颁行的司法解释，包括公安部于1987年3月发布的《公安机关办理刑事案件程序规定》、最高人民检察院分别于1991年4月与12月发布的《人民检察院侦查贪污贿赂犯罪案件工作细则（试行)》和《人民检察院刑事检察工作细则（试行)》，均只是从"严禁刑讯逼供"的角度对侦查机关的取证行为进行规范，也均未涉及以非法方法取得证据的处理问题。由此可

① 1979年《中华人民共和国刑事诉讼法》第2条。

见，在1996年之前，非法证据排除规则并未进入我国刑事诉讼立法层面的视野。从司法层面来看，20世纪80年代经历的数次“严打”，也使得非法证据排除规则在刑事司法实践中没有“立足之地”，由于在“严打”过程中对侦查机关的取证行为缺少有效的规范和制约，使得那个时期我国刑事司法实践中罔顾犯罪嫌疑人、被告人甚至证人的权利，刑讯逼供、暴力取证、非法搜查扣押等非法取证的现象普遍存在。

79年刑诉法未确立非法证据排除规则的原因主要在于以下几个方面：一是从社会观念上，没有形成人权保障的理念，特别是对犯罪嫌疑人、被告人的诉讼权利保障没有形成一致的认识，犯罪嫌疑人、被告人仍是被当作公安、检察、法院等国家暴力机器所镇压的对象，非法证据排除规则的确立缺乏必要的意识和理论基础；二是从社会背景来看，由于我国刚走出“文化大革命”的阴影，改革开放也才起步，整个社会还不稳定，犯罪案件呈高发的态势，打击犯罪可以说是当时的刑事诉讼法最重要的任务，非法证据排除规则的确立也就缺乏社会环境的支持；三是79年刑诉法确立的诉讼模式仍是以前苏联的刑事诉讼模式为基础的，奉行强国家职权主义，法官在刑事诉讼中职权范围极大，不仅可以主动调查取证，对案件相关的证据也可以进行完全的自由裁量，这就使得非法证据进入审判阶段会影响法官审查判断案件情况这一问题在客观上并不存在，非法证据排除规则也就失去了确立的必要。与这一阶段在立法上只出现了非法证据排除规则的萌芽相伴随，学界开展的对非法证据排除规则的研究也处于起步阶段。目前能看到的最早对非法证据排除规则的研究论文是1980年发表于《环球法律评论》（1980年第3期）由马尔科姆·R. 威尔基、刘赓书撰写的《批判美国刑事诉讼中非法取得的证据不得采证的规则》。随后，一些对比探讨美国与英国非法证据排除问题的文章也发表出来。在1988年《禁止酷刑公约》正式对我国生效后，学界对其中非法证据排除规则的研究有一定的升温，特别是1988年12月柯葛壮先生撰写的《非法取得的供述不能采为证据》（发表于《法学评论》1988年第6期），首次明确提出了以刑讯逼供或其他非法方法取得的被告人供述不能采为证据。由此，学界对我国非法证据排除规则的研究拉开了序幕。

二、我国非法证据排除规则的初步形成

1996年3月17日，第八届全国人民代表大会第四次会议通过《关于修改〈中华人民共和国刑事诉讼法〉的决定》，对79年刑诉法进行了修正。此次修正是我国社会主义法制建设的一件大事，是我国刑事司法制度发展的里程碑。“修改后的刑事诉讼法既完善了追究犯罪的机制，又加强了对人权的保障，特别是后一方面的步伐相当大，成为此次修改刑事诉讼法的一个突出特点。”① 96年刑诉法相比较于79年刑诉法在当时的时代背景下确实是有了长足的进步，人权保障的理念也在立法中得到了一定的体现。但遗憾的是，关于非法证据排除的规定在96年刑诉法中仍然难觅踪影，仅在第43条原封不动地承继了79年刑诉法第32条关于严禁刑讯逼供和以其他非法方法收集证据的规定，除此之外仍未进一步规定非法取证行为如何处理以及非法证据的证据能力、证明力等关键问题。

当然，尽管96年刑诉法在条文中对非法证据排除规则停留在79年刑诉法的层面，但是出于对20世纪80年代严打过程中出现的刑讯逼供等非法取证行为比较泛滥的反思，立法机关、司法机关也开始对非法证据的相关问题给予了一定程度的重视，并在司法解释中对96年刑诉法第43条的规定进行了一定的细化。最高人民法院于1998年9月2日出台的《关于执行〈刑事诉讼法〉若干问题的解释》第61条规定：“严禁以非法的方法收集证据。凡经查证确实属于采用刑讯逼供或者威胁、引诱、欺骗等非法的方法取得的

① 陈光中：《加强司法人权保障的新篇章》，载《政法论坛》1996年第4期。

证人证言、被害人陈述、被告人供述，不能作为定案的根据。”最高人民检察院于1998年12月16日出台的《人民检察院刑事诉讼规则》第140条规定：“……严禁刑讯逼供和以威胁、引诱、欺骗以及其他非法的方法获取供述。”第160条规定：“询问证人，应当问明证人的基本情况以及与当事人的关系，并且告知证人应当如实地提供证据、证言和有意作伪证或者隐匿罪证要负的法律责任，但是不得向证人泄露案情，不得采用羁押、刑讯、威胁、引诱、欺骗以及其他非法方法获取证言。”第265条规定：“严禁以非法的方法收集证据。以刑讯逼供或者威胁、引诱、欺骗等非法的方法收集的犯罪嫌疑人供述、被害人陈述、证人证言，不能作为指控犯罪的根据。人民检察院审查起诉部门在审查中发现侦查人员以非法方法收集犯罪嫌疑人供述、被害人陈述、证人证言的，应当提出纠正意见，同时应当要求侦查机关另行指派侦查人员重新调查取证，必要时人民检察院也可以自行调查取证。侦查机关未另行指派侦查人员重新调查取证的，可以依法退回侦查机关补充侦查。”最高人民法院和最高人民检察院的上述司法解释对96年刑诉法第43条主要作了以下三个方面的补充：一是在“非法证据”的范围上，将96年刑诉法第43条非法证据的范围限定在了“犯罪嫌疑人供述、被害人陈述、证人证言”这三类言词证据上，也就是说仅是以非法方法收集的言词证据在“非法证据”中的范围；二是在审查起诉阶段人民检察院有权对侦查机关非法取证行为进行纠正；三是在“非法证据”的后果上，查证属实的非法证据既不能作为人民检察院指控犯罪的根据，也不能作为人民法院定案的根据。特别是对“非法证据”后果的补充解释，对非法证据的证据能力的问题作出了规定，对我国非法证据排除规则的形成尤为重要，它明确了对非法证据适用的一般性原则。

96年刑诉法以及上述司法解释所规定的非法证据排除的相关条款严格来说只是明确了非法证据应当予以排除的原则，并未确立非法证据排除规则，或者说初步确立了“未完成版”的非法证据排除规则，其主要特征表现在：第一，非法证据排除规则的相关法律及司法解释条文很少，非法证据排除规则的很多重要内容，如非法证据的举证责任、非法证据的调查等，都没有进一步的规定。第二，相关法律及司法解释内容过于原则和简单，缺乏必要的程序性规定。例如，凡经查证确实的非法证据，不能作为定案的根据，但如何查证，由哪个机关来查证都没有进行明确，在实践中，司法机关对各自的职责也不清楚，难以贯彻执行。第三，公安机关作为担负侦查职能的最主要的机关并未出台关于非法证据排除的有关规定，人民法院和人民检察院的上述司法解释对侦查机关几乎没有约束。例如，人民检察院审查起诉部门在审查中发现侦查人员有非法取证行为的，检察院可以向侦查机关提出纠正违法意见，并可要求其指派其他人员重新进行取证。但是侦查机关如果不按照人民检察院的要求重新调查取证，人民检察院就完全没有制裁的手段和措施。正是由于以上原因，96 年刑诉法颁行以后，上述与非法证据排除规则相关的法律与司法解释在实践中难以施行和操作，基本上被司法机关束之高阁，非法证据排除规则在司法实践中并未全面确立，进而导致在很长一段时间内，我国刑事诉讼中的刑讯逼供、暴力取证等现象仍然存在，非法取证问题未能得到很好的解决。这一阶段性的“未完成版”的非法证据排除规则的价值，更多地也就体现在口号一般的宣示意义上。

第二节　我国非法证据排除规则的正式确立

2010 年 5 月 30 日，《办理死刑案件审查证据规定》和《非法证据排除规定》的出台，标志着我国正式确立起非法证据排除规则，将我国刑事诉讼现代化进程向前推进了一大步。

一、《非法证据排除规定》出台的背景

首先，人权观念的逐渐普及、人权保障的不断加强，为我国非

法证据排除规则的正式确立提供了意识基础。随着我国改革开放的逐步深入，人权理念逐渐为社会公众理解和接受。96 年刑诉法实施以来，法学界就主张将保障人权与惩罚犯罪作为刑事诉讼法的两大基本目标，“两者构成刑事诉讼法目的两个方面的对立统一体，两者并重，不可片面强调一面而忽视另一面”。① 对犯罪嫌疑人、被告人合法诉讼权益的保障日益受到关注与重视。2004 年，我国将“国家尊重和保障人权”写入宪法，更是将人权保障提高到了宪法的高度。素有“小宪法”之称的刑事诉讼法也理应根据宪法的人权保障原则，制定保障犯罪嫌疑人、被告人合法权利的相关制度和规则。

其次，96 年刑诉法及相关司法解释施行后，司法实务部门对其中的非法证据排除规则的贯彻与执行，给我国非法证据排除规则的正式确立提供了实践基础。尽管规则贯彻执行的效果并不理想，司法实务部门也进行了一定的非法证据排除规则的实践。特别是针对刑事诉讼中刑讯逼供屡禁不止的问题，在中央的高度重视下，各地司法实务部门开展了大范围的专项治理行动。1998 年，中央政法委颁布了政法干警的“四条禁令”，其中第三条明确要求“绝对禁止政法干警打人、骂人、刑讯逼供等违法乱纪行为”。1999 年 4 月，中共中央下发《关于进一步加强政法干部队伍建设的决定》，将政法干警刑讯逼供作为重点查办的案件。1999 年 6 月，公安部下发《关于进一步加强对刑讯逼供致人死亡案件追究领导责任和逐级汇报检讨等项工作的通知》，提出“把刑讯逼供案件减少到最低限度，力争不发生刑讯逼供致人死亡案件”的明确要求；同年 7 月，最高人民法院下发《关于贯彻中共中央〈关于进一步加强政法干部队伍建设的决定〉建设一支高素质法官队伍的若干意见》，强调严禁政法干警刑讯逼供。2004 年 9 月，最高法、最高检、公安部又联合下发《关于严格依法履行职责，切实保障刑事案件办

① 陈光中主编：《刑事诉讼法》，北京大学出版社 2005 年版，第 12 页。

案质量的通知》，再次强调“以刑讯逼供或者威胁、引诱、欺骗等非法的方法收集的犯罪嫌疑人、被告人供述，证人证言，被害人陈述，绝不能作为定案的根据”。在该类文件的指导下，各地司法实务部门通过对上述规定的贯彻执行，以治理刑讯逼供等违法取证行为的专项行动等方式对非法取证问题进行了集中整治，这些具体的排除非法证据的执法活动也为该规则的正式确立提供了必要的司法实践基础。

再次，法学界对非法证据排除规则展开了长期、广泛和深入的研究，特别是在2001年我国第一部研究该规则的专著《非法证据排除规则研究》[①] 出版之后，从2001年到2010年，法学界对非法证据排除规则的研究进一步升温，从最初的大部分研究专注于对非法证据排除规则的起源国——美国的非法证据排除规则的研究，发展到立足我国司法的实际情况，与法院、检察院开展活动，进行实证研究。这些研究极大地丰富了具有中国特色的非法证据排除规则理论，为2010年《非法证据排除规定》对规则的正式确立奠定了坚实的理论基础。法学界对非法证据排除规则的研究，对推动我国非法证据排除规则的确立与发展起到了关键的作用。在法学界对非法证据排除规则开展的各项实证研究中，特别值得一提的是中国政法大学诉讼法学研究院与江苏省盐城市中级人民法院于2009年5月开始“合作开展的‘非法证据排除规则试点项目’，该法院成为在非法证据排除规则正式确立之前全国法院系统唯一的非法证据排除规则试点单位，在刑事审判工作中开展了1年9个月的非法证据排除规则试点工作”。在该试点项目实施期间，《非法证据排除规定》出台并开始施行。可以说，该项目为非法证据排除规则的实施提供了第一手的司法实践经验，对非法证据排除规则的确立有一定的促进作用。

最后，96年刑诉法及相关司法解释关于非法证据排除的规定

① 杨宇冠：《非法证据排除规则研究》，中国人民公安大学出版社2002年版。

贯彻执行不顺利，刑讯逼供、暴力取证等违法行为导致的重大冤假错案的不断出现，使得非法证据排除规则的确立有了现实的迫切需要。前述 1998 年中央政法委颁布的政法干警的“四条禁令”、1999 年中共中央颁布的《关于进一步加强政法干部队伍建设的决定》以及公安部、最高人民法院的相关文件，均未能从根本上遏制司法实践中刑讯逼供的发生。2000 年至 2010 年间先后披露出来的“杜培武案”、“佘祥林案”、“赵作海案”等重大典型的刑讯逼供冤假错案引起了全社会的高度关注，这些案件也在客观上促成了我国非法证据排除规则的最终确立。2000 年披露出来的云南省昆明市的“杜培武案”正是在中央三令五申严禁刑讯逼供之后发生的。在“杜培武案”中，昆明市公安局民警杜培武因涉嫌持枪杀人而受到侦查人员的刑讯逼供，并被迫编造了所谓的犯罪事实，尽管杜培武在庭审中出示了其被刑讯逼供的血衣，这起在证据上明显存在重大疑点的案件的犯罪嫌疑人最终仍被云南省高级人民法院判处死刑，缓期二年执行。直到一年后真凶被抓获，杜培武才被无罪释放。[①] 这起被称为全国刑讯逼供第一案的典型案例被披露出来后，在全国范围内的反响很强烈，要求遏制刑讯逼供的呼声也日益高涨，因此最高检专门针对该案下发了《关于严禁将刑讯逼供获取的犯罪嫌疑人供述作为定案依据的通知》，强调各级人民检察院要严格贯彻执行刑事诉讼法及相关司法解释关于非法证据的排除规则。该案更重要的是引起了法学界对非法证据问题的集中关注，可以说掀起了研究非法证据排除规则的热潮。在前述几大典型的刑讯逼供冤假错案中，杜培武尽管蒙冤了 26 个月，但他还算是“幸运”的，在 2010 年披露出来的河南省商丘市“赵作海案”中，受害人赵作海遭受了 11 年的牢狱之灾。在该案中，赵作海涉嫌报复杀人在被公安机关采取强制措施后屈打成招，且该案中的相关证人

---

① 案例整理自《杜培武错案的前前后后》，载人民网，http://unn.people.com.cn/GB/channel23/176/842/200011/08/6165.html。

也遭受了负责案件办理的侦查人员的暴力取证。在案件办理过程中，检察机关也对公安机关取得的犯罪嫌疑人供述和证人证言等证据提出过质疑，曾两次以“事实不清，证据不足”为由将案件退回侦查机关要求补充侦查，但最终在当地政法委的协调下，赵作海被商丘市中级人民法院判处死刑，缓期二年执行。直到被赵作海“杀害”的“被害人”重新出现，赵作海才被宣告无罪释放。①2010年5月披露出来的“赵作海案”客观上在我国非法证据排除规则正式确立的历史上起到了催化剂的作用。该案引起了中央领导的高度重视，2010年5月20日，中央政法委有关领导在第十三次全体会议暨司法体制改革第五次专题汇报会上强调：“各级政法机关要牢固地树立惩罚犯罪与保障人权并重的观念，牢固地树立实体法与程序法并重的观念。”2010年5月30日，两院三部正式出台了《办理死刑案件审查证据规定》和《非法证据排除规定》，确立起我国的非法证据排除规则。

二、《非法证据排除规定》的价值分析

（一）《非法证据排除规定》出台的积极意义

2010年7月1日，《非法证据排除规定》开始施行，我国非法证据排除规则正式确立起来。《非法证据排除规定》的出台是我国刑事诉讼现代化进程的重要一步，对于实现刑事诉讼惩治犯罪和保障人权的平衡、切实维护司法公正并进一步推动社会主义法治建设具有重要的价值。

96年刑诉法以及相关司法解释只是原则性和口号性地规定了“严禁以非法的方法收集证据”，非法证据不能作为指控犯罪和定案的根据。《非法证据排除规定》在96年刑诉法以及相关司法解释的基础上，对侦查机关、人民检察院和人民法院办理刑事案件均提出了更高的要求。

① 案例详见赵作海案，载百度百科，http://baike.baidu.com/view/3592528.htm。

第一，《非法证据排除规定》第 7 条规定了侦查讯问人员在一定条件下可能需要出庭作证。[①] 对于侦查机关来说，这意味着办理案件的侦查人员有可能要在法庭上公正地面对法官以及辩方特别是辩方律师的质询，[②] 这就要求侦查人员在办理案件的过程中，必须时刻注意依法收集证据、规范自身的侦查行为，以避免在公开的法庭审理过程中作证并面对法官询问特别是辩方的质询时，因自身存在非法取证的问题造成情绪上的紧张不安，进而暴露出违法侦查并可能承担相应的责任。

第二，根据《非法证据排除规定》第 3 条的规定，检察机关在审查批捕、审查起诉中均有审查排除非法言词证据的职责，不得将该等证据作为批捕和起诉的根据。[③] 该条规定基本承袭了最高检司法解释要求检察机关审查起诉部门纠正侦查机关侦查人员非法取证行为的规定，在此基础上还进一步要求人民检察院审查批捕部门也要承担相应的非法证据审查的职责，并赋予人民检察院在审查批捕和审查起诉阶段排除非法证据的权力，而不再仅仅是司法解释中对侦查人员非法取证行为进行纠正的权力。《非法证据排除规定》第 7 条关于对取证行为合法性进行法庭审理的规定指出，需要公诉人当庭提供讯问过程的相关证据，这对检察机关的侦查监督职责提出了更高的要求。根据《非法证据排除规定》第 11 条的规定，要求检察机关对犯罪嫌疑人、被告人公诉的合法性提供证据加以证明，否则该等证据将不能在刑事诉讼中使用，这一规定在原则上明确了由检察机关承担取证行为合法性的证明责任，这也对检察机关

---

① 《非法证据排除规定》第 7 条规定："经审查，法庭对被告人审判前供述取得的合法性有疑问的，公诉人应当向法庭提供讯问笔录、原始的讯问过程录音录像或者其他证据，提请法庭通知讯问时其他在场人员或者其他证人出庭作证，仍不能排除刑讯逼供嫌疑的，提请法庭通知讯问人员出庭作证，对该供述取得的合法性予以证明……"

② 讯问人员出庭的具体制度尚未建立，笔者将在后面章节具体论述。

③ 《非法证据排除规定》第 3 条规定："人民检察院在审查批准逮捕、审查起诉中，对于非法言词证据应当依法予以排除，不能作为批准逮捕、提起公诉的根据。"

的公诉职能提出了更高的要求。

第三，根据《非法证据排除规定》第3条之规定，在案件进入审判阶段后，被告人及其辩护人提出排除非法证据申请的，法庭应当先行调查。上述规定实际上增加了相对独立的针对犯罪嫌疑人、被告人审判前供述合法性的当庭调查程序，很有可能导致法庭审理时间的明显增加，这也就明确要求人民法院在办理刑事案件的过程中要承担更复杂的对取证行为合法性进行专门审查的责任。该规定第12条还要求，对于第一审人民法院没有审查被告人及其辩护人提出的非法证据排除申请而直接将该等证据作为一审定案根据的情况，第二审人民法院应当启动救济程序，对被告方提出的非法证据排除申请重新进行审查。上述规定将人民法院在非法证据排除程序中对取证行为合法性的专门审查职责进一步延伸到第二审人民法院，这也进一步提高了对第二审人民法院办理刑事案件的要求。

《非法证据排除规定》出台的价值还在于，通过对96年刑诉法以及相关司法解释的进一步细化，并详细规定非法证据排除的相关程序，明确了侦查机关、人民检察院、人民法院各自的权力和职责，改变了原来非法证据排除规则原则性、口号性的弊端，使得非法证据排除规则真正具有了可操作性、可实现性。“特别是其中的程序性规定把对取证行为合法性的审查程序化，使其成为刑事诉讼程序有机的组成部分，从而使刑事诉讼法禁止非法取证的规定得到程序性保障，便于司法实务部门操作，使我国96年刑事诉讼法和有关司法解释中关于非法证据排除的有关条文落到实处。”① 同时，该规定使非法证据排除规则以独立的、专门的、集中的并且是五个部门联合发布的司法解释的形式出现，改变了以往非法证据排除规则的相关条文散见于司法解释以及各部门分别颁布的单行的决定、通知等文件中的立法格局，也有望改变过去靠中央政策、靠运动式

① 杨宇冠、孙军：《构建中国特色的非法证据排除规则——〈关于办理刑事案件非法证据排除若干问题的规定〉解读》，载《国家检察官学院学报》2010年第4期。

的集中治理刑讯逼供等非法取证行为的局面，使得对非法取证行为的打击实现有理有据、有法可依，并形成持续打击刑讯逼供等违法行为的长效机制，这将有可能极大地提高治理非法取证行为的效果。

《非法证据排除规定》的出台对于2012年新刑诉法的修改与实施也具有极其重要的价值。于2010年5月颁布的《非法证据排除规定》从时间上看，尽管有针对同月所披露的“赵作海案”仓促出台的可能，但实际上，该规定仍然经过了较长时期的准备与论证。在2008年11月，中共中央政治局通过的《关于深化司法体制和工作机制改革若干问题的意见》就明确将完善刑事诉讼制度作为深化司法体制和工作机制改革的重要内容，完善非法证据排除制度则是其中的具体内容之一。“根据中央关于深化司法体制和工作机制改革的总体部署，‘完善非法证据排除制度，明确非法证据排除的范围、证明责任、审查程序和救济途径等’作为一项重要的司法体制改革事项，是由全国人大常委会法工委牵头，并会同最高人民法院等部门共同研究。最高人民法院刑事证据规则项目组经过充分调研，广泛征求各方面的意见和建议，在《关于排除非法言词证据若干问题的意见（稿）》的基础上会同最高人民检察院、公安部、国家安全部和司法部共同制定了《非法证据排除规定》。”①而完善刑事诉讼制度的重大成果，就是2012年3月14日第十一届全国人大第五次会议通过的刑事诉讼法修正案。实际上，制定、完善非法证据排除规则一直以来都是此次修改刑事诉讼法的重要内容之一。2010年5月《非法证据排除规定》的出台，一方面是为新刑诉法的修改进行了充分的准备与论证，规定的主要内容也被2012年新刑诉法所吸收。另一方面，于2010年7月就正式施行的《非法证据排除规定》比2013年1月才施行的新刑诉法在司法实

① 吕广伦、罗国良、刘雅玲等：《〈关于办理刑事案件排除非法证据若干问题的规定〉理解与适用》，载《人民检察》2010年第16期。

践中早运行两年多的时间，在这一期间内，各级司法机关能够通过对《非法证据排除规定》的贯彻执行，充分学习、领会新刑诉法中关于非法证据排除的相关规定，并积累丰富的排除非法证据的司法实践经验，这必将有利于2012年新刑诉法的实施。

（二）《非法证据排除规定》的局限性

尽管《非法证据排除规定》的出台可以作为我国刑事诉讼制度发展过程中的里程碑，但仍应看到，其自身也存在历史的局限性。正如有学者指出："仅凭一部或者两部法律规范是否就能够防止刑讯等非法取证，甚至是较大范围地减少非法取证现象的发生，不能不令人心生疑窦，这不仅是因为非法证据排除规则是多重价值冲突和妥协的产物，而且法律规范无论是作为经验或教训的总结，抑或是理性构建的产物，其本身固有的滞后性、不周延性在所难免，更为重要的是，在当前法治状态下，非法取证行为产生的原因是多重的，有些是法律本身的罅隙给刑讯留下了余地，有些与司法体制甚至是政治体制紧密相连，有些则是'封建（或传统）思想余孽'的产物，等等。因此，如果治理刑讯抱有毕其功于一役的心态，未免过于理想化甚至幼稚。"①

1. "受到限制"的《非法证据排除规定》。

《非法证据排除规定》的局限性首先体现在，它的制定仍然是以96年刑诉法以及相关司法解释为根据，尽管对原有非法证据排除的相关条文进行了细化，但是并未跳出96年刑诉法的基本范围。非法证据排除规则的顺利实施还有赖于其他相关的诉讼制度共同发挥作用，而在96年刑诉法中建立的一些具体诉讼制度与非法证据排除规则存在不相适应的情况，《非法证据排除规定》的贯彻执行也就受到了这些诉讼制度的掣肘。

一是辩护制度的不完善制约了非法证据排除规则的实施。非法

① 汪海燕：《评关于非法证据排除的两个〈规定〉》，载《政法论坛》2011年第1期。

证据排除规则本身是一个现代刑事诉讼中相当复杂的规则，对其中具体条文的理解和适用要求有相当的专业知识和技能，而大部分犯罪嫌疑人、被告人可能并不具备这些知识和技能，因此在申请非法证据排除的案件中，犯罪嫌疑人、被告人能否获得辩护律师有效的帮助就成为非法证据排除规则能否真正得到适用的关键因素。当前，我国刑事诉讼的辩护制度还存在会见难、阅卷难、调查取证难等诸多不完善之处，造成刑事辩护率低的现状。尽管在 2008 年 6 月新律师法施行之后，刑事辩护律师的境遇有所好转，但刑事辩护率低仍未从根本上得到扭转。这就使得提出非法证据排除申请的犯罪嫌疑人、被告人可能不能及时得到辩护律师的帮助。有学者指出，“由于缺少辩护律师的帮助，提出非法证据排除申请后，也很难实际进行相关的调查取证，其排除非法证据的辩护意见也不易被法庭采纳”,[①] 从而直接影响到《非法证据排除规定》的贯彻执行。

二是一些与证据制度相关的程序性规则的不完善制约了非法证据排除规则的实施。对于起诉卷宗及证据材料移送的问题，我国 96 年刑诉法奉行的是复印件移送主义，即只向法院移交证据目录、证人名单以及主要证据复印件，人民检察院在向法院提交证据时就有少移送甚至不移送非法取证行为相关证据的余地。再加上庭前证据开示制度的缺失，可能会导致控、辩、审三方对全案的证据难以有准确、清晰的把握。特别是对于被告人一方，由于在庭前不了解指控证据的具体情况，难以对某项特定的证据提出非法证据排除申请。有学者指出，“在刑事诉讼过程中，被告人作出多次供述，并认为作出有些供述时存在非法取证的问题，但被告人并不清楚哪一份供述是指控证据，只是笼统地提出存在‘刑讯逼供’”。[②] 这种没

① 杨宇冠、甘雨来：《探索构建中国特色非法证据排除规则的实践》，载《人民法院报》2010 年 6 月 9 日第 6 版。

② 杨宇冠、甘雨来：《探索构建中国特色非法证据排除规则的实践》，载《人民法院报》2010 年 6 月 9 日第 6 版。

有明确指向性内容的排除非法证据的申请，与《非法证据排除规定》第6条要求犯罪嫌疑人、被告人在提出非法证据排除申请时应当一并提出涉嫌非法取证的侦查人员违法行为发生的时间、地点等相关线索或材料的规定不相符合，很有可能得不到法庭的支持。对于审判一方来说，法官由于不了解可能涉及的非法证据情况，在面对控方和/或辩方当庭提出非法证据排除申请的时候，就只能采取延期审理的做法，这又是对司法资源的浪费。

三是证人出庭作证制度的不完善也将影响到《非法证据排除规定》的执行效果。长期以来，我国“熟人社会”的背景以及传统的“息讼免争”诉讼文化一直影响着证人出庭作证的积极性，再加上96年刑诉法证人出庭作证制度缺少强制证人出庭作证以及对有义务出庭作证的证人拒绝出庭进行制裁的条款，使得我国刑事案件证人出庭率相当低。同时，证人出庭作证制度还缺少证人出庭作证时，控辩双方如何对证人证言进行质证的具体程序性规则，使得即使有证人出庭，由于可能不能对其进行有效的质证，证人出庭的效果也会大打折扣。上述证人出庭作证制度的不完善之处，将直接对《非法证据排除规定》第7条产生实质影响。该条款作为《非法证据排除规定》一条具有突破性意义的规定，明确了讯问人员可以经公诉人提请后出庭作证，实际上将参与案件办理的侦查人员作为证人的一类。但是由于无法强制证人出庭，讯问人员在公诉人提请法庭通知出庭后，如果不出庭也不会承担任何法律上的后果，因此讯问人员自愿出庭的可能性就会很小。同时，讯问人员出庭时如何对其质证的程序性规定的缺失，有可能导致即使讯问人员出庭了，对讯问人员的质证也无从展开。这就使得本应具有更大价值的第7条被束之高阁，在司法实践中难以施行。

2012年新刑诉法及其司法解释对于96年刑诉法存在的上述限制进行了部分修改，如对律师阅卷权、会见权、调查取证权给予了更多的保障，设置庭前会议制度处理庭前程序性问题，对证人出庭规定了更具有强制性的措施等，这些修改能否破除原有法律对非法证据排除规则实施的限制有待实践检验。

2. “留有余地”的《非法证据排除规定》。

《非法证据排除规定》的局限性除了体现在受到96年刑诉法以及相关司法解释的限制上，还体现在该规定自身的诸多条款均“留有余地”。特别是在非法证据的范围上留下的空白较大。有学者认为：“非法证据从广义上包括3种情形：一是用非法手段获取的实物证据，如物证、书证等；二是用非法方法获取的言词证据，如犯罪嫌疑人、被告人的口供、证人证言等，既包括口头陈述，也包括陈述笔录和书面证言；三是以非法方法获取的言词证据、实物证据为线索而取得的证据。”① 但《非法证据排除规定》的排除范围只包括了非法言词证据和部分非法实物证据。这些“余地”使得司法机关在执行《非法证据排除规定》时，拥有较大的自由裁量权，有了“闪转腾挪”的空间。有理由相信，在具体的涉及非法证据排除的案件办理过程中，司法机关会站在最有利于自己的位置。“留有余地”也因此为《非法证据排除规定》的执行埋下了隐患。

其一，“留有余地”的排除非法言词证据的范围。根据《非法证据排除规定》第1条的规定，非法言词证据的范围有两类，一是通过刑讯逼供等非法手段取得的犯罪嫌疑人、被告人供述，二是通过暴力、威胁等非法手段取得的证人证言、被害人陈述。由此可见，该条规定明确限定了应当排除的“非法言词证据”的范围。这样的限定缩小了原来96年刑诉法以及相关司法解释规定的应当排除的非法言词证据的范围。②《非法证据排除规定》尽管在“刑

---

① 樊崇义主编：《刑事诉讼法修改专题研究报告》，中国人民公安大学出版社2004年版，第248、249页。

② 96年刑诉法第43条、最高人民法院《关于执行〈中华人民共和国刑事诉讼法〉若干问题的解释》第61条以及最高人民检察院《刑事诉讼规则》第140、160、265条均明确规定非法言词证据为“采用刑讯逼供或者威胁、引诱、欺骗等非法的方法取得”的证据，并且针对证人证言还要求“不得采用羁押”的非法方法取得。

讯逼供”之后以“等”字兜底，概括了“非法方法”，但对于“等”字的理解，至少应当是与“刑讯逼供”危害程度相当的非法手段，而以“威胁、引诱、欺骗”的非法方法收集证据对犯罪嫌疑人、被告人产生的肉体伤害并不能与刑讯逼供相提并论，所以《非法证据排除规定》的上述规定实际上是把侦查人员通过“威胁、引诱、欺骗”的非法方法取得的犯罪嫌疑人、被告人供述，以及通过“引诱、欺骗”等非法方式取得的证人证言和被害人陈述这两类原96年刑诉法要求排除的非法言词证据，排除在了应当排除的非法言词证据的范围之外。对于这样的立法规定，有司法机关认为：“司法实践中，‘威胁’、‘引诱’、‘欺骗’的含义及标准问题的确不好界定，很多从气势上、心理上压倒、摧垮犯罪嫌疑人心理防线的讯问语言、行为和策略很难与之区分开来，如果这些讯问方法都被认为非法，将导致大量口供被排除，给侦查工作带来较大冲击，因此，对此问题不必苛求严格，暂不作出规定。”① 也有学者指出：“威胁、引诱、欺骗的方法虽然在刑事司法实践中具有一定的许容性，但必须设定界限，禁止非法采用这些方法，否则，既与禁止刑讯逼供的规定缺乏逻辑一致性，又可能侵犯人权破坏法制，更严重的是可能导致无辜者承认有罪从而制造冤案。因此，本次证据规定基本未规定对这几种方法的限制欠妥。”② “界定‘威胁、引诱、欺骗’的适当界限难度不小，然而《非法证据排除规定》采取的回避态度无助于实务难题的化解，反而有可能进一步加重实践中在这三类非法取证手段处置中的混乱状况。”③ 从司法实践中推行非法证据排除规则的角度来看，《非法证据排除规定》

---

① 吕广伦、罗国良、刘雅玲等：《〈关于办理刑事案件排除非法证据若干问题的规定〉理解与适用》，载《人民检察》2010年第16期。

② 龙宗智：《两个证据规定的规范与执行若干问题研究》，载《中国法学》2010年第6期。

③ 陈卫东：《中国刑事证据法的新发展——评两个证据规定》，载《法学家》2010年第5期。

对排除非法言词证据的范围“留有余地”，在客观上能够起到降低司法机关对执行非法证据排除规则的抵触情绪，在非法证据排除规则确立初期，有助于司法机关对这一规则的贯彻施行，但正如学者们的担忧，“威胁、引诱、欺骗”的取证方法毕竟是“侵犯人权、破坏法制”的违法行为，尽管这样的方法可能对犯罪嫌疑人、被告人不会造成很大的肉体伤害，但对犯罪嫌疑人、被告人精神的侵害，对查明案件事实可能产生的阻碍，甚至对整个刑事诉讼的发展都有极大的破坏力，当前可以出于非法证据排除规则顺利实施的目的对“威胁、引诱、欺骗”给予一定的容忍，但仍应研究我国非法证据排除规则在发展完善过程中如何处置“威胁、引诱、欺骗”的非法取证行为。

其二，对“留有余地”的刑讯逼供的界定和理解。在司法实践中被披露出来的非法取证的案件，涉案人员采取的非法取证手段可以说五花八门。原来较为常见的以物理强制力直接作用于犯罪嫌疑人、被告人身体的方式，如殴打、借助器械殴打等，已经被较一致地认为是刑讯逼供。而一些新出现的非法取证的方法，如不让睡觉、不准吃饭、冻、烤、晒、固定蹲姿等方式是否属于刑讯逼供，却存在混乱的理解。有学者试图通过列举的方式明确各类严禁使用的获取言词证据的方法：“严禁以下列方法获取犯罪嫌疑人、被告人和其他人的证明自己有罪的陈述或其他言词证据：刑讯或者其他使人在肉体上剧烈疼痛的方法；变相刑讯、虐待、欺骗；使人疲劳、饥渴；服用药物、催眠；以刑事诉讼法不准许的措施相威胁，以法律没有规定的利益相许诺；其他残忍、不人道和有辱人格的方法”。[1] 但列举的方式毕竟不能穷尽所有刑讯逼供的可能方法，司法的实际情况又瞬息万变，该方式也并未成为学界的主流观点，目前学界通常更愿意参照联合国《禁止酷刑公约》中对“酷刑”的

① 徐静村主编：《中国刑事诉讼法（第二修正案）学者拟制稿及立法理由》，法律出版社2005年版，第85页。

定义对刑讯逼供进行界定，该公约第1条规定：“‘酷刑’是指为了向某人或第三者取得情报或供状，为了他或第三者所作或涉嫌的行为对他加以处罚，或为了恐吓或威胁他或第三者，或为了基于任何一种歧视的任何理由，蓄意使某人在肉体或精神上遭受剧烈疼痛或痛苦的任何行为，而这种疼痛或痛苦是由公职人员或以官方身份行使职权的其他人所造成或在其唆使、同意或默许下造成的。纯因法律制裁而引起或法律制裁所固有或附带的疼痛或痛苦不包括在内。”① 依据上述规定，不让睡觉、不准吃饭、冻、烤、晒、固定蹲姿等方法其实均应当纳入非法取证行为的范围。《禁止酷刑公约》对于“酷刑”的定义是经典而准确的，且我国已经加入了《禁止酷刑公约》，该公约的条款对我国已经发生了法律效力，如果《非法证据排除规定》直接引用该公约关于酷刑的定义，也并无不妥。然而，毕竟《禁止酷刑公约》的文本是直接以该公约的英文文本为基础翻译过来的，其行文习惯并不符合我国立法的行文模式。另外，司法机关在制定《非法证据排除规定》时提出“‘剧烈疼痛或痛苦’较为抽象，在实践中容易产生歧义”② 也有一定的道理。最终，《非法证据排除规定》未采纳该公约关于酷刑的定义，且未对刑讯逼供等方法作任何解释。我国的非法证据排除规则即使可以不采纳国际公约中关于酷刑的这一定义，也不能不对刑讯逼供进行明确的界定，特别是在以殴打等传统方式进行刑讯逐渐被一些侦查机关放弃使用，转而采取各种不会在犯罪嫌疑人、被告人肉体上留下伤痕的非直接暴力的逼供方式的背景下，非法证据排除规则尽快对刑讯逼供作出更细致的解释以统一实践中对刑讯逼供的理解就显得尤为重要。

其三，“留有余地”的非法实物证据的排除范围。根据《非法

① 杨宇冠：《人权法——〈公民权利和政治权利国际公约〉研究》，中国人民公安大学出版社2003年版，第164页。

② 吕广伦、罗国良、刘雅玲等：《〈关于办理刑事案件排除非法证据若干问题的规定〉理解与适用》，载《人民检察》2010年第16期。

证据排除规定》第14条的规定，非法实物证据仅包括物证和书证两类，且必须满足该等证据的取得明显违反法律规定和可能影响公正审判这两个必要条件，且不能在程序上进行补正或者作出合理解释，这样的物证和书证才是应当排除的非法实物证据。该条规定将排除非法证据的范围延伸到实物证据中的物证、书证这两个主要类别，与96年刑诉法以及相关司法解释没有规定任何类型的实物证据如何排除相比，具有明显的进步意义。然而，上述规定仅包括物证、书证两类，毕竟并未涵盖所有种类的实物证据，按照刑事诉讼法对证据的分类，鉴定结论、勘验、检查笔录、视听资料等实物证据类别均被排除在了非法证据的范围之外。另外，对于新出现的并被广泛运用的电子邮件、电子数据交换、网上聊天记录、手机短信等电子证据而言，也不在《非法证据排除规定》规制的范围内。特别是视听资料和电子证据这两个类别的证据，往往通过技术侦查手段获取且在刑事诉讼中被经常使用。而在目前我国技术侦查措施刚刚被2012年新刑诉法所规定，对司法机关采取技术侦查措施尚缺乏有效制约的情况下，将视听资料和电子证据排除在非法证据排除规则之外，使之成为司法机关的“自留地”，很有可能导致违法获取的这两类证据被大量使用，且不会产生任何违法成本。对排除非法实物证据“留有余地”，还体现为对应当排除的非法实物证据设置了两条必须满足的条件，即“明显违反法律规定”和“可能影响公正审判的”。而在司法实践中取得的物证、书证要同时满足上述两个条件，是一项基本不可能完成和达到的目标，特别是“可能影响公正审判”这个条件基本不可能满足。因为物证、书证与具有可塑性、可更改性并容易受到各种主客观因素的影响而出现失实的言词证据不同，它们是不可改变的。只要不是伪造出来的，且与案件相关的物证、书证，不管是通过非法搜查、非法扣押获取的，还是通过非法言词证据衍生的“毒树之果”，通常对案件事实都能够起到一定的证明作用，这就很难界定为影响到公正审判，至少不能界定为影响到实体公正。同时，该条规定还明确指出，对非法取得的物证、书证还可以通过“补正或者作出合理解释”使其重新具有可采性，这就使得排除非法物证、书证基本成为“不可能完成的任务”。该条规定的意义可能仅仅在于“秀”出了司法机关对于非法物证、书证的态度。

其四，对于“留有余地”的判决“留有余地”。在我国当前的司法实践中，针对可能存在侦查人员刑讯逼供并且被告人可能被判处死刑的重大案件，法院往往最终会判处被告人死刑，缓期二年执行。这就是所谓的“留有余地”的判决。从杜培武案，到佘祥林案，再到赵作海案，这些典型的、最终被证实存在刑讯逼供的案件，负责办理案件的各二审法院无一例外地均采用了留有余地的判决，渐渐形成了对可能的刑讯逼供案件适用“疑罪从缓”的约定俗成。这种在司法审判实践中采取折中主义的判决，实际上明显违反了96年刑诉法第162条的规定。① 实施非法证据排除规则对侦查人员非法取得的证据予以排除后，案件其他证据如果不能证明犯罪嫌疑人、被告人有罪的，理应直接判决其无罪。遗憾的是，《非法证据排除规定》并未针对司法实践中已经比较常见又亟待解决的“疑罪从缓”问题作出任何回应。“疑罪从缓”有可能导致在非法证据通过非法证据排除规则的实施被排除之后，被告人仍然被降格判处刑罚。“疑罪从缓”的问题需要我国非法证据排除规则在进一步发展、完善之后予以解决。

《非法证据排除规定》的出台，正式确立了具有中国特色的非法证据排除规则，建立了规范侦查行为、打击刑讯逼供等非法取证行为的长效机制。然而，作为一部司法解释，特别是还“受到限制”且“留有余地”的《非法证据排除规定》，并不能也不可能解决司法实践中非法取证的所有问题。我国的非法证据排除规则还需要更高层级的立法予以确认，还需要更为详尽的、更具有操作性的

① 96年刑诉法第162条规定：“……证据不足，不能认定被告人有罪的，应当作出证据不足、指控的犯罪不能成立的无罪判决……”

司法解释予以支撑。非法证据排除规则的正式确立仅仅是在刑事诉讼现代化的路程上迈出的一小步，其进一步的发展与完善还有更漫长的道路要走。

第三节　2012 年新修改刑事诉讼法及司法解释对非法证据排除规则的全面确立

2012 年 3 月 14 日，第十一届全国人民代表大会第五次会议审议通过了《全国人民大表大会关于修改〈中华人民共和国刑事诉讼法〉的决定》，对 96 年刑诉法进行了大范围修订，涉及许多观念变革与制度更新。随后，最高检新《规则》、公安机关新《规定》、最高法新《解释》以及新刑诉法《实施规定》四部司法解释相继出台。目前，新刑诉法及其司法解释已于 2013 年 1 月 1 日起施行。2012 年对刑事诉讼法的修正和完善是司法体制和工作机制改革工作取得的巨大成果，也极大地推动了我国刑事诉讼现代化的进程，是我国民主法治建设和依法治国进程中的里程碑事件。

非法证据排除规则是此次刑事诉讼法修改的重要内容之一，《非法证据排除规定》实际上成为 2012 年刑事诉讼法修改的一次预演，新刑诉法和新的司法解释也吸收了《非法证据排除规定》的主要规定，并且更进一步地拓展了已经确立的我国非法证据排除规则的内容，使非法证据排除规则跳出了 96 年刑诉法的限制，也填补了《非法证据排除规定》“留有余地”的部分空白。可以说，新刑诉法的施行，标志着我国非法证据排除规则的全面确立。

一、全面确立非法证据排除规则的意义

“证据是司法公正的基石，证据制度是司法制度的重要组成部分。证据制度是否科学、先进、完备是体现一个国家民主法治程度

的重要标志。”① 非法证据排除规则作为现代证据制度的一项具体规则，其在我国刑事诉讼中的全面确立体现着程序价值和实体价值两方面的意义。

（一）非法证据排除规则全面确立的程序价值

其一，打击非法取证，规范侦查行为。我国非法证据排除规则从萌芽到初步形成再到正式确立，均与国家不断加大打击非法取证行为的力度息息相关，规范侦查行为一直是国家制定非法证据排除规则的直接原因。非法证据排除规则的全面确立，特别是其中对非法取证的程序性制裁措施的规定，使非法证据不能在刑事诉讼中使用，从而使刑讯逼供等非法取证方法彻底失去了功利主义的实用价值。另一方面，新刑诉法及其司法解释还规定了非法取证行为的调查处理程序，对非法取证行为作出了否定性评价，一旦侦查人员涉嫌违法取证，将面临严格的责任追究甚至面临刑罚的威胁。客观上以程序制裁剥夺非法证据的实用性，主观上以法律责任的追究遏制侦查人员违法取证的动因，全面确立的非法证据排除规则正是从主客观两个方面发挥规范侦查行为的作用，并对侦查人员取证行为产生正向的引导，对非法取证行为产生必要的威慑与警示。正如有学者指出的：“对于非法证据排除规则来说，如果违法取证者并不承担任何责任，防止非法证据行为的发生将会是一句空话，因此，需要通过集体内的个体责任追究将违法的不利后果由个体来承担，以实现非法证据排除规则制裁效果的最大化。”②

其二，保障基本人权。在非法证据排除规则打击违法取证、规范侦查行为的程序价值的背后，实质是保障人权的观念逐渐在我国刑事诉讼中得到进一步的体现。“排除非法证据的理由不是证据的

① 陈光中：《刑事证据制度改革若干理论与实践问题之探讨——以两院三部〈两个证据规定〉之公布为视角》，载《中国法学》2010 年第 6 期。

② 杨晓娜：《对非法证据排除规则的法哲学思考》，载《中国检察官》2011 年第 4 期。

不具有证明价值，而是证据取证手段的非法性和侵权性。”[①] 2004年，“尊重和保障人权”被写入我国宪法，使保障人权获得最高层级的法律确认和权威。2012年新刑事诉讼法及其司法解释全面确立的非法证据排除规则正是继2010年《非法证据排除规定》之后，以国家基本法律的形式对“尊重和保障人权”这一宪法条款的进一步确认与落实。非法证据排除规则保障人权的价值直接体现在对犯罪嫌疑人、被告人合法诉讼权利的保障上。“非法证据排除规则正是对非法取证行为的鲜明否定和有力制裁措施。通过对非法证据的排除，可以有效地遏制侦查违法取证现象的发生，使犯罪嫌疑人、被告人的合法权益免受侵害，从而加强诉讼人权保障，彰显正当程序的正义价值。”[②] 非法证据排除规则的人权保障价值更在于它对全社会所有人基本人权的保障，因为从某种意义上分析，每一个公民都有成为犯罪嫌疑人、被告人、证人的可能，不管是否与犯罪相关，杜培武、赵作海在涉案前不过是与犯罪没有任何关系的普通人，如果社会的司法环境充斥着刑讯逼供等非法取证方法，所有人都将因生活在随时可能遭受酷刑的阴影下而惴惴不安，担心自己会成为下一个杜培武、赵作海。非法证据排除规则表面上直接保障着犯罪嫌疑人、被告人、证人的合法诉讼权利，实际上就是对全体社会成员基本人权的有效保障。正如有学者指出的：“如果不对侦查人员非法取得的证据加以否定，社会所有成员的权利都可能遭到侵犯，社会将会出现无序状态。”[③] 还有学者认为：“排除非法证据也是对全社会公民的保护。从某种意义上讲，每个社会公民都有被非法取证的可能性，所以使用非法证据实际上是侵犯了社会所有

---

① 陈瑞华：《非法证据排除规则的中国模式》，载《中国法学》2010年第6期。

② 陈光中：《刑事证据制度改革若干理论与实践问题之探讨——以两院三部〈两个证据规定〉之公布为视角》，载《中国法学》2010年第6期。

③ 谢佑平、陈莹莹：《非法证据排除规则的实质与适用误区》，载《甘肃政法学院学报》2010年第5期。

成员的利益。”①

其三，推动了我国刑事诉讼现代化的进程。2012年新刑诉法及其司法解释全面确立的非法证据排除规则借鉴和吸收了联合国刑事司法国际准则中关于非法证据排除规则的先进内容，同时又融合了我国本土的刑事司法实践积累的有益经验，形成了具有中国特色的非法证据排除规则，包括对非法取得的证人证言、被害人陈述进行排除，将人民检察院审查排除非法证据的权限扩展到审查批捕阶段等创新性规定。上述具有中国特色的非法证据排除规则在发展这一规则的体系与理论的同时，也使得我国刑事诉讼制度向更民主、更文明的方向前进。同时，新刑事诉讼法及司法解释关于非法证据排除规则具体条文的规定，也一改我国原有的刑事诉讼立法坚持“原则性立法”、“宜粗不宜细”的“粗线条模式”，对非法证据排除规则进行了较为详细的程序规定，使其真正具有了可操作性，便于司法机关的贯彻执行和诉讼参与人的理解操作。可以说，非法证据排除规则的全面确立在一定程度上也推动了我国刑事诉讼立法技术的进步。

（二）非法证据排除规则全面确立的实体价值

其一，有利于查清案件事实、准确打击犯罪。我国刑事司法实践历来强调实事求是，看重实体公正的价值，对于以程序公正为首要价值的非法证据排除规则曾经有一定的抵触。部分司法机关人员特别是侦查人员认为，非法证据排除规则对侦查活动的限制太多，不利于侦查活动的展开，特别是从发现案件事实真相的角度来看，排除某些取证方法存在问题但能够证明案件事实的证据更显得没有必要。有学者指出：“这种观点仅看到有罪的被告人因非法证据排除而被宣告无罪的事实，而没有看到无罪的被告人因非法证据未加

① 吴高庆：《论我国非法证据排除程序的完善》，载《浙江工商大学学报》2011年第4期。

排除而被宣告有罪的严酷事实。"[1] 当然，不否认有一些通过刑讯逼供、威胁、引诱等违法手段取得的证据可能对案件事实能够起到证明作用，但是这样证明的案件事实很可能是暂时的、经不起考验的。非法取证行为对于刑事诉讼的破坏，不仅仅在于其用暴力的手段直接侵犯了犯罪嫌疑人、被告人、证人的身体、健康等合法权利，违反了程序的公正，同样也在于通过刑讯逼供等手段取得的非法证据很可能具有的虚假性，这种虚假性直接撕下了暂时得到证明的所谓"案件真实"的面纱，造成实体的不公正。因为以刑讯逼供、威胁、引诱等方法取得的证据是否符合案件事实真相存在不确定性，杜培武案、佘祥林案、赵作海案等案件中，侦查人员通过刑讯逼供取得的犯罪嫌疑人、被告人供述、证人证言最后均在事后被证明是虚假的。在实践中，侦查人员进行刑讯逼供等非法方法取证通常是因为已经掌握了部分线索或证据，但这些线索或证据又缺失关键部分，侦查人员希望通过刑讯逼供等"短平快"的省事手段，获取与已取得的线索或证据能相印证的供述。犯罪嫌疑人、被告人以及证人在遭受刑讯逼供等非法取证行为时，无法忍受折磨，为避免进一步的暴力侵害，往往会表现得更愿意配合侦查。在这种情况下，无辜的犯罪嫌疑人、被告人以及证人就会按照侦查人员的示意，作出虚假的供述；即使是有罪的犯罪嫌疑人、被告人也有可能使供述尽量符合侦查人员的要求。这就造成通过刑讯逼供等方法取得的非法证据可能仅仅是侦查人员想要的供述，而与案件真实相去甚远。正如有学者早就提出的："刑讯逼供不仅是违法行为，而且它可能使无罪的人违心地承认犯罪，也可能使有罪的人乱供乱辩，造成真假难分，给收集证据和准确认定案情造成困难，甚至造成冤案"。[2] 此外，我国侦查机关一向有"重口供"的传统，犯罪嫌疑

---

① 陈光中：《刑事证据制度改革若干理论与实践问题之探讨——以两院三部〈两个证据规定〉之公布为视角》，载《中国法学》2010 年第 6 期。

② 徐静村、樊崇义主编：《刑事诉讼法学》，中国政法大学出版社 1994 年版，第 164 页。

人是否“招了”长期以来被作为案子是否“破了”的标准。侦查人员一旦通过刑讯逼供等非法方式获取了犯罪嫌疑人供述，则很有可能怠于继续展开侦查活动或者只是根据犯罪嫌疑人供述进行侦查而不再根据全案情况收集证据。通过刑讯逼供等取得的虚假供述或证言就会产生直接阻碍侦查或者误导侦查方向的后果，最终使侦查人员远离了“案件真实”，导致冤假错案的发生。可见，通过刑讯逼供等非法方法来追求实体公正，不过是侦查人员的“一厢情愿”。刑讯逼供只会“保证使强壮的罪犯获得释放，并使软弱的无辜者被定罪和处罚”。[①] 只有通过对非法证据的排除，把存在虚假性、欺骗性的证据阻挡在刑事诉讼之外才能够最大限度地防止其对侦查产生误导，使侦查人员能够更全面地收集证据，从而尽可能查清案件事实，避免、减少冤假错案的发生，准确打击犯罪。

其二，全面确立非法证据排除规则是我国履行国际义务、加强国际司法协助的必经之路。非法证据排除规则作为联合国刑事司法国际准则的重要组成部分，其基本内容和主要思想已被联合国相关公约所规定。特别是我国已于 1986 年签署并于 1988 年批准加入《禁止酷刑公约》，从国际法的角度来讲，《禁止酷刑公约》的条款已对我国发生法律强制力。2012 年新刑事诉讼法及其司法解释全面确立非法证据排除规则，正是对这项国际义务的履行。另外，联合国《公民权利公约》第 7 条也规定了非法证据排除规则的内容。联合国人权事务委员会在有关这一条的评论中指出：“委员会还关注在立法中未规定违反公约第 7 条而取得的被告人的陈述无效。成员国应当通过适当的立法使国家承担证明刑事诉讼中被告人的陈述是根据其自由意志所作出的，并规定违反公约第 7 条所取得的被告人陈述被排除。”[②] 针对上述评议，有学者认为：“联合国人权事务

---

① ［意］贝卡利亚：《论犯罪与刑罚》，黄风译，中国大百科全书出版社 1993 年版，第 32、33 页。

② HRC Comments on Romania, 1999 UN doc. CCPR /C /79 /Add. 111.

委员会是《公民权利和政治权利国际公约》的监测机构，其评论起到了对《公约》的解释和使公约内容与时俱进的作用。这一条评论中明确提出排除违反公约第七条所收集的证据，可以认为该《公约》包含了非法证据排除规则的内容。”① 我国于1998年签署了《公民权利公约》，正在等待全国人大常委会批准后加入该公约。尽管《公民权利公约》的相关条款对我国还不具有法律约束力，但是我国已经签署了该公约就负有按照该公约的相关规定调整、修改与公约规定不一致的法律的义务。因此，2012年新刑事诉讼法及其司法解释全面确立了非法证据排除规则，既是履行签署《公民权利公约》的国际义务，也有利于推动我国尽快加入《公民权利公约》。此外，我国现在还面临着大量犯罪分子潜逃到境外躲避法律制裁的问题，需要我国与其他相关国家加强国际司法协助。然而，此前非法证据排除规则的未全面确立，曾导致其他国家对我国的刑事诉讼制度提出质疑，增加了引渡外逃犯罪分子的难度。以赖昌星案为例，1999年轰动一时的厦门远华案主犯赖昌星在案发后潜逃到加拿大。在我国政府向加拿大提出引渡请求后，赖昌星于2007年以“尽管中国作出了保证不会使其遭受酷刑的承诺，但是由于缺少相关的监督等机制保障实施，这一承诺并不可靠”作为向加拿大联邦法庭申请其遣返前风险评估（Pre - Removal Risk Assessment）司法复审的辩护意见，并且加拿大联邦法庭采纳了该辩护意见，负责审理的法官认为遣返前风险评估的官员在评估中国反对酷刑的外交承诺是否具有必要的保障实施的条件方面存在缺陷，裁定对赖昌星被遣返后将面临酷刑的风险评估不充分，批准了对赖昌星遣返前风险评估的司法复审。② 2012年新刑事诉讼法及其司法解释全面确立非法证据排除规则之后，类似于引渡赖昌星这类

① 杨宇冠：《非法这证据排除规则及其在中国确立问题研究》，载《比较法研究》2010年第3期。

② 甘雨来：《加拿大裁决不公正，误解中国法律——评加拿大联邦法庭对赖昌星案的审理》，发表于《中国政法大学校报》。

情况存在的难题也就不复存在，有利于加强我国同其他相关国家的司法协助。

二、新刑诉法及其司法解释对非法证据排除规则的发展与局限

2012年新刑事诉讼法及其司法解释确立的非法证据排除规则不是简单地吸收了《非法证据排除规定》的内容。前文已经论述《非法证据排除规定》“受到限制”、“留有余地”，新刑诉法及其司法解释针对遗留的问题，结合理论界对非法证据排除规则更深层次的研讨论证，以及该规定施行两年多的司法实践经验，对我国非法证据排除规则作了进一步的完善。

（一）新旧非法证据排除规则冲突的解决

由于新刑诉法及其司法解释与《非法证据排除规则》之间关于非法证据排除规则的相关条款并不完全相同，在贯彻实施全面确立的非法证据排除规则时，应当首先厘清新刑诉法及其司法解释的相关规定与《非法证据排除规定》的关系：一是《非法证据排除规定》目前并未被废止，在2013年1月1日新刑诉法及其司法解释施行以后，仍然具有法律效力；二是《非法证据排除规定》是根据96年刑诉法及相关司法解释制定的，新刑诉法及其司法解释开始施行时，《非法证据排除规定》也并不能成为新刑诉法的司法解释，该规定的具体内容如果涉及96年刑诉法及司法解释相关的条款，而这些条款被新刑诉法及其司法解释修正或删除，那么《非法证据排除规定》中相对应的条款应当按照新刑诉法及其司法解释的修正执行或者失效；三是新刑诉法是上位法，《非法证据排除规定》是下位法，按照上位法优于下位法的原则，新刑诉法与《非法证据排除规定》不一致的条款，应当按照新刑诉法的规定执行；四是新刑诉法的司法解释是新法，《非法证据排除规定》是旧法，按照新法优于旧法的原则，新刑诉法的司法解释与《非法证据排除规定》不一致的条款，应当按照新刑诉法司法解释的规定执行；五是新刑诉法及其司法解释没有规定，而《非法证据排除

规定》有规定的，按照《非法证据排除规定》执行。

（二）抗争与妥协——非法证据排除规则的艰难前行

新刑诉法及其司法解释对《非法证据排除规定》的内容进行了大量的修改和完善，特别是在其中一些条款中确立了与非法证据排除规则紧密相关的刑事诉讼的原则，对原规定的一些疏漏进行了补正，详细具体地规定了排除非法证据的程序性规定，使得全面确立起来的非法证据排除规则更完整、更具有可操作性。新刑诉法及其司法解释对《非法证据排除规定》修改较多，本部分只对某些需要注意理解的内容进行论述，与具体实施相关的程序性规定等将在后面章节论述。

1. 对于刑讯逼供的界定问题。

针对《非法证据排除规定》未对“刑讯逼供等非法方法”作出明确的界定而广受非议的问题，新的司法解释对此进行了回应。最高法新《解释》明确定义了“刑讯逼供等非法方法”，根据该解释第 95 条之规定：“使用肉刑或者变相肉刑，或者采用其他使被告人在肉体上或者精神上遭受剧烈疼痛或者痛苦的方法，迫使被告人违背意愿供述的，应当认定为刑事诉讼法第五十四条规定的‘刑讯逼供等非法方法’。”最高检新《规则》也对“刑讯逼供等非法方法”作出了解释，根据该规则第 65 条第 2 款、第 3 款之规定：“刑讯逼供是指使用肉刑或者变相使用肉刑，使犯罪嫌疑人在肉体或者精神上遭受剧烈疼痛或者痛苦以逼取供述的行为。其他非法方法是指违法程度和对犯罪嫌疑人的强迫程度与刑讯逼供或者暴力、威胁相当而迫使其违背意愿供述的方法。”

上述规定对刑讯逼供等方法的界定仅采用了《禁止酷刑公约》中的部分内容，即“在肉体或精神上遭受剧烈疼痛或痛苦”这一本就比较抽象的概念，同时将非法取证手段限定为“使用肉刑或者变相肉刑”。

对于“刑讯逼供等非法方法”的定义，理论界与实务界有不同的意见，其争论的焦点并不在于“使用肉刑”是不是刑讯逼供，因为双方均意识到现阶段的司法实践中，采用肉刑进行暴力取证的行为正大幅度减少，有司法实务部门就指出："目前，真正对犯罪嫌疑人采取赤裸裸暴力手段进行取证的方式已不多见"。[①] 双方关注的重点，已经转移到肉刑之外的一些"非法"方法上了，如冻、饿、罚站、不准睡觉等。前文已经论述，理论界倾向于以《禁止酷刑公约》对酷刑的定义将上述方法也列入非法方法，有学者指出："冻饿、罚站、不准休息等实际上已经使被告人肉体上、精神上遭受巨大折磨，也应予以禁止。对于非法取证行为的判断，应以是否对被告人合法权益造成强烈侵害为标准。"[②] 但有的司法实务部门却认为："从司法实践看，存在将非法证据排除范围扩大化的趋势。比如，有的把侦查人员对被审讯对象的长时间审讯作为非法取证手段看待；有的把被审讯对象人格遭受一定的贬损作为认定非法取证手段的重要依据；有的把侦查人员对审讯对象作出的某些承诺未能兑现作为衡量非法证据的关键因素；有的把侦查人员在审讯中的一些不文明行为视为非法取证手段等。"[③]

新刑诉法司法解释的出台，可以暂时平息理论界与实务界的上述争论。上述司法解释将非法方法限定在"使用肉刑或者变相肉刑"这一范围的做法，可以理解为立法最终向司法实践作出妥协，因为"冻、饿、罚站、不准睡觉"对犯罪嫌疑人、被告人、证人的侵犯程度肯定不能和"肉刑或者变相肉刑"相提并论。但是，考虑到现阶段我国实施非法证据排除规则的打击重点仍然是以肉刑为主的刑讯逼供，同时在非法证据排除规则运行初期又要尽量减少司法实务部门对执行该规则的抵触，从上述角度理解，新司法解释

---

① 徐汉明、赵慧：《非法证据排除规则若干问题探究》，载《人民检察》2011 年第 20 期。

② 杨宇冠、杨恪：《〈非法证据排除规定〉实施后续问题研究》，载《政治与法律》2011 年第 6 期。

③ 徐汉明、赵慧：《非法证据排除规则若干问题探究》，载《人民检察》2011 年第 20 期。

对“刑讯逼供等非法方法”的解释也具有一定的进步意义。

值得注意以及肯定的是，最高法在新刑诉法及司法解释实施仅半年多的时间之后，于2013年10月9日出台了《关于建立健全防范刑事冤假错案工作机制的意见》，扩大了“刑讯逼供等非法方法”的界定范围，该意见规定“采用刑讯逼供或者冻、饿、晒、烤、疲劳审讯等非法方法收集的被告人供述，应当排除”，明确将上述在司法实践中存在争议的“非法方法”纳入到非法取证手段的范围。该规定实际上在一定程度上缩小了之前新刑诉法及其司法解释的规定与《禁止酷刑公约》关于酷刑定义之间存在的差距，体现了最高法通过司法解释倒逼司法在实践中存在较多的变相肉刑问题的解决，具有明显的进步意义。此外，该意见还进一步规定：“除情况紧急必须现场讯问以外，在规定的办案场所外讯问取得的供述，未依法对讯问进行全程录音录像取得的供述，以及不能排除以非法方法取得的供述，应当排除。”将“未在规定的办案场所进行的讯问”以及“未依法全程录音录像进行的讯问”确定为应当排除相关证据的非法取证方法，实际上采用的是推定的方法，认定上述两种取证方式存在很高的非法取证的风险，并直接根据新刑诉法第58条的规定，认定通过该等方式取得的证据为“不能排除以非法方法收集证据情形”，由此推定通过该两种方式取得的证据属于非法证据并应当予以排除。对于进一步完善排除非法证据的证明标准，遏制当前在司法实践中长期存在的“冻、饿、晒、烤、疲劳审讯”的非法取证方法，该意见体现了非法证据排除规则立法上的进步，但相关规定在实践中能够发挥的实际作用仍然有限。

2. 非法物证、书证的排除问题。

对于排除非法实物证据的范围，新刑诉法基本承继了《非法证据排除规定》的规定。[①] 在新刑诉法及司法解释已经详细规定各

---

① 新刑诉法第54条第1款规定：“……收集物证、书证不符合法定程序，可能严重影响司法公正的，应当予以补正或者作出合理解释……”

种实物证据取证方法和程序并特别增加了电子数据的规定的背景下，非法实物证据的范围仍然被限定在物证和书证两类上，不能不说是一大遗憾。对于非法物证、书证的排除条件，新刑诉法将《非法证据排除规定》确立的“明显违反法律规定”和“可能影响公正审判的”修改为“不符合法定程序”和“可能严重影响司法公正”。司法解释还对比较抽象的第二个条件作出进一步解释。最高法新《解释》规定，要“综合考虑收集物证、书证违反法定程序以及所造成后果的严重程度”；最高检新《规则》的解释为，“不符合法定程序的行为明显违法或者情节严重，可能对司法机关办理案件的公正性造成严重损害”。上述司法解释较为明确，便于司法机关的执行，是在非法物证、书证排除问题上规定的一大进步。然而，新规定却明显增加了非法物证、书证的排除难度，即必须达到严重损害司法公正的程度。对于可能排除的物证、书证的补正和解释，最高检新《规则》规定得比较详细。检察机关不仅有权要求侦查机关对于可能需要排除的非法物证、书证进行补正或者作出合理解释，还有权在侦查机关对该等证据作出补正或解释后再继续对其进行审查。这些规定实际上最大限度地保证了物证、书证不被排除，特别是规定人民检察院“应当及时”要求侦查机关补正或解释，目的在于避免侦查机关因疏于补正或解释而造成物证、书证的被排除。综上，对于非法物证、书证的排除问题，新刑诉法及司法解释仍然坚持了《非法证据排除规定》的态度，即“能不排除的，坚决不排除”。

3. 侦查阶段排除非法证据的问题

新刑诉法第 54 条第 2 款规定了侦查阶段排除非法证据的问题，[①] 对于该条的理解，应注意其与《非法证据排除规定》相关条款的区别。一是将能够排除非法证据的刑事诉讼阶段延伸到侦查阶

① 新刑诉法第 54 条第 2 款规定：“在侦查、审查起诉、审判时发现有应当排除的证据的，应当依法予以排除，不得作为起诉意见、起诉决定和判决的依据。”

段。侦查机关，包括承担侦查职能的人民检察院反贪污、反渎职部门等，均已经有权对非法证据进行审查和排除。二是2010年确立的非法证据排除规则指出，人民检察院在审查批捕时也有权排除非法言词证据，但新刑诉法没有再明确人民检察院在审查批捕阶段是否能够排除非法证据。笔者认为，在审查批捕阶段，人民检察院仍然有权排除非法证据：其一，上述条款的立法目的是最大限度地排除非法证据，没有明确审查批捕非法证据排除的问题，并不意味着要取消之前人民检察院在审查批捕时排除非法证据的职权。另外，审查批捕阶段排除非法证据属于新刑诉法及其司法解释没有规定的，而《非法证据排除规则》有规定的，应当按照原规定继续执行。其二，审查批捕本身是侦查阶段的一项重要工作，在审查批捕时排除非法证据，也符合新刑诉法要求的在侦查时排除非法证据的规定。其三，从人民检察院的侦查监督职能来看，审查批捕是检察机关对侦查行为的司法审查和法律监督工作，审查侦查活动是否存在违法行为，包括非法取证行为，本身就是检察机关的固有职责。因此，人民检察院在审查批捕时发现侦查人员有非法取证行为的，应当依法对其违法行为进行纠正，对应当排除的非法证据要严格依法予以排除，不得将之作为批准逮捕的根据。对此问题，最高检新《规则》第67条也从侧面予以了确认，该条规定人民检察院经审查发现非法取证行为，“依法对该证据予以排除后，其他证据不能证明犯罪嫌疑人实施犯罪行为的，应当不批准或者决定逮捕”。该条款直接规定了检察机关发现非法取证后的处理方式，包括“不批准或者决定逮捕”，间接说明检察机关审查发现非法取证行为包括在审查批捕阶段审查发现非法取证行为。

通过考察我国非法证据排除规则萌芽、形成、确立的历程不难发现，我国现阶段确立起来的非法证据排除规则既吸收了刑事司法国际准则中非法证据排除规则的部分先进内容，也采纳了学界研究论证的前沿思想，但终归是更深地植根于我国刑事司法的实践。相比较于“未完成版”的96年刑诉法，2010年《非法证据排除规定》“受到限制、留有余地版”，新刑诉法及其司法解释对我国非法证据排除规则进行了全面地完善与发展，特别是确立了不得强迫自证其罪的原则，对证据合法性审查方法、排除非法证据庭审程序等非法证据排除规则的实施，乃至对推动我国刑事诉讼法现代化进程均具有非常重要的价值。然而，仍应当清醒地看到，现行非法证据排除规则也留下了一些遗憾。例如，在确立不得强迫自证其罪原则的同时，却回避了沉默权的规定，同时保留了“如实回答的义务”；在对非法言词证据排除的问题上，仍然将“刑讯逼供”与“威胁、引诱、欺骗”区别开来；对“刑讯逼供等非法方法”定义的范围过窄；对非法实物证据的排除坚持了尽可能不排除的态度；等等。这些规定均从一定程度上折射出立法向司法现实的妥协。尽管有着许多不尽如人意的地方，我国的非法证据排除规则毕竟还是全面确立起来了。在新刑诉法短期内不会再进行大的修改的背景下，现行非法证据排除规则将运行相当长的一段时间。因此，对于新刑诉法及其司法解释确立的非法证据排除规则内容的争议可以放一放了，当前除了应认真学习理解这些规定外，更紧迫的任务是要从司法实际工作出发，研究非法证据排除规则如何实施，是否会在实践中遇到问题，以及如何解决这些问题，并进一步对我国非法证据排除规则完善提出合理化建议，推动非法证据排除规则实施向前发展。

第二章　侦查机关非法证据排除规则实施问题研究

规范侦查行为是实施非法证据排除规则的直接目的。2013 年 1 月 1 日，新刑诉法及其司法解释确立的非法证据排除规则正式施行，其作为此次新刑诉法及其司法解释对刑事诉讼制度创新和突破的一项重要规则，必将对侦查工作产生深远影响。① 本章主要从不得强迫自证其罪原则、严禁刑讯逼供、讯问制度的完善等侦查机关实施非法证据排除规则的具体问题着手，对侦查机关的非法证据排除程序提出完善性建议。

第一节　侦查机关实施非法证据排除规则的价值分析

"非法证据排除是真正在刑事诉讼法中体现程序法治逻辑的证据规则，被称之为'警察的手铐'"。② 实施非法证据排除规则势必会在一定程度上限制侦查机关的侦查权，对其侦查行为的合法性提出更严格的要求，同时又增加了侦查机关的工作职责与压力，这对侦查机关来说将是一个全新的挑战。但实施非法证据排除规则对侦

① 在我国刑事侦查中侦查机关除了担负主要侦查工作的公安机关，还包括承担某些特定犯罪侦查职能的人民检察院反贪污、反渎职部门，国家安全机关，军队内部保卫部门，海关走私犯罪侦查部门等。如无特别说明，本章论述的侦查机关包括上述各个侦查机关与部门。

② 刘彦辉：《论非法证据调查程序在我国的立法确立》，载《中国法学》2011 年第 4 期。

查机关更重要的意义，实际是有利于侦查机关提高侦查能力。长期以来，我国侦查机关的侦查能力不高多为人诟病，侦查机关也以侦查能力不高为由抵触非法证据排除规则的执行。有学者就指出："刑事侦查逐渐呈现出这样一种逻辑怪圈：侦查机关由于自身侦查能力的欠缺导致侦查过程中对于口供的过度依赖甚至迷信，反过来，由于侦查人员习惯通过口供来获取其他证据进而实现案件侦破，又致使侦查机关的侦查能力提高长期停滞不前。"① 侦查机关提高侦查能力既缺乏主观能动性，又缺乏外在的破案压力，侦查能力的停滞不前与过度依赖口供就这样陷入恶性循环。2012 年新刑事诉讼法及司法解释全面确立了非法证据排除规则，从外部直接打破了这种循环。一方面，刑讯逼供等非法方法被严厉禁止后，势必会引起侦查人员讯问技巧的主动改进，进而推动侦查机关讯问制度的完善；另一方面，以"简单、粗暴"的方式获取口供，再以口供为线索查获其他证据，这种侦查机关熟悉的侦查套路被制止了，外部破案的压力就会促使侦查机关将侦查重点逐步转向口供以外的证据，推动侦查机关不断发展物证技术、鉴定技术、技术侦查手段等。由此可见，侦查机关大可不必抵触非法证据排除规则的实施，尽管在短期内侦查人员可能会因面临传统侦查方式的转变引起不适应，但实际上非法证据排除规则的实施在客观上使得侦查机关有理由加大对侦查技术研发的投入，加快侦查装备的更新，加紧侦查队伍的充实，实现侦查能力的全面提高。因此，从长远来看，非法证据排除规则的施行对侦查机关是利好的。而就短期内实施非法证据排除规则来看，为避免非法证据排除规则在实施初期可能对侦查破案工作甚至打击犯罪产生消极影响，国家势必加大对侦查机关人力、物力的投入，加强侦查机关的建设，这对侦查机关来说又是促进自身变革发展的难得机遇。可以说，非法证据排除规则对侦查工

① 卞建林、李晶：《非法证据排除规则在中国的确立与实施》，载卞建林、杨宇冠主编：《非法证据排除规则实证研究》，中国政法大学出版社 2012 年版。

作的影响是全方位的，既有对程序的影响也有对执法理念和执法指导思想等方面的影响，既有正面的推动作用也有属于挑战性的制约因素，但从总体上说是机遇大于挑战。因此，侦查机关在实施非法证据排除规则的过程中，不能选择消极地抵触，应当积极应对这一全新挑战，不断改善工作方式、提高侦查能力，解决好非法证据排除规则的实施问题，抓住这个对侦查机关长远发展具有重要意义的大好机遇。

第二节　对不得强迫自证其罪原则的理解与适用

一、对不得强迫自证其罪原则的解读

新刑诉法第50条、最高检新《规则》第187条均明确规定了“不得强迫任何人证实自己有罪”,[①] 由此确立了我国的不得强迫自证其罪原则。不得强迫自证其罪是现代刑事诉讼的一项重要原则，许多国家都将此原则作为本国刑事诉讼法的基本原则之一，甚至将之上升到宪法性原则的高度。联合国刑事司法国际准则也确立了不得强迫自证其罪的原则。《公民权利公约》中关于“不得强迫自证其罪”的表述已经得到全世界绝大多数国家的认可。该公约第14条第3款第（庚）项规定：“不得强迫被告自供或认罪。”（“Not to be compelled to testify against himself or to confess guilt.”）[②] 美国联

① 新刑诉法第50条规定：“审判人员、检察人员、侦查人员必须依照法定程序，收集能够证实犯罪嫌疑人、被告人有罪或者无罪、犯罪情节轻重的各种证据。严禁刑讯逼供和以威胁、引诱、欺骗以及其他非法方法收集证据，……”。最高检新《规则》第187条规定：“人民检察院办理直接受理立案侦查的案件，必须重证据，重调查研究，不轻信口供。严禁刑讯逼供和以威胁、引诱、欺骗以及其他非法方法收集证据，不得强迫任何人证实自己有罪。”

② *International Covenant on Civil and Political Rights*，载联合国官方网站，http://www.un.org/en/rights/。

邦宪法第五修正案规定了这条原则："……nor shall be compelled in any criminal case to be a witness against himself……"[1] 意即不得被强迫在任何刑事案件中自证其罪。该原则属于宪法性权利，其又可具体分为在任何情况下任何人不自陷于罪的权利和在刑事诉讼中被告人的沉默权。不得强迫自证其罪原则的具体内容包括：不得强迫被告人作证，即回答法庭的讯问，但如果被告人自愿放弃这个权利，则可以作为证人，在法庭上接受交叉讯问；在刑事、民事、立法听证案件中，任何人有权拒绝回答可能使其受到刑事追诉的问题；警察及其他政法机构不得使用暴力或以暴力相威胁，或以其他不合法、超出权力范围的允诺以获取自白或陈述；进行讯问的警察等公职人员在讯问前必须遵守米兰达规则，即告知被告人有权保持沉默和获得律师帮助；违反这些规则所取得的自白或陈述将被排除，不得用作对被告人不利的证据。而美国非法证据排除规则中排除的非法言词证据，主要就是指违反上述联邦宪法第五修正案的规定而取得的被告人陈述。因此，不得强迫自证其罪实际上也是保障非法证据排除规则实施的重要原则。

对我国新刑诉法确立的"不得强迫任何人证实自己有罪"，应当注意从以下几个方面理解：一是我国的不得强迫自证其罪原则并不是宪法性原则，从法条理解，其适用范围仅限于刑事诉讼中，并且不是新刑诉法第一章规定的刑事诉讼基本原则，只是作为非法证据排除规则中的一项规定。有学者对于此问题提出质疑，其认为：新刑事诉讼法"没有采取这样的立法方式"（即未将不得强迫自证其罪规定为基本原则），"而是将这一重要的具有指导原则性的规定，作为禁止刑讯逼供的保障性规定而隐藏"新刑诉法第 50 条之

---

① Constitution of the United States，http://www.archives.gov/exhibits/charters/constitution.html.

中，“难以彰显其应有的地位”。[①] 二是既然不得强迫自证其罪原则不是宪法性原则，则不受强迫证实自己有罪的权利也不是全体公民的权利，因此对法条中“任何人”的理解，笔者认为也存在范围上的限制。根据法条文意的理解，“任何人”是指“收集（言词）证据”的对象，在刑事诉讼中，具体是指任何犯罪嫌疑人、被告人、证人，还包括其他可能被司法机关获取言词证据的对象。例如，有学者就认为：“对于受刑事指控者的亲友是否能适用该条款与证人类似。如果亲友作证将导致自己受到刑事指控，可以引用该条拒绝作证；如果其作证不会使其面临刑事指控，则他们应当有作证的义务，如果拒绝作证，人民法院可以强制其到庭，但被告人的配偶、父母、子女除外。”[②] 三是不受强迫证实自己有罪的权利作为一项诉讼权利，权利主体是犯罪嫌疑人、被告人及证人，义务主体是能够实施取证行为的审判人员、检察人员、侦查人员。综上，即使不得强迫自证其罪未被规定在新刑诉法第一章“任务和基本原则”里，不是法定的刑事诉讼基本原则，但是其适用第50条规定的主体是“审判人员、检察人员、侦查人员”，享受“不受强迫自证其罪”权利的是任何犯罪嫌疑人、被告人等，按照刑事诉讼基本原则的定义，基本原则是“贯穿于刑事诉讼的全过程或主要诉讼阶段，公安机关、人民检察院、人民法院和诉讼参与人进行刑事诉讼活动所必须遵循的基本准则”，[③] 不得强迫自证其罪已具备了刑事诉讼基本原则的所有要素，应当在侦查、起诉、审判各个阶段得到严格执行。

---

① 汪建成：《刑事证据制度的重大变革及其展开》，载《中国法学》2011年第6期。

② 杨宇冠：《〈刑事诉讼法〉修改凸显人权保障——论不得强迫自证有罪和非法证据排除条款》，载《法学杂志》2012年第5期。

③ 陈光中主编：《刑事诉讼法》，北京大学出版社2005年版，第74页。

二、“沉默权”与“如实回答的义务”

不得强迫自证其罪的确立，是此次修改刑事诉讼法的一大亮点和突破，得到理论界的广泛肯定。有学者甚至认为：“由于近年来的国家主义倾向，‘稳定压倒一切’及中国国情特殊论的影响，不少的学者对本次修法中人权保障的加强不很乐观。这种情况下，‘不自证其罪’写入法律殊为不易。”① 但是，有不少观点认为，新刑诉法确立的是“有限的”不得强迫自证其罪原则，其理由主要有两个：一是新刑诉法没有确立沉默权制度；二是新刑诉法保留了犯罪嫌疑人、被告人“如实回答的义务”，这与不得强迫自证其罪原则明显冲突。有学者认为：“受制于现行体制与国情，该条款（指新刑诉法第 50 条）在我国司法实务中的运作前景却存在着一定的模糊性或者说变数。”②

（一）关于沉默权制度的确立问题

对于新刑诉法第 50 条规定的不得强迫自证其罪原则是否确立了我国的沉默权制度，当前存在较大的争议。比较流行的观点认为，新刑诉法第 50 条并非确立了沉默权制度，因为我国没有建立与米兰达规则相类似的制度，来明确告知犯罪嫌疑人、被告人“有权保持沉默”。

米兰达规则是美国联邦最高法院通过米兰达案确立的。具体案情是，一名叫米兰达的人涉嫌犯罪被警察讯问，在讯问期间，警官没有向米兰达进行权利告知，而米兰达承认了罪行。判决之后米兰达以此为由上诉至联邦最高法院，联邦最高法院最终推翻了原判结果，并指出：除非检察机关明白显示其所使用的程序保障足以有效

---

① 龙宗智：《进步及其局限——由证据制度调整的观察》，载《政法论坛》2012 年第 5 期。

② 万毅：《论“不强迫自证其罪”条款的解释与适用——〈刑事诉讼法〉解释的策略与技术》，载《法学论坛》2012 年第 3 期。

确保被告不自证其罪的特权，任何于被告在其遭拘禁中经讯问而得到的供述，不论对被告有利或不利，均不得作为证据使用。① 米兰达规则确立的权利告知的关键内容就是“你有权保持沉默”。据此，有不少人将是否确立米兰达规则视为沉默权制度建立与否的关键。但笔者认为，米兰达规则的确立与否与沉默权制度的确立并不存在必然的联系。沉默权是指犯罪嫌疑人、被告人在面对侦查人员、检察人员、审判人员讯问时依法可以不予回答的权利，且其并不因为不回答上述人员的讯问而遭受不利于己的对待。一言以蔽之，其实质就是不回答问题的权利。沉默权本身就是不得强迫自证其罪的权利的一部分，既然新刑诉法已经明确规定了“不得强迫任何人证实自己有罪”，则该规定应已涵盖了沉默权制度。有学者对此也提出“默示的和明示的沉默权制度”，“所谓‘默示的沉默权制度’，就是说，相关的法律规定没有明确使用沉默权的字样，但是从法律的有关规定中可以推断出犯罪嫌疑人和被告人应该享有沉默权，如美国宪法第五修正案中‘反对强迫性自证其罪’的规定。所谓‘明示的沉默权制度’，就是说，相关的法律规定明确使用了沉默权的字眼，而且要求司法和执法人员必须事前告知犯罪嫌疑人和被告人依法享有沉默权，如美国的米兰达告知规则。”并认为，我国新刑诉法确立的是“默示的沉默权制度”。② 笔者赞同上述观点，同时进一步认为，对于我国沉默权制度是否确立的讨论不必纠结于是否对犯罪嫌疑人、被告人进行了权利告知。2012 年刑事诉讼法修改之前，96 年刑诉法及其司法解释并未规定任何向犯罪嫌疑人、被告人进行权利告知的内容，但实际上，在司法实践中已经有侦查机关、检察机关、审判机关向犯罪嫌疑人、被告人进行了权利告知。例如，笔者在 J 省、四川省、武汉市等地调研时就发

① Miranda v. Arizona, 384U. S. 436 (1966).

② 何家弘：《中国已确立沉默权制度》，载《人民法院报》2012 年 8 月 1 日第 006 版。

现，当地司法机关针对所有犯罪嫌疑人、被告人开展了权利告知，告知的内容来源于96年刑诉法及其司法解释规定，基本涵盖了犯罪嫌疑人、被告人主要的诉讼权利，包括：有权使用本民族语言文字进行诉讼；对于公安机关及其侦查人员侵犯其诉讼权利和人身侮辱的行为，有权提出控告；申请回避权；获得律师帮助权；辩护权；等等。特别是J省部分地区的司法机关在2010年7月《非法证据排除规定》施行之后，将“有权申请排除非法证据”也及时加入到权利告知的内容中。因此，有理由相信，在2013年1月新刑诉法施行之后，各地司法机关也很有可能将新刑诉法明确规定的“不得强迫任何人证实自己有罪”加入到现有的权利告知制度当中。

（二）关于“如实回答的义务”

96年刑诉法第93条规定：“犯罪嫌疑人对侦查人员的提问，应当如实回答。但是对与本案无关的问题，有拒绝回答的权利。”在2012年修改刑事诉讼法时，删除该条关于犯罪嫌疑人“如实回答”义务的规定的呼声很大，但最终新刑诉法第118条第1款仍原封不动地承继了这条规定。对于“不得强迫任何人证实自己有罪”和“如实回答的义务”是否存在冲突的问题，有学者担心：“‘如实陈述’义务与‘不强迫自证其罪’权利之间在立法精神与内容上均存在一定的抵触，前后矛盾的立法表述，可能造成诉讼制度之间的‘硬’冲突，进而阉割了确立‘不强迫自证其罪’权利的人权保障意义。”① 针对此问题，全国人大常委会法制工作委员会副主任郎胜在2012年3月8日回答记者提问时作了如下解释：“它（指新刑诉法第118条第1款）要求犯罪嫌疑人如果你要回答问题的话，你就应当如实回答。这是（指不得强迫任何人证实自己有

① 万毅：《论“不强迫自证其罪”条款的解释与适用——〈刑事诉讼法〉解释的策略与技术》，载《法学论坛》2012年第3期。

罪和如实回答的义务）从两个角度来规定的，并不矛盾。”① 但在新刑诉法已经正式施行之后，争论“不得强迫任何人证实自己有罪”和“如实回答的义务”是否存在冲突已经没有实际意义。在现行法律规定既定的框架下，为保证不得强迫自证其罪原则的顺利贯彻执行，可以且也有必要将两者理解为没有冲突，理由如下：一是不受强迫自证其罪作为犯罪嫌疑人、被告人的一项权利，赋予了其针对司法机关讯问进行回答或者不作回答的选择权，既然是一项权利，则犯罪嫌疑人、被告人也可以放弃该项权利的行使，只要其放弃权利是出于自愿，则并不构成对不得强迫自证其罪原则的违反。二是对于“对侦查人员的提问，应当如实回答”这条规定可以有两种解释，可能会引起一定的歧义。如果解释为“应当如实‘回答’”，强调“应当回答”，则是要求对侦查人员的提问必须回答；如果解释为“应当‘如实’回答”，强调“如实”回答，则是要求犯罪嫌疑人对侦查人员提问的回答必须是“如实”的。按照前一种解释理解新刑诉法第118条的规定，则会与不得强迫自证

① 2012年3月8日下午，在第十一届全国人大第五次会议新闻中心举行的记者会上，全国人大常委会委员、全国人大常委会法制工作委员会副主任郎胜对《中国青年报》记者的问题回答如下：《中国青年报》记者问，刑诉法修正案草案中规定了不得强迫任何人证实自己有罪，这是否代表了我国在刑事司法体制中确定的沉默权制度，我们同时又注意到，又规定了犯罪嫌疑人对侦查人员的讯问应当如实回答，这两个规定是否有矛盾，应该怎么样理解？郎胜回答，这次刑事诉讼法修正案中规定了不得强迫任何人证实自己有罪，这个规定和犯罪嫌疑人应该如何回答有没有矛盾。不得强迫任何人证实自己有罪，这是我们刑事诉讼法一贯坚持的精神，因为现在的刑事诉讼法里就有严禁刑讯逼供这样的规定。为了进一步防止刑讯逼供，为了进一步遏制可能存在的这样一种现象，这次刑事诉讼法明确规定不得强迫任何人证实自己有罪，这样的规定对司法机关是一个刚性的、严格的要求。至于规定犯罪嫌疑人应当如实回答是从另外一个层面，从另外一个角度规定的。我们的刑法规定，如果犯罪嫌疑人如实回答了问题，交代了自己的罪行，可以得到从宽处理。刑事诉讼法作为一部程序法，要落实这样一个规定，它要求犯罪嫌疑人如果你要回答问题的话，你就应当如实回答，如果你如实回答，就会得到从宽处理。这是从两个角度来规定的，并不矛盾。引自《郎胜：“不得强迫任何人证实自己有罪”与“应当如实回答”不矛盾》，载人民网，http://lianghui.people.com.cn/2012npc/GB/239293/17332481.html，最后访问日期2013年3月25日。

其罪原则产生明显冲突；按照后一种解释理解，则“不得强迫任何人证实自己有罪”和“如实回答的义务”并不矛盾，后者只是要求犯罪嫌疑人、被告人在自愿放弃不受强迫自证其罪的权利，自愿回答侦查人员提问的情况下，应当保证回答的真实性。对于法律解释应遵循合法有效、法制统一的一般原则，即法律解释必须完整地、准确地体现和表述立法指导思想，在符合立法原意和不改变现行立法内容的基础上，对法律作出解释；同一法律解释的前后内容必须协调，统一于同一立法指导思想之上，绝不能前后矛盾。从上述法律解释的一般原则出发，对于新刑诉法第 118 条的理解，应当按照强调“如实”回答的角度进行解释。

三、侦查机关如何实现“不得强迫任何人证实自己有罪”

执行不得强迫自证其罪原则在客观上肯定会加大侦查机关获取犯罪嫌疑人、被告人供述的难度，但应当同时注意到新刑诉法第 118 条第 2 款的规定，此款要求侦查人员在进行讯问时必须告知接受讯问的犯罪嫌疑人、被告人如果如实供述将可以得到从宽处理。① 根据以上规定，侦查人员实际应当承担告知犯罪嫌疑人如实供述可从宽处理的义务，该条规定无疑是对原“抗拒从严、坦白从宽”刑事政策的制度化。因此，侦查机关在讯问犯罪嫌疑人时，应当注意全面执行新刑诉法的相关规定：一是要明确理解“不得强迫自证其罪”与“如实回答的义务”并不矛盾，只要犯罪嫌疑人出于自愿而履行“如实回答”义务并主动认罪悔罪，就不构成强迫；二是不得采取任何暴力、威胁等有强制性的手段迫使犯罪嫌疑人承认或证实自己有罪；三是侦查人员在讯问犯罪嫌疑人时，有义务且必须向其告知新刑诉法第 118 条第 2 款关于如实供述可从宽处理的规定，并注意灵活有效地运用该条“坦白从宽”的制度化

① 新刑诉法第 118 条第 2 款规定：“侦查人员在讯问犯罪嫌疑人的时候，应当告知犯罪嫌疑人如实供述自己罪行可以从宽处理的法律规定。”

规定，争取能够使犯罪嫌疑人放弃不受强迫自证其罪的权利，作出自愿供述。同时，侦查人员应当注意理解何为“从宽处理”，怎样才算“如实供述”，并向接受讯问的犯罪嫌疑人解释清楚。对于“从宽处理”，新刑诉法并未作进一步的规定，需要结合刑法相关规定予以理解。根据刑法第 67 条的规定：“犯罪以后自动投案，如实供述自己的罪行的，是自首。对于自首的犯罪分子，可以从轻或者减轻处罚。其中，犯罪较轻的，可以免除处罚。被采取强制措施的犯罪嫌疑人、被告人和正在服刑的罪犯，如实供述司法机关还未掌握的本人其他罪行的，以自首论。犯罪嫌疑人虽不具有前两款规定的自首情节，但是如实供述自己罪行的，可以从轻处罚；因其如实供述自己罪行，避免特别严重后果发生的，可以减轻处罚。”因此，新刑诉法第 118 条规定的“从宽处理”也对应分为三种情况，第一种是适用一般自首的如实供述，第二种是适用特别自首的如实供述，第三种是不具有自首情节的如实供述。对于“如实供述”，新刑诉法和刑法及相关司法解释也未作明确规定。笔者认为，只要真实供述其所犯罪行的主要内容而不必须要求是供述犯罪的全部事实，犯有一罪的犯罪嫌疑人供述该罪行的内容，即可认定为“如实供述”；犯有数罪的犯罪嫌疑人，仅供述其中一罪或数罪则按照其真实供述的一罪或数罪进行从宽处理。

第三节　对严禁刑讯逼供与威胁引诱欺骗规定的理解与适用

一、“刑讯逼供”与“暴力、威胁等其他非法方法”的区分

对于“刑讯逼供”与“暴力、威胁等其他非法方法”的理解，需要考察立法变化的情况。1996 年刑诉法第 43 条将“刑讯逼供”和“以威胁、引诱、欺骗以及其他非法方法”并列规定为严禁使用的非法取证方法。由于“威胁、引诱、欺骗”在实践中往往难

以界定，有学者曾提出：“在对取证行为作禁止性规定时，立法用语应取消威胁、引诱、欺骗等暧昧性较强的措辞。”① 但这种观点并未被立法所采纳。2010 年《非法证据排除规定》第 1 条仍规定了“刑讯逼供”和“采用暴力、威胁等非法方法”，并将两者进行了区别对待，该条规定：“采用刑讯逼供等非法方法收集的犯罪嫌疑人、被告人供述和采用暴力、威胁等非法方法收集的证人证言、被害人陈述，应当予以排除。”新刑诉法第 50 条在保留了 96 年刑诉法第 43 条规定的同时，在第 54 条也吸收了《非法证据排除规定》第 1 条的内容。但实际上，新刑诉法仍然坚持了对“刑讯逼供”与“暴力、威胁等非法方法”进行明确区分的态度。上述规定在 2012 年全国人大讨论修改刑事诉讼法修正案时几经变更，新刑诉法一读稿、二读稿、三读稿对此作了反复修改。一读稿采用了与 2010 年《非法证据排除规定》一致的规定，即将“刑讯逼供”与“暴力、威胁等非法方法”区别开来；二读稿则回到 96 年刑诉法，将两者并列规定为同一类非法取证方法；三读稿最终还是采纳了对“刑讯逼供”与“采用暴力、威胁等非法方法”进行明确区分的意见。

对于新刑诉法上述规定，笔者理解其立法意图主要在于以下两个方面：一是新刑诉法中非法证据排除规则的确立主要是为了惩治在当前刑事诉讼中频发的“刑讯逼供”问题，“刑讯逼供”也是目前我国刑事诉讼所面临的最严重的问题之一，是此次新刑诉法非法证据排除规则重点打击的非法取证行为，如果对“刑讯逼供”作泛化的理解，将“采用暴力、威胁等非法方法”与其并列规定为同一类非法取证方法，可能会降低对“刑讯逼供”问题的关注，进而导致不能有效地打击“刑讯逼供”问题。二是主要考虑到现阶段侦查技术水平不高、侦查人员素质还有很大提升空间，且

① 宋英辉主编：《刑事诉讼法修改问题研究》，中国人民公安大学出版社 2007 年版，第 156 页。

"采用暴力、威胁等非法方法"在实践中与侦查谋略往往很难分清，最终采纳了2010年《非法证据排除规定》的立法模式，明确区分了"刑讯逼供"与"采用暴力、威胁等非法方法"，同时又对"引诱"和"欺骗"这两项非法取证行为进行了模糊处理。但是，笔者认为新刑诉法的上述规定也存在一定的不合理：首先，新刑诉法第50条已经明确将"刑讯逼供和以威胁、引诱、欺骗以及其他非法方法"并列规定为严禁使用的收集证据的方法，第54条却又将两者进行了区分，从立法的角度看有前后矛盾的嫌疑。在规定"严禁威胁、引诱、欺骗"收集证据之后，又不把通过威胁、引诱、欺骗等其他非法方法取得的犯罪嫌疑人、被告人供述明确规定为应当排除的非法证据，很有可能导致在司法实践中对"采用暴力、威胁等非法方法"等非法取证行为的放任和滥用。其次，从已经发生的案例中可以看出，"刑讯逼供"的发生通常还伴随着"采用暴力、威胁等非法方法"，在实践中很难对究竟是通过"刑讯逼供"还是通过"采用暴力、威胁等非法方法"获取的犯罪嫌疑人、被告人供述作明确区分。例如，侦查人员在讯问之前先对犯罪嫌疑人"上手段"，但并不获取供述，在对犯罪嫌疑人施暴之后，再进行讯问，并威胁犯罪嫌疑人"你不老实交代，我再打你"，最终获得犯罪嫌疑人的有罪供述，这份供述表面上是通过"威胁"获取的，实际仍是刑讯逼供。如果新刑诉法及司法解释对"采用暴力、威胁等非法方法"取得的犯罪嫌疑人、被告人供述采取不明确规定的甚至放任的态度，上述明显通过违法行为取得的非法证据可能就难以排除。最后，"采用暴力、威胁等非法方法"取证在实践中仍然会对刑事诉讼造成危害，且其危害可能并不低于"刑讯逼供"，特别是以"引诱"的方法取证，产生错案的概率很高。因此，笔者认为，在新刑诉法第54条强调对"刑讯逼供"打击的同时，相关司法机关仍有必要进一步在司法解释中明确将"以威胁、引诱、欺骗以及其他非法的方法"取得的犯罪嫌疑人、被告人供述列入应当排除的非法证据的范围中。[①] 当前，在新刑诉法及其司法解释相关规定对“刑讯逼供等非法方法”和“采用暴力、威胁等非法方法”有一定区分的情况下，侦查机关在执行时应当注意：一是在讯问过程中，可以采取一些必要的侦查技巧；二是威胁、引诱、欺骗等非法方法仍是新刑诉法明令严禁使用的；三是通过除了刑讯逼供以外的非法方法取得的犯罪嫌疑人、被告人供述，尽管现行法律没有明确要求排除，但是并不意味着采取除刑讯逼供以外的方法取得的口供就一定可以使用，要注意第54条规定了采用刑讯逼供“等非法方法”这样一个兜底条款，如果侦查人员采取的非法方法是与刑讯逼供造成的伤害、危害相当的非法方法，则通过该等方法取得的犯罪嫌疑人、被告人供述仍会被作为非法证据而予以排除。

二、关于诱供问题

前文已经提到，采取“引诱”的方法进行取证的问题，也就是实践中所谓的“诱供”，极有可能产生错案，同样会对刑事诉讼造成较大的危害。新刑诉法非法证据排除规则对刑讯逼供加大了打击的力度，但同时又对“引诱”、“欺骗”等非法方法取得的犯罪嫌疑人、被告人供述作了模糊化处理，因此有必要对诱供问题展开更深入的讨论，以避免在执行新刑诉法相关规定时，由于对诱供的危害认识不充分而使得以“引诱”的方法取证大行其道，进而产生冤假错案。但是对于何为采用“引诱”的方法取得犯罪嫌疑人、被告人供述，新刑诉法及其相关司法解释并未具体解释“引诱”的含义。现阶段实施非法证据排除规则排除引诱取得的证据，对“引诱取证”的界定应从合法和非法两个方面理解：一种理解是广

① 甘雨来：《〈非法证据排除规定〉在实践中的运用——J省D市人民法院一则案例的几点启示》，载卞建林、杨宇冠主编：《非法证据排除规则实证研究》，中国政法大学出版社2012年版。

义上的合法的侦查技巧，即侦查人员在讯问犯罪嫌疑人、被告人时，向其提供或允诺一定的利益或好处，诱惑犯罪嫌疑人、被告人自愿作出供述。例如，侦查人员向犯罪嫌疑人表示，如果如实供述就可以对其取保候审，放其回家，或者是侦查人员将来可以向人民检察院提出从轻的量刑建议。特别是在新刑诉法第118条第2款明确规定的侦查人员应当告知犯罪嫌疑人如实供述可以从宽处理，这实际上就是“引诱”的一种类型。从这个角度讲，只要侦查人员依法向犯罪嫌疑人提供了利益或作出了允诺，且该等利益或允诺是在其权限范围之内，是能够实现的，这样的“引诱”其实是法律所允许的。另一种理解是非法的取证方法，即侦查人员在掌握一定案件事实和证据的基础上，先形成一定的对案情的主观推断，然后在讯问过程中，再以明示或暗示的方法，引导诱使犯罪嫌疑人、被告人按照侦查人员自己的意图或先前形成的主观推断作出供述，尽可能使犯罪嫌疑人、被告人的供述符合侦查人员的主观推断，并与侦查人员已掌握的案件事实和证据相印证。采用这种引诱的方法取得犯罪嫌疑人、被告人供述，即通常所说的“诱供”。

诱供对刑事诉讼的危害极大，从某种意义上讲，诱供的危害甚至可能超过刑讯逼供。首先，刑讯逼供是以物理强制力直接作用于或者变相作用于犯罪嫌疑人、被告人的肉体，相对于诱供来说，更容易留下非法取证的证据，也更容易被查实，并且我国当前对刑讯逼供的打击越来越严厉，侦查人员刑讯逼供一旦被查实就会面临刑罚的惩罚，如在河南的“赵作海案”中，当年负责办案并实施刑讯逼供的侦查人员全都受到刑事追究。在这种情况下，大部分侦查人员已经不敢或不愿再采取刑讯逼供的方法取证，据笔者2010年至2011年在“非法证据排除规则试点项目”考察期间的了解，还未发现侦查人员直接采用刑讯逼供获取证据。可以说，刑讯逼供已经在我国的司法实践中得到了一定的遏制。而诱供则相对比较隐蔽，主要是通过讯问时的一问一答进行，一般不会留下明显的非法取证的证据，降低了侦查人员因违法取证而受到法律追究的风险。

其次，在司法实践中对诱供的界定和理解还不够明确。如前所述，对“引诱”本身就存在两种截然不同的理解，一种是合法的，另一种是非法的，在新刑诉法及其司法解释未作明确界定的情况下，侦查人员在讯问时可能难以把握合法引诱的限度。笔者在项目考察期间还了解到，有些侦查人员将诱供作为一种讯问技巧，并有可能将诱供与其他合法的技巧性讯问结合在一起使用；有些法官也认为引诱是合法的侦查手段，不是非法取证的行为，这在一定程度上加大了对诱供的认定和排除的难度。最后，诱供导致冤假错案发生的概率甚至可能超过刑讯逼供。由于诱供的产生是侦查人员在自己已经掌握案情和证据的基础上，对犯罪嫌疑人、被告人一步一步地进行诱导，使得犯罪嫌疑人、被告人的供述逐步地符合已知的案件情况和证据材料，如此一来，犯罪嫌疑人、被告人供述一旦形成，便很容易得到案件其他证据的印证，形成完整的证据链条，司法机关工作人员在审查证据或是审理案件时也就难以发现案件的错误并及时纠正，极容易导致冤假错案的发生。

第四节 讯问制度的改革

一、讯问制度改革的必要性

非法证据排除规则的实施对侦查人员的讯问提出了更严格的合法性标准，传统的以获取犯罪嫌疑人、被告人供述为重点，以讯问笔录的制作为中心的讯问模式可能已不再适合非法证据排除规则的实施，主要体现在：一是对刑讯逼供、暴力、威胁、引诱等非法取证方法的严厉打击，在客观上增加了侦查人员通过讯问获取犯罪嫌疑人、被告人供述的难度，传统的以讯问为核心，先获取犯罪嫌疑人口供再通过口供查找其他证据的“由供促证”的侦查方式，由于口供获取难度的增加而受到严重影响。二是非法证据排除规则对以刑讯逼供等非法方法获取的犯罪嫌疑人、被告人供述采取的程序性制裁措施，使得侦查人员一旦使用不能满足合法性要求的取证方法获取口供，该等证据将面临不被采用的风险，并且还有可能使自己陷入被追究法律责任的危险，这就要求侦查人员对自己曾经习惯的讯问方式和方法要进行认真的检视，以保证其讯问能满足非法证据排除规则关于侦查取证行为合法性的要求。三是非法证据排除规则还要求侦查人员对讯问的合法性承担一定的证明责任，但传统的讯问制度在证明讯问合法性问题上存在先天不足：一方面，以往侦查机关进行讯问时通常只有两名侦查人员和犯罪嫌疑人在讯问现场，对于讯问合法性问题的证明缺少其他的目击证人；另一方面，现阶段只有最高检明确要求了各级检察机关在职务犯罪案件的侦查讯问中必须进行全程、不间断的录音录像，而普通的刑事案件的侦查讯问并未强制要求进行全程录音录像，侦查讯问形成的最终成果目前仅仅是讯问笔录，并且讯问笔录肯定是由侦查人员制作完成的，这样的讯问笔录有可能不能真实、全面地反映讯问的整个过程，在证明讯问合法性的问题上也显得证明力不够。另外，《非法证据排除规定》执行以后，部分地区的公安机关通过向法庭出具本案侦查人员没有采取刑讯逼供等非法方法进行讯问的情况说明来试图证明侦查人员讯问的合法性，这样的情况说明严格来说应当不具有证据能力，也就更不能用来证明讯问的合法性。四是新刑诉法及其司法解释确立了与侦查讯问相关的一些制度，如新刑诉法要求“犯罪嫌疑人被送交看守所羁押以后，侦查人员对其进行讯问，应当在看守所内进行”。[①] 在新刑诉法施行后，看守所管理权由公安机关转交到司法行政部门也基本成定局，侦查机关也需要适应看守所立法的新变化，对讯问制度作出适当的调整。因此，侦查机关现阶段实施非法证据排除规则有必要改革传统的讯问制度，完善与讯问相关的各项措施，以满足新刑诉法对讯问合法性的严格要求。

---

① 新刑诉法第 116 条第 2 款之规定。

二、讯问时全程录音录像制度的完善

（一）讯问时全程录音录像制度的确立

“侦查讯问中的全程录音录像制度是指侦查人员在讯问犯罪嫌疑人时，以全程、连续、完整的方式对讯问过程进行录音、录像的侦查措施。”① 侦查讯问的全程录音录像制度最早是由最高检在人民检察院职务犯罪侦查讯问中开始实施的。② 目前，职务犯罪侦查讯问全程录音录像制度已在全国检察机关得到全面执行。在检察机关开始实施讯问时全程同步录音录像制度之后，“公安机关也积极开展了侦查讯问全程录音录像的探索，尽管尚未上升到全系统统一部署、一致要求的层次，但事实上也取得了很大成绩。各地公安机关特别是东南沿海发达地区，较早就开始全力推动对命案和涉黑案件嫌疑人的讯问实行全程录音录像”。③ 之后，讯问时全程录音录

① 沈德咏、何艳芳：《论全程录音录像制度的科学构建》，载《法律科学》（西北政法大学学报）2012 年第 2 期。

② 早在 2003 年，最高检就出台了《人民检察院讯问室的设置和使用管理办法》，其中第 8 条规定：“有条件的人民检察院还应当在讯问过程中同步制作两套录音录像资料。”随后，为进一步规范职务犯罪侦查讯问录音录像，2005 年 11 月 1 日最高检第十届检察委员会第四十三次会议通过《人民检察院讯问职务犯罪嫌疑人实行全程同步录音录像的规定（试行）》，其第 2 条规定，“人民检察院讯问职务犯罪嫌疑人实行全程同步录音、录像，是指人民检察院办理直接受理侦查的职务犯罪案件，每次讯问犯罪嫌疑人时，应当对讯问全过程实施不间断的录音、录像”。最高检还按照“分步实施、逐步推进”的原则制定了推行讯问职务犯罪嫌疑人全程同步录音录像制度“三步走”的工作计划：“第一步，从 2006 年 3 月 1 日起，普遍实行讯问职务犯罪嫌疑人全程同步录音，最高人民检察院、省级院、省会首府市院和东部地区分州市院办理贿赂案件和职务犯罪要案实行全程同步录像；第二步，从 2006 年年底开始，中西部地区分州市级院和东部地区县区级院办理贿赂案件和其他职务犯罪要案，必须实行讯问犯罪嫌疑人全程同步录像；第三步，从 2007 年 10 月 1 日开始，全国检察机关办理职务犯罪案件讯问犯罪嫌疑人实行全程同步录像。”参见肖玮：《分三步推行讯问全程同步录音录像》，载《检察日报》2006 年 1 月 18 日第 1 版。

③ 瓮怡洁：《英国的讯问同步录音录像制度及对我国的启示》，载《现代法学》2010 年第 3 期。

像制度受到进一步重视，2007年公安司法机关首先要求在办理死刑案件时，讯问犯罪嫌疑人可以进行录音录像。[①] 新刑诉法在结合上述司法实践的有益经验后，对讯问时全程录音录像制度予以了确认，但新刑诉法确立的该项制度区分了应当进行录音录像和可以进行录音录像的案件范围，[②] 只有可能判处无期徒刑、死刑的案件或者其他重大犯罪案件，在讯问犯罪嫌疑人、被告人时才是必须进行全程录音录像，其他案件是否进行录音录像的决定权仍交由公安司法机关自由裁量。

（二）讯问时全程录音录像制度对非法证据排除规则实施的意义

通过近年来的司法实践，讯问时全程录音录像制度对于部分案件的侦查，特别是检察机关进行职务犯罪侦查起到了诸多积极效果，如及时固定了侦查讯问时取得的证据、在一定程度上提高了职务犯罪侦查部门的办案能力等。但就非法证据排除规则的实施来说，侦查讯问时全程录音录像制度的积极意义主要还是体现在两个方面：

一方面，讯问时全程录音录像制度能够遏制刑讯逼供等非法取证行为，体现程序公正，充分保障犯罪嫌疑人人权。在新刑诉法及其司法解释施行之前，侦查讯问活动具有高度保密性和缺乏足够监督制约的特征。侦查秘密原则是我国侦查机关开展侦查活动所遵循的基本原则，尽管近年来也有观点认为侦查活动应适度公开，但作为全部侦查活动最核心的部分，侦查讯问环节一直是高度保密的，基本是侦查机关的“一言堂”，最终能够向检察机关、审判机关及辩护律师公开的只是由侦查人员独立制作的讯问笔录。在如此高的保密性下，对侦查讯问活动又缺少足够的监督和制约，承担法律监

---

① 最高院、最高检、公安部、司法部2007年联合下发的《关于进一步严格依法办案确保办理死刑案件质量的意见》规定，“讯问犯罪嫌疑人，在文字记录的同时，可以根据需要录音录像”。

② 新刑诉法第121条规定：“侦查人员在讯问犯罪嫌疑人的时候，可以对讯问过程进行录音或者录像；对于可能判处无期徒刑、死刑的案件或者其他重大犯罪案件，应当对讯问过程进行录音或者录像。”

督职能的人民检察院对侦查活动的监督本身是事后监督，再加上对侦查讯问活动的监督只能通过对讯问笔录的审查进行，而由负责讯问的侦查人员制作的笔录即使是有被讯问犯罪嫌疑人的签名确认，但能否反映出讯问活动中的刑讯逼供等违法取证行为存在很大疑问，检察机关对侦查讯问活动的监督实际上也就很难发挥应有的作用。高度的保密性和监督制约的缺乏使得侦查讯问活动成为非法取证行为高发的阶段，杜培武案、赵作海案等典型案例均是在侦查讯问时发生的刑讯逼供。而确立讯问时全程录音录像制度，可以说给高度保密的侦查讯问活动引入了必要的“阳光”，全程、连续、完整的录音录像可以直观、详尽地反映出侦查讯问活动的全部细节，使检察机关能够更有针对性地开展侦查监督，最大限度地保证监督效果。同时，最高法新《解释》第 101 条还规定，“法庭决定对证据收集的合法性进行调查的，可以由公诉人通过出示、宣读讯问笔录或者其他证据，有针对性地播放讯问过程的录音录像，提请法庭通知有关侦查人员或者其他人员出庭说明情况等方式，证明证据收集的合法性”。这样的规定使得讯问时的录音录像可能在法庭公开审理的过程中向更大范围的社会群体公开，接受公众的监督，将会对侦查人员产生更大的心理压力，促使侦查人员按照非法证据排除规则相关规定，严格规范自身侦查取证行为。

另一方面，讯问时全程录音录像制度同样也在一定程度上保护侦查人员不受犯罪嫌疑人、被告人对其进行违法取证的诬告，从而证明侦查人员讯问的合法性。2010 年《非法证据排除规定》出台以来，司法机关以及媒体对我国非法证据排除规则作了大量的宣传，有理由相信大部分人已对国家严厉打击侦查人员违法取证的坚决态度有一定了解，部分犯罪嫌疑人可能会利用非法证据排除规则诬告侦查人员有违法取证行为，进而达到逃避法律追究的目的。《非法证据排除规定》实施后，笔者在 J 省调研时，当地司法机关就讲述了这样一起案例：该案被告人在庭审过程中当庭翻供，并指控负责讯问的侦查人员有刑讯逼供的行为，同时向法庭展示了其身体上所受“刑讯逼供的伤痕”，针对被告人的指控，公诉人向法庭出示了被告人事先并不知晓的讯问时全程录音录像，录像资料显示，该被告人在刚进入讯问室时就用脚猛踢室内放置的一把铁椅子，因此留下了很明显的伤痕，之后再很平静地接受了侦查人员的讯问，并作出有罪供述。讯问时的全程录音录像清楚地表明，该案被告人不过是想利用非法证据排除规则排除关键的口供，以逃避法律追究，但在无意中又有力证明了该案侦查人员讯问的合法性。侦查人员事后也表示很“后怕”，被告人身上存在如此明显的伤痕，要是没有全程录音录像资料的证明，自己就是“跳到黄河也洗不清”。正是由于全程同步录音录像对讯问过程具有很强的证明力，使其既对侦查行为起到很好的监督作用，又能够保证侦查人员不会受到犯罪嫌疑人的诬告。正如有学者指出：“讯问同步录音录像制度的建立和运作不仅有利于保障侦查讯问依法进行、保护犯罪嫌疑人的合法权利，其对提高侦查讯问的效率，防止犯罪嫌疑人、被告人在起诉、审判阶段翻供，保护侦查人员免受被追诉人的不实指控也具有非常重要的价值。”① 此外，在司法实践中已经出现的案例也表明，讯问时全程录音录像对于保障侦查机关侦破案件的质量，以及最终使审判机关采信侦查机关取得的证据也有重要价值。四川省第一起排除非法证据的案件是内江市中级人民法院审理的廖某故意杀人一案，该案被告人廖某在一审判决后上诉至内江市中院，并称有罪供述是侦查机关刑讯逼供取得的。该二审法院经审理后认为，“一审法院采信的证据无法排除公安机关通过刑讯逼供获取廖某有罪供述的合理怀疑，应予以排除，其重要原因之一是无同步录音录像等证明力强的证据证明未通过刑讯逼供获取廖某有罪供述”。②

---

① 王姝：《公安部强调命案必破，将全力推动命案讯问全程录音录像》，载《新京报》2006年5月17日。

② 案件整理自《内江中院宣判四川“非法证据排除”第一案》，载《法制日报》2013年2月19日第008版。

（三）讯问时录音录像资料的证据效力

关于在侦查讯问时通过录音录像所固定、存储下来的资料的证据效力问题，在新刑诉法及其司法解释出台前，曾有过争论。有学者认为："从表面上看，录音录像是对讯问全过程的固定，比笔录更权威、更客观，但并不能这样简单认知，应结合其他证据综合判断、深入研究。根据录音录像的功能看，不能完全否认录音录像的证据效力，录音录像是证据的一种，但要以笔录为依据，两者共同构成证明。而有学者指出，若将录音录像定位为一种权利保障手段，那么其不需证明案件事实，而只需证明程序事实和证据事实，因此，它具有证据效力，可以用以解决笔录内容合法与否，其效力高于笔录，但也仅起记载笔录作用。"① 上述学者观点主要分为两类，一是录音录像资料与讯问笔录共同构成对案件事实的证明；二是录音录像资料不证明案件事实，只证明程序事实和证据事实。新刑诉法及其司法解释对该问题予以了明确，最高检新《规则》第70条规定，人民检察院可以调取讯问录音录像对非法取证行为进行调查核实；第73条规定，可以调取公安机关讯问犯罪嫌疑人的录音录像，对证据收集的合法性以及犯罪嫌疑人、被告人供述的真实性进行审查。最高法新《解释》第80条规定，审查被告人供述和辩解，必要时，可以调取讯问过程的录音录像；第101条规定，法庭可以有针对性地播放讯问过程的录音录像对证据收集的合法性进行调查的。新刑诉法及其司法解释的该等规定基本采纳了上述第二种观点。对于讯问时形成的录音录像资料的证据效力问题，笔者认为应当这样理解：讯问时录音录像资料属于证据；尽管其中记载了犯罪嫌疑人、被告人供述的内容，但录音录像资料不能直接用于证明案件事实；讯问时录音录像资料是作为证明讯问合法性问题的

① 2011年，在最高人民检察院反贪污贿赂总局和中国政法大学诉讼法学研究院联合主办的"讯问全程录音录像规范化建设学术研讨会"上，关于录音录像和笔录的关系，成为与会专家学者争议较大的一个问题。《同步录音录像制度：总结中不断完善》，载人民网，http://legal.people.com.cn/h/2011/0717/c226563-4130142804.html。

证据，其证明的对象仅限于讯问时侦查人员取证的合法性；通过录音录像对讯问过程进行证明只是证明讯问合法性的一种方式且并非唯一方式，新刑诉法还规定了讯问人员出庭说明情况等证明讯问合法性的方式，因此讯问时录音录像资料并不直接影响到讯问笔录的效力。通过以上分析可知，如果没有对讯问进行录音录像，侦查人员只是不能通过此种方式证明讯问合法性，但并不导致讯问笔录被排除，如果侦查人员通过出庭说明情况等其他方式对讯问的合法性进行了充分的证明，则该份讯问笔录仍然可以采纳。也就是说，在讯问时不是必须进行录音录像的普通刑事案件中，可以确定“没有讯问时同步录音录像仍可采信讯问笔录”是这项讯问时录音录像制度实施的一般性规则。

基于以上分析，在普通刑事案件中具体执行讯问时录音录像制度时，应当注意以下几个问题：（1）对于某一具体案件，侦查机关进行了多次讯问，取得的多份犯罪嫌疑人供述之间如果存在差异，其中通过讯问时进行录音录像取得的犯罪嫌疑人供述的证明力并不当然大于没有进行录音录像取得的供述，只要有其他证据能够证明两次讯问均为合法进行，则该两份供述均可在刑事诉讼中使用，至于供述之间存在矛盾差异的问题，应由侦查机关、检察机关、审判机关根据证据规则进行审查判断；（2）对于讯问时录音录像没有按照“全程、不间断、保持完整性、不得选择性地录制，不得剪接、删改”的要求进行的，只要没有证据证明该次讯问过程存在刑讯逼供等非法取证行为，则讯问所取得的犯罪嫌疑人供述应当能够在刑事诉讼中使用，但此次讯问形成的不符合规定的录音录像资料不得再作为证明讯问合法性的证据使用。

（四）讯问时全程录音录像制度的完善建议

新刑诉法及其司法解释确立起的讯问时全程录音录像制度对于非法证据排除规则实施具有重要意义，但是现行制度也存在一定的不足。一是讯问时全程录音录像的案件范围有限，根据新刑诉法第121条的规定，只有“可能判处无期徒刑、死刑的案件或者其他重大犯罪案件”才是必须进行讯问时全程录音录像的。上述规定对全程录音录像案件范围的限制实际上缩小了原来司法解释确立的应当进行全程录音录像案件的范围。因为最高检早在2005年出台的司法解释中就已经规定了检察机关负责侦查的案件应当进行全程同步录音录像,[①] 上述司法解释在新刑诉法及其司法解释施行后仍然有效，因此对新刑诉法第121条的理解，至少应包括职务犯罪案件“应当对讯问过程进行录音或者录像”。二是在对讯问时录音录像方式的使用上，新刑诉法也存在限制。不管是最高检对职务犯罪讯问过程全程同步录音录像的规定，还是最高检、最高法、公安部、司法部对死刑案件“可以根据需要录音录像”的规定，“录音”、“录像”均是并列规定，即只要案件需要，讯问时“录音”和“录像”应当同时进行。但新刑诉法对此却作了变化，其第121条规定，对需要的案件应当（可以）录音“或者”录像，这样的规定使得侦查机关在执行时可以选择“录音”、“录像”中的一种方式即可，可能造成最终提交给检察机关、审判机关的录音录像资料“有声音无图像”或者“无声音有图像”，从而大大降低了全程录音录像对讯问过程的证明力，有违立法初衷。三是对于讯问时全程录音录像制度具体执行可能存在的一些问题未进一步明确。例如，全程录音录像的性质如何、怎样使用，对于新刑诉法明确要求应当进行全程录音录像而在讯问时又未全程录音录像的怎么处理等问题，新刑诉法及其司法解释均未作规定，需要在立法、司法上进一步完善。

第一，扩大讯问时全程录音录像制度适用的范围。新刑诉法规定的适用讯问时全程录音录像制度的案件范围过窄，不利于该项制度充分发挥有利于非法证据排除规则实施的作用。笔者认为，应对该制度适用案件的范围进行适当的扩大。现阶段，检察机关应当按

---

① 最高检2005年通过的《人民检察院讯问职务犯罪嫌疑人实行全程同步录音录像的规定（试行）》。

照2005年最高检规定的要求，继续对全部职务犯罪案件的侦查进行讯问时全程同步录音录像。对于侦查机关负责办理的、除新刑诉法第121条规定必须录音录像的其他案件，也应当逐步纳入到讯问时全程录音录像制度的适用范围。笔者在J省调研时，有司法机关人员认为，对所有案件均执行讯问时全程录音录像在目前存在一定技术条件上的障碍，也有可能造成司法资源的浪费。但笔者认为，上述理由并不成立：从物质基础、技术条件上看，新刑诉法明确将看守所作为侦查讯问的主要地点，而各地看守所为保障安全均建立了比较完备的监控系统。笔者调查了东北经济欠发达的J省、东部经济发达的J省，以及西部经济较落后的S省的部分看守所，发现上述各地看守所均已在讯问室安装了录音录像设备，这证明讯问时全程录音录像具备了必要的物质和技术条件。从司法成本上看，对所有案件均执行讯问时全程录音录像表面上会消耗较多的司法资源，但在各地看守所讯问室已安装相关技术设备的基础上，对所有案件均进行全程录音录像实际上只需要耗费一定的存储设备对录音录像资料进行保存，而在当前计算机技术发展迅猛的背景下，这样的设备投入并不会消耗过多的司法资源，相比较于该制度对最大限度地降低了刑讯逼供、证明讯问合法性的价值，投入和产出是符合诉讼经济的。当然，就目前新刑诉法及其司法解释对讯问时全程录音录像规定了法定情形和侦查人员自由裁量情形的情况下，要立刻推行所有刑事案件讯问时全程录音录像缺乏必要的立法和实践基础。笔者认为，现阶段可以对新刑诉法第121条规定的侦查人员自由裁量是否执行讯问时全程录音录像的情形予以进一步明确，以防止因缺乏明确规定使侦查机关对除法定情形外的案件均不录音录像，避免第121条的规定被闲置。可以考虑赋予犯罪嫌疑人、被告人是否进行录音录像的选择权，即犯罪嫌疑人、被告人在讯问前向侦查人员明确要求讯问时进行录音录像的，侦查人员再进行录音录像。在经过一定的司法实践积累以及立法的进一步完善之后，再全面推行所有刑事案件均实施讯问时全程同步录音录像制度。当然，即使今后施行全面的全程录音录像制度，也应当准许在一些特定情况下，存在侦查人员执行该项制度的例外。有学者就提出："考虑到一些特殊情形，可借鉴其他国家和地区的经验，设置一些例外情况。如电力中断、录音录像设备出现故障、讯问时确无合适的场所或设备使得录音录像制作不可行等特殊情形之下，原则上应当停止讯问，但具有急迫情况的可作为例外处理。如不及时讯问可能导致新的犯罪发生，或犯罪结果发生、加重或扩大，或共犯脱逃等。在上述情况下，侦查人员应当在讯问笔录中特别注明并宣读，由犯罪嫌疑人签字同意后，可在没有同步录音录像的情况下进行讯问。当然，例外情形虽然可部分列举，但往往难以穷尽，因此，应当允许办案人员对于一些特殊情形进行判断。"① 在确立所有案件讯问时全程录音录像制度后，除了上述学者提出的特殊情形下的例外，还应继续保留犯罪嫌疑人、被告人自行选择讯问时是否录音录像的权利，即使是目前规定的必须进行全程录音录像的可能判处无期徒刑、死刑的案件，只要犯罪嫌疑人、被告人自愿并明确表示放弃讯问时录音录像的权利，该等案件的侦查讯问均无须进行全程同步录音录像。

第二，为讯问时全程录音录像制度确立更加严格的执行方式和标准。新刑诉法及其司法解释均规定，侦查机关在讯问时需要录音录像的，选择录音"或者"录像的其中一种方式进行即可。笔者认为，这样的规定实有不妥：从证明力来看，同步、同时录音录像肯定比单独录音或者单独录像对讯问过程的反映更全面、清晰。如果采用单独录音的方式，则有可能反映不出讯问人员直接殴打犯罪嫌疑人、被告人等的暴力行为；如果采用单独录像的方式，则有可能反映不出讯问人员从言词上威胁、引诱犯罪嫌疑人、被告人的违法取证行为。只有同步、同时录音录像，才能够更充分地发挥该项

① 沈德咏、何艳芳：《论全程录音录像制度的科学构建》，载《法律科学》（西北政法大学学报）2012 年第 2 期。

制度遏制刑讯逼供、证明讯问合法性的作用。从实际操作来看，录像设备通常带有同步录音功能，没有必要人为地将录音从录像资料中割裂出来。因此，司法解释应当取消侦查机关在执行讯问时录音录像制度对于录音或录像的选择权，将同步、同时录音录像明确规定为基本操作方式。当然，现阶段可能存在偏远地区侦查机关在讯问时只有录音设备的现象，对于确有特殊情况的，可以允许在讯问时只进行录音。但是对于新刑诉法第121条规定的必须进行讯问时全程录音录像的案件，由于此类案件是由中级人民法院以上的法院负责审理的，不可能存在侦查讯问时缺少设备的问题，该等案件的讯问时录音录像必须严格贯彻执行全程、同步、同时的操作方式。对于讯问时录音录像的执行标准，公安机关新《规定》第203条明确规定为，“每一次讯问全程不间断进行，保持完整性。不得选择性地录制，不得剪接、删改”。上述条文对单次讯问确立了比较严格的标准。但关于讯问时录音录像制度的执行标准还有个问题需要考虑，即对于侦查机关在讯问时可以而不是必须进行录音录像的案件，一旦决定进行录音录像，是否需要对该案的每一次讯问均进行录音录像。笔者认为，答案应当是肯定的，因为讯问时的录音录像资料对讯问合法性问题的证明力很强，如果侦查机关可以选择任意一次讯问进行录音录像，有可能导致在该次讯问之前的讯问过程中，侦查人员对犯罪嫌疑人采取暴力、威胁甚至刑讯的手段以迫使犯罪嫌疑人同意在下一次接受讯问时作“自愿”的有罪供述，侦查人员再通过录音录像对犯罪嫌疑人“自愿”有罪供述的讯问过程进行固定，这样的有罪供述一旦形成，即使在法庭上被告人提出非法证据排除的申请，但面对具有较强证明力的录音录像资料，被告人的主张也很难得到法庭的支持。在新刑诉法施行前，讯问时录音录像制度在实践中已经出现过在单次讯问过程中，先通过刑讯逼供等非法手段迫使犯罪嫌疑人承认犯罪，再录音录像予以固定的情况，即所谓的“打完再录”。新刑诉法及其司法解释要求单次讯问的录音录像应当“全程不间断进行，保持完整性。不得选择性地录制”，其实正是为了防止上述“打完再录”的情况发生。但由于没有强制要求对一个案件所有的讯问均进行录音录像，也就没有完全堵上“打完再录”的漏洞，甚至可能增加排除非法证据的难度。因此，笔者认为，为最大限度地防止、减少讯问过程中刑讯逼供等非法取证行为的发生，对于录音录像应当规定更高的标准，即要求侦查机关认为有必要进行录音录像的案件，对该案犯罪嫌疑人的“所有”讯问均应当执行全程、同步、同时的录音录像。

第三，明确对于违反新刑诉法及其司法解释有关讯问时录音录像的强制性规定的处理问题。新刑诉法第121条实际上确立了必须进行讯问时录音录像的强制性规定。对于如果在新刑诉法第121条规定的案件范围内的侦查讯问过程中没有进行录音录像的该如何处理的问题，新刑诉法及其司法解释均未作任何规定，这可能使该条强制性规定缺乏必要的实施措施。对于违反该条规定的具体处理，关键在于解决必须进行讯问时录音录像的案件而没有讯问时的录音录像资料的讯问笔录如何使用的问题，即明确此类案件中讯问时录音录像资料和讯问笔录的关系问题。前文已经论述了，普通刑事案件适用“没有讯问时同步录音录像仍可采信讯问笔录”的一般性规则。但是对于新刑诉法第121条规定的三类必须进行讯问时录音录像的案件而言，不能适用上述一般性规则。由于新刑诉法第121条强制要求该等案件的讯问必须进行录音录像，讯问时录音录像不应再理解为证明讯问合法性的一种方式，而是该类案件的必经法定程序。违反第121条强制性规定的行为应该被认定为严重的程序违法，如果不对其作出一定的程序性制裁，可能难以保证该条规定的实施效果。因此，司法解释有必要将“没有讯问时同步录音录像资料的，讯问笔录也不得采信”作为适用新刑诉法第121条规定的三类必须进行讯问时录音录像的案件的特殊性规则，即此类案件中没有按照新刑诉法第121条的规定录音录像而进行讯问取得的犯罪嫌疑人、被告人供述，不能在刑事诉讼中使用。对于执行新刑诉法第121条的规定，还有一个问题需要考虑，即由何人（机关）、何时确定某一具体案件属于上述案件的范围。从理论上讲，此类案件的讯问必须进行录音录像，包括犯罪嫌疑人到案后的初次讯问，但侦查机关初次讯问犯罪嫌疑人时，可能由于掌握案情和证据有限，难以判断出该案是否属于上述应当录音录像的案件范围。① 刑事犯罪发生后，最早介入刑事诉讼程序并最先了解到初步案情的国家机关是侦查机关（包括公安机关、检察院反贪反渎部门等），对于案件严重程度的划分，侦查机关可以进行初步的判断。但是，笔者认为，考虑到讯问时录音录像可能会增加侦查机关取证的难度且侦查人员对案件法律性质的判断可能有偏差等因素，侦查机关并不适宜作为最终确定某一具体刑事案件是否属于可能判处无期徒刑、死刑的案件或者其他重大犯罪案件的国家机关。而检察机关作为法律监督机关，负有侦查监督的职责，检察官对法律的判断认定相较于侦查人员可能更准确，由检察机关来最终确定案件的严重程度是合适的。对于“何时”划分案件范围的问题，在现行程序中，检察机关通常在审查批捕阶段才介入到具体案件的办理，而在审查批捕阶段侦查机关的讯问已基本完成。为了保证新刑诉法第 121 条规定的顺利执行，在明确由检察机关确定具体案件是否属于上述范围的基础上，应当将检察机关介入刑事诉讼程序的时间提前。笔者认为，可以规定：对于侦查机关初步判断可能属于新刑诉法第 121 条规定的三类案件，在对犯罪嫌疑人采取强制措施并第一次进行讯问时，应当通知检察机关到场；对于检察机关最终认定为应当录音录像的案件，侦查机关在该案的每一次讯问中必须进行录音录像；侦查机关在检察机关最终判定前进行讯问而没有录音录像的，该等讯问取得的犯罪嫌疑人供述不应再使用，侦查机关应当按照新刑诉法第 121 条的规定，重新进行讯问，并全程同步录音录像。

---

① 从长远来看，立法如果规定所有刑事案件在讯问阶段均应当进行讯问，则该问题也就迎刃而解了。另外，确定某一案件是否属于可能判处无期徒刑、死刑的案件或者其他重大犯罪案件，本质上是管辖问题，还关系到新刑诉法对死刑案件的特殊程序保障，此处仅就讯问时录音录像制度展开。

三、其他相关措施的改革

（一）完善讯问笔录的制作

讯问笔录是侦查人员制作的记载讯问全部过程，包括讯问时间、地点等基本信息，以及侦查人员提问和犯罪嫌疑人供述、辩解等重要内容的法律文书。讯问笔录的重要性体现在两个方面：一是在讯问时录音录像制度没有对所有案件均适用的情况下，讯问笔录将在较长时期内作为固定讯问过程和内容的重要方式，甚至是固定没有进行录音录像的讯问的唯一方式；二是讯问笔录作为犯罪嫌疑人供述、辩解的载体，相较于录音录像资料，其不仅能够在刑事诉讼中作为证明讯问过程合法性的证据，还能够作为证明案件事实的证据使用。新刑诉法确立的非法证据排除规则要求对讯问过程中采用刑讯逼供等非法方法取得的犯罪嫌疑人供述予以排除，作为固定讯问过程及内容的重要方式，甚至是某些案件的唯一方式，讯问笔录能否准确、客观地记录讯问全部情况，是能否排除讯问过程中取得的非法证据的关键。但如果新刑诉法在施行后继续采取传统的侦查讯问笔录制作方式，便可能很难保证其准确性和客观性。以往在侦查机关进行的讯问通常是在仅有 2 名侦查人员和犯罪嫌疑人在场的情况下（在看守所讯问，通常犯罪嫌疑人有看守所法警陪同），由侦查人员进行讯问并自行独立制作笔录。从准确性来看，侦查人员并不是专业的速记人员，在强度很高的讯问过程中，既要负责讯问又需要进行记录，一方面很难保证记录的全面、翔实和准确，另一方面也可能由于要分心记录而影响到讯问的效率。特别是新刑诉法规定讯问最长能够进行 24 个小时，这类需要进行长时间讯问的案件属于案情特别重大复杂，需要采取拘留、逮捕措施的案件，也就是这类案件的犯罪嫌疑人还没有收押到看守所，讯问一般是在侦查机关并按照上述传统的方式进行的，持续 24 个小时的讯问需要记录的内容更多，侦查人员记录专业性不强的弊端就暴露得更明显。从客观性来看，侦查讯问过程缺少第三方的监督，特别是侦查机关第一次讯问犯罪嫌疑人时，由于是在侦查机关自行确定的地点进行，通常是在侦查机关的办公场所内部，因此初期的行为过程可以说是完全封闭的。在侦查机关按照新刑诉法的要求拘留犯罪嫌疑人 24 个小时并移交看守所羁押之后，讯问场所将移到看守所，但即使如此，在看守所讯问室的在场法警也不承担监督讯问的职责，且在现行法律下，看守所仍属于公安机关管理，缺乏必要的独立性，也就很难起到监督侦查人员讯问的作用。在这种情况下，讯问人员如果有刑讯逼供等非法取证的行为，他自己也不会将其记录到笔录中，其客观性自然得不到保障。笔者认为，为保证非法证据排除规则的顺利实施，可以考虑从以下三个方面对讯问笔录制度进行完善：一是在侦查讯问中引入类似于法庭审理书记员的角色，由专业速记人员负责对侦查讯问过程进行记录，这样既保证了讯问笔录的制作质量，也可以将侦查人员从繁琐的记录工作中解脱出来，更集中地进行讯问，提高讯问效率，同时也在一定程度上起到保证讯问笔录客观性的作用。二是侦查人员还可以合理使用录音录像，在讯问完成后可以立即通过录音录像资料对讯问笔录可能存在记录不清楚、不完整的地方予以补全，再交由犯罪嫌疑人核对签字。三是尽快确立讯问时辩护律师在场制度，由辩护律师协助犯罪嫌疑人核对讯问笔录，并共同签字。

（二）讯问人员主动要求出庭

《非法证据排除规定》第 7 条在我国刑事诉讼中首次确立了侦查讯问人员出庭制度。[①] 该条规定，公诉人可以向法庭提请通知讯问人员出庭作证，但必须经过通知讯问时其他在场人员或者其他证人出庭作证仍不能证明讯问合法性时，才能通知讯问人员，法庭通知讯问人员后，讯问人员必须到庭。新刑诉法及其司法解释在上述规定的基础上，对讯问人员出庭制度作了一定的修改：一是扩大了

---

① 在《非法证据排除规定》出台前，实践中已有部分案件的侦查人员出庭作证，杜培武案中的侦查技术人员就曾出庭向法院说明相关证据情况。

侦查人员出庭的范围，原规定将需要出庭的侦查人员限定为讯问人员，公安机关新《规定》则将这一范围扩大到所有参与案件证据收集的侦查人员；二是公诉人提请其他人员出庭不再作为提请侦查人员出庭的前置条件；三是将侦查人员出庭作证修改为出庭说明情况；四是增加了侦查人员可以主动要求到庭的规定。① 侦查机关对讯问制度的改革完善要特别重视侦查人员主动要求到庭。从上述立法修改变化可以看出，按照《非法证据排除规定》的要求，侦查人员在法庭审理阶段只能经法庭通知后介入非法证据排除的相关程序，这不利于侦查人员阐明已采取的侦查措施的正当性、讯问过程的合法性等内容，经通知才能出庭实际上使侦查人员处于一个比较被动的地位。新刑诉法正是基于以上考量，增加规定了侦查人员可以要求出庭说明情况。侦查人员尽可能主动要求出庭说明情况，对于证明讯问合法性有重要意义：首先，侦查人员主动提出向法庭说明情况，采取积极主动的姿态本身就能够表明，侦查人员对自己采取的取证行为没有违法有足够的自信；其次，侦查人员主动要求出庭，对可能翻供并向法庭诬告讯问人员违法取证的被告人而言，是一种有力的震慑；最后，侦查人员主动要求出庭后，能够及时向法庭阐释已采取的侦查措施的必要性、合法性，最大限度地确保收集的证据能够在法庭上使用。因此，侦查机关对侦查人员出庭制度大可不必持抵触的态度，应以该项制度的确立为契机，进一步规范侦查行为，全面提升侦查人员素质。当前，针对侦查人员出庭制度的实施，侦查机关有必要采取以下措施积极应对：（1）培养侦查人员心理素质，提高现场应变能力、抗压能力。侦查人员出庭说明情况，很可能面临着被告人当庭翻供，甚至是诬告侦查人员有违法取证行为，在这种情况下，出庭的侦查人员如果不能控制自己的情绪，而采取过激的言语责问被告人，可能会影响到对收集证据合法

① 侦查人员出庭制度是此次新刑诉法修改的亮点之一，对该项制度的详细论述将在后面关于法庭审理的章节展开，此处仅就侦查机关的相关问题进行论述。

性的说明，甚至影响到法庭最终对证据的采信。因此，侦查机关有必要对相关人员进行日常的训练，提升侦查人员的心理素质，以使侦查人员出庭后在面对庭上各种突发情况时能够冷静、沉着地应对。（2）提高侦查人员口头表达能力、法庭说明辩论技巧。侦查人员出庭是为了说明自己取证行为的合法性，但不能仅仅是简单地说自己没有使用刑讯逼供等非法行为，而是需要针对法庭有疑问的取证行为，详细向庭上说明采取该等取证方法的必要性，取证过程的合法性等内容，这需要出庭的侦查人员有一定的逻辑分析能力、清楚的语言表达能力，以使其对取证情况的说明更有条理性、更有说服力。另外，随着侦查人员出庭说明情况向侦查人员出庭作证的进一步完善，出庭的相关人员还可能面临被告人辩护律师的询问，要求侦查人员还应具备一定的辩论技巧。因此，侦查机关有必要通过模拟庭审、组织辩论、学习逻辑课程等多种方式，提高侦查人员出庭说明情况的能力。（3）加强与检察机关公诉部门的沟通协调。出庭说明情况的侦查人员，实质上类似于“控方证人”，与公诉部门的立场是高度一致的。侦查人员在开庭前加强与公诉人员的沟通协调，能够充分了解检察机关对案件审查起诉的情况，使侦查人员在出庭说明情况时尽量配合公诉人，能够更有利于公诉人的指控。在开庭时，侦查人员除了自行说明讯问等取证情况外，也可以由公诉人适当提问合理引导其向法庭作出说明。另外，公诉人一般都拥有较丰富的庭审经验和法庭辩论技巧，侦查人员加强与公诉部门的沟通也有利于提升出庭说明情况的能力。

浙江省检察机关首例由侦查人员出庭作证并且最终侦查人员证言获得人民法院认可的案件，也充分说明了侦查讯问人员出庭的重要作用。该案是由浙江省舟山市人民检察院负责办理的常某某受贿案。2012 年 8 月 28 日，舟山市中级人民法院对该案进行了开庭审理。在庭审过程中，被告人辩护律师提出非法证据排除申请，浙江省舟山市人民检察院公诉人提请侦查人员出庭作证。该检察院反贪局侦查人员到庭后签署了如实作证保证书，并就整个取证过程接受了控辩审三方的询问，对辩护律师提出的证据合法性的质疑一一进行了反驳和说明，最终法院合议庭采信了该侦查人员的全部证言，没有排除被告方申请排除的证据。[①]

（三）关于提高初查水平及初次讯问质量

新刑诉法非法证据排除规则实施以后，讯问制度势必将日趋规范，不得强迫自证其罪原则、部分案件讯问时录音录像制度的确立，在客观上确实加大了侦查机关通过讯问获取犯罪嫌疑人口供的难度，使得侦查机关习惯的先通过讯问获取犯罪嫌疑人口供，再以口供为线索查找其他相关证据的传统侦查方式不再适应新刑诉法的实施。新刑诉法及其司法解释基本改变了以往“抓人破案”的侦查目标，确立起了以收集证据为中心任务的侦查模式。因此，侦查活动也需要由“抓人破案”向“证据定案”的目标转变。在这种情况下，侦查机关也开始有意识地转变侦查的重点方向。检察机关职务犯罪侦查部门就提出：“进一步强化初查工作，提高初查的质量和效率，尽量通过秘密的外围调查获取被调查人涉嫌犯罪的可靠证据，力争把核心证据固定在立案前，做到从外围入手、从外围突破，实现案件的顺利侦破。在初查过程中，对于案件线索涉及的有关情况或者事实，特别是对关键性细节要查清查细，做到心中有数。要围绕犯罪构成研究线索的成案可能，确定和调整调查方法和调查对象范围。一旦认为具备立案条件，就应当及时立案侦查。对条件确实不成熟的线索，则要注意做好保密工作，并加强动态监视、放长经营，视时机再适时启动立案程序。”[②] 笔者认为，严格实施非法证据排除规则后，侦查机关加强立案前的初查活动有利于打开案件侦查的突破口，初查取得的证据基础也有助于侦查机关在讯问中获取犯罪嫌疑人口供，扎实的初查活动也能够缩短案件进入

① 案件整理自《证据非法？反贪干警出庭对质》，载《检察日报》2012 年 9 月 23 日第 01 版。

② 最高检反贪部门指导意见《新刑事诉讼法对反贪工作的影响及对策》。

刑事诉讼程序后的侦办时间，节约诉讼资源。但是，侦查机关开展初查活动也应注意：（1）初查只是作为侦查活动的有益补充，初查只能为开展侦查进行必要的准备，调查一定的证据线索，不能以初查替代侦查，收集证据的主要活动仍应在侦查阶段完成；（2）初查阶段尚未立案，刑事诉讼程序没有启动，侦查机关在刑事诉讼中才能使用的侦查措施、强制措施不能在初查中使用，并且监听等技术侦查手段也不能使用，这将极大限制侦查机关工作的开展；（3）初查阶段采取的调查方法仍应依法进行，必须遵守非法证据排除规则，否则获取的证据不能在刑事诉讼中使用，在刑事诉讼程序启动后，应当重新按照非法证据排除规则调取相关证据。

对于犯罪嫌疑人到案后的初次讯问，新刑诉法规定侦查机关应当在拘留犯罪嫌疑人之后的 24 个小时以内进行讯问，且最迟不得超过 24 个小时便需要将犯罪嫌疑人移送到看守所羁押。同时，新刑诉法还规定了犯罪嫌疑人自被第一次讯问之日起，才有权委托辩护人。从上述规定看，法律对初次讯问的限制相对较少，初次讯问一般在侦查机关进行，且对已执行拘留的犯罪嫌疑人，在将其移送看守所之前的 24 个小时之内，侦查机关可以连续进行讯问。由于只是规定了犯罪嫌疑人在第一次讯问之日起有权委托辩护律师，侦查机关在第一次讯问犯罪嫌疑人的时候，应当告知其有权委托辩护人，犯罪嫌疑人在接受第一次讯问的时候，实际上并未得到辩护律师的帮助。对第一次讯问没有强制要求进行录音录像，即使是对于可能判处无期徒刑、死刑等严重犯罪案件的讯问，尽管法律要求必须进行录音录像，侦查机关也能够以第一次讯问并不能判断案件的严重程度而不采取录音录像措施。笔者认为，基于以上考量，侦查机关可能将初次讯问作为获取犯罪嫌疑人口供最重要的突破点。已有检察机关侦查部门提出："着力提高讯问能力特别是第一次讯问的能力，做到讯问的全面性、准确性和固定性。既要加快转变传统办案模式，同时也不能放松讯问，特别是要提高对贿赂犯罪等案件第一次讯问的破案成功率，按照讯问的全面性、准确性和固定性要求，加强研究讯问的方法及策略技巧，大胆探索获取犯罪嫌疑人供述的措施和途径，不断提高审讯突破水平，充分发挥讯问在侦破案件中的重要作用。”① 但是，对于初次讯问法律限制少，并不等于没有限制。相对于尚未启动刑事诉讼程序的初查活动，初次讯问已经正式进入刑事诉讼侦查阶段，应当严格执行新刑诉法关于非法证据排除的相关规定。侦查机关固然可以利用限制较少的初次讯问降低获取犯罪嫌疑人口供的难度，但合理使用新刑诉法第 118 条第 2 款关于如实供述可从宽处理的规定，不断提高自身讯问方式、方法和技巧，同时加强物证技术研究、加强技术侦查措施运用，全面提高侦查水平，才是侦查机关应对实施非法证据排除规则的根本方向。

第五节　公安机关如何排除非法证据

新刑诉法将排除非法证据从《非法证据排除规定》规定的审查批捕延伸到整个侦查阶段，并赋予了侦查机关排除非法证据的职权。传统的非法证据排除规则通常只在法庭审理阶段适用，部分学者也认为，“侦查和起诉机关是诉讼争议的一方，由侦查或起诉机关决定诉讼行为否有效违反任何人不得作自己案件法官的基本原则”。② 但新刑诉法将非法证据排除规则的适用范围扩大到侦查阶段，实际上是对该规则的丰富和发展。但是，新刑诉法只是笼统地规定“在侦查、审查起诉、审判时”发现非法证据要予以排除，至于公安机关如何排除非法证据没有进一步规定。公安机关新《规定》只在第 67 条第 3 款规定了县级以上公安机关负责人对于侦查阶段发现的非法证据有权进行排除，也没有如何发现、审查非法证据等程序性规定。因此，为避免侦查阶段排除非法证据的法律

① 最高检反贪部门指导意见《新刑事诉讼法对反贪工作的影响及对策》。
② 樊崇义主编：《诉讼原理》，法律出版社 2003 年版，第 423 页。

条款成为无法操作的“摆设”，需要研究解决公安机关排除非法证据的具体程序问题。

一、确定审查非法证据的公安机关具体部门

公安机关内部机构设置较为复杂，目前尚未有明确规定具体由哪个部门负责侦查阶段非法证据排除的问题。与非法证据直接相关的首先是刑侦部门和经侦部门，作为侦查犯罪主要部门，上述两个部门均承担着管理、组织侦查人员开展侦查工作的职责，对下属的侦查人员进行非法取证的行为也应当负有监督、惩戒的责任。但是，犯罪侦查部门并不适合作为负责非法证据排除的主要部门，该等部门对其下属侦查人员的监督只是属于内部管理，如果由上述两个部门负责进行排除非法证据的工作，缺乏必要的独立性，难以保证对非法取证行为进行公正的审查。侦查人员非法取证行为不仅涉及追究该侦查人员的法律责任，还可能涉及追究侦查部门负责人的责任，导致侦查部门怠于对非法证据进行排除。另外，对于违法取证的审查排除需要对非法证据排除规则有准确地理解，并按照规则进行法律定性分析，这需要较高的法律专业知识，但侦查部门对非法证据排除规则的法律问题的认定可能缺少一定的经验。相对于上述侦查部门，公安机关法制部门更适合承担侦查机关排除非法证据的工作，从其工作职责上看，法制部门主要负责“指导、监督、检查公安机关立法工作和执法工作；建立、完善公安机关执法监督工作制度和执法责任等制度；负责公安机关应用法律、法规的解释和咨询工作，对案件适用法律问题提出意见；参与涉及公安机关和人民警察的重大疑难案件适用法律问题的研究，维护公安机关和人民警察的合法权益”，上述职责是与侦查机关审查排除非法证据的工作要求相吻合的。另外，对于具体案件证据情况的初步审查一般也是由法制部门进行，通常也是由法制部门向检察机关移送证据并提请批捕，法制部门在实践中已经积累了审查判断证据的经验，形成了一整套审查判断证据的工作方法。因

此，应当将相对独立于侦查部门且专门负责适用法律问题的法制部门明确为公安机关审查排除非法证据的主要负责部门，同时要求侦查部门对法制部门进行的审查排除非法证据工作予以必要的配合协助。

二、关于公安机关如何发现非法证据的线索

新刑诉法对人民检察院如何发现非法证据作了规定，其第55条要求人民检察院在接到报案、控告、举报后，或者主动发现侦查人员以非法方法收集证据的，应当进行调查核实。上述规定实际上为发现非法证据明确了两条途径：一是通过接受犯罪嫌疑人及其辩护律师等的报案、控告、举报侦查人员采用刑讯逼供等非法方式获取非法证据这一被动发现途径；二是可以在审查批捕、审查起诉过程中通过发现侦查人员违法侦查进而发现非法证据这一主动发现途径。但新刑诉法及其司法解释并未规定公安机关如何发现非法证据，理论上讲，公安机关也可以通过上述主动和被动两种途径发现非法取证的线索，但笔者认为，公安机关发现非法证据的上述途径应当有所侧重，可以确立以主动发现为主，以被动发现为辅的模式：（1）公安机关法制部门被动发现非法证据，需要由犯罪嫌疑人及其辩护律师等报案、控告、举报，并且对犯罪嫌疑人等提供的线索进行初步核实后，才能启动非法证据排除的程序，这样一种被动发现的模式改变了原有侦查工作展开的直线型路径，增加了对犯罪嫌疑人提供线索的初步调查核实程序等“回头路”环节，可能会降低侦查效率，影响案件侦破工作；主动发现模式则只需要法制部门按照原有工作流程，在正常审查证据时发现非法证据的线索，这种模式能够更好地适应侦查工作对效率的较高要求。（2）对于羁押在看守所的犯罪嫌疑人，只能接触到公安机关负责办理自己案件的侦查人员，且可能正是其要控告的进行非法取证的侦查人员，而没有向公安机关法制部门控告的直接途径，即使由其辩护律师代为举报，也会受到看守所安排会见的一定限制，在这种情况下，法

制部门被动发现非法证据的线索来源有限。(3)犯罪嫌疑人及其辩护律师等既可以向侦查机关也可以向检察机关报案、控告、举报，相比较来说，侦查机关对侦查人员违法取证的审查属于内部监督，检察机关的审查则是法律监督机关履行职责的外部监督，犯罪嫌疑人及其辩护律师等可能更倾向于向检察机关提出控告，因此即使规定了犯罪嫌疑人可以向侦查机关提出控告，实际执行效果可能也并不理想。(4)侦查人员非法取证可能涉及国家机关工作人员侵犯公民人身权利和民主权利的犯罪问题，该类犯罪由检察机关进行管辖，从这个角度来看，对于不属于自己管辖权范围的职务犯罪侦查，公安机关即使接到报案、控告、举报，也应当及时将案件移送到有管辖权的检察机关处理。综上，公安机关发现非法证据的线索应当以法制部门自行审查证据的主动发现为主，对于确有部分犯罪嫌疑人及其辩护律师等向公安机关报案、控告、举报侦查人员非法取证的，公安机关应当在受理后进行初步审查，对于需要移送检察机关的应当移送检察机关处理。

三、侦查机关排除非法证据的范围

新刑诉法规定的排除非法证据的范围包括：采用刑讯逼供等非法方法收集的犯罪嫌疑人供述和采用暴力、威胁等非法方法收集的证人证言、被害人陈述等非法言词证据，以及违反法定程序，可能严重影响司法公正的非法物证、书证。公安机关新《规定》作了相同规定。理论上讲，公安机关在侦查阶段排除的非法证据范围应当包括上述各类非法证据。但是，笔者认为，上述需要排除的非法证据对于公安机关侦查阶段来说，范围相对过大，侦查阶段并不需要对物证、书证进行排除：(1)根据新刑诉法及其司法解释，对于物证、书证的排除，要同时满足“违反法定程序”、“可能严重影响司法公正”两个条件，侦查阶段发现的涉嫌非法取证的物证、书证可能比较容易满足违反法定程序这个条件，但对于“可能严重影响司法公正”，在侦查阶段相关调查取证活动尚未完全结束的情况下，涉嫌非法取证的物证、书证是否会对司法公正造成严重影响很难判断。并且，对于司法公正问题由审判机关来最终判断比由侦查机关判断更合适。（2）物证、书证往往是案件中比较关键的证据，在侦查工作开展过程中，排除已经取得的物证、书证，势必会对案件侦破造成严重影响，不利于对犯罪的打击。（3）新刑诉法及其司法解释允许对涉嫌违法取证的物证、书证进行补正或者作出合理解释，侦查是刑事诉讼的开始阶段，对于涉嫌违法取得的物证、书证，侦查人员有充足的时间进行补正或作出解释，即使在审查起诉时检察机关发现涉嫌违法取得的物证、书证，都必须先要求公安机关进行补正或作出解释，从这个角度而言，公安机关也没有必要过早地排除可能违法取得的物证、书证。（4）要求公安机关法制部门对各类证据合法性均进行全面审查，可能会分散法制部门审查证据的力量，反而不利于对刑讯逼供等非法取证行为的重点打击。综上，笔者认为，公安机关法制部门在侦查阶段审查非法证据时，应着重审查涉嫌刑讯逼供取得的犯罪嫌疑人供述以及暴力、威胁取得的证人证言，如果该等非法证据查证属实，应当坚决予以排除；至于涉嫌非法取得的物证、书证，法制部门可以进行必要的形式审查，如果发现物证、书证属于违反程序取得的，应当要求侦查人员尽快予以补正或解释，但不必对该等证据进行排除。

四、侦查机关对非法证据的审查判断

新刑诉法及相关司法解释对人民检察院、人民法院如何调查核实非法证据都作了规定，如人民检察院可以讯问犯罪嫌疑人、询问办案人员、询问在场人员及证人，人民法院可以通过庭前会议、法庭调查程序对非法证据进行调查核实。公安机关新《规定》没有关于侦查机关如何调查核实非法证据的规定。笔者认为，公安机关法制部门调查核实非法证据应当注意以下问题：一是公安机关调查核实非法证据与审判机关的调查核实不同，仍然是属于侦查活动的内在有机组成，严格来说不是对相关证据的质证程序，犯罪嫌疑

人、讯问人员等相关各方也不用对侦查行为的合法性承担证明责任，因此，公安机关对于非法证据的调查核实也没有必要设置与法院庭前会议类似的独立调查程序，法制部门应当在既有的工作程序中对相关证据的合法性进行审查。二是法制部门调查核实非法证据，除了审查侦查部门移交的犯罪嫌疑人供述、辩解等材料，必要时也可以借鉴最高检新《规则》关于人民检察院调查核实非法证据的相关规定，通过讯问犯罪嫌疑人、询问办案人员、询问讯问时在场人员及证人、听取辩护律师意见、调取讯问录音录像资料等方式对证据合法性问题进行审查。三是关于公安机关法制部门审查判断非法证据需要达到什么样的程度。如前所述，尽管公安机关对取证行为合法性的审查不是证明活动，但仍需要明确一定的排除标准，且侦查阶段排除非法证据的标准不宜过严：对于有确实充分的证据反映出侦查人员存在非法取证行为的，如讯问时录音录像资料清楚地显示侦查人员对犯罪嫌疑人进行了刑讯逼供，这样取得的犯罪嫌疑人供述应当坚决排除。但是对于现有材料不能充分反映侦查行为合法性的，或是只能反映出侦查人员可能存在非法取证行为的，笔者认为，在这种情况下取得的犯罪嫌疑人供述及证人证言不应当在侦查阶段排除，这是因为：一方面，犯罪嫌疑人供述及证人证言通常是关键性证据，侦查阶段就排除此类证据，会直接对追究犯罪造成不利影响；另一方面，随着诉讼的进展，可能有新发现的材料能够对讯问合法性有充分确实的反映，因此没有必要在侦查阶段就对可能存在侦查人员非法取证的犯罪嫌疑人供述、证人证言予以排除，应当允许法制部门将合法性存疑的证据移交人民检察院进入审查批捕、审查起诉阶段，但在移送时应当向人民检察院据实说明对该等证据合法性问题的调查核实情况。

五、侦查机关排除非法证据后的处理

公安机关新《规定》第 67 条第 3 款规定，侦查阶段如果发现非法证据，需要由县级以上公安机关负责人批准后依法予以排除，

排除的后果是该等证据不得作为提请批准逮捕、移送审查起诉的依据。法制部门对证据合法性审查完成之后，发现属于应当排除的非法取得的犯罪嫌疑人供述以及证人证言，应当依法提请县级以上公安机关负责人批准排除。在公安机关负责人决定排除非法证据之后，还应当考虑以下问题的处理：

1. 关于被排除的犯罪嫌疑人供述、证人证言能否继续使用的问题。新刑诉法及其司法解释规定的侦查阶段排除非法证据是指被排除的证据不得作为提请批捕和移送审查起诉的依据，但并未明确该等证据能否继续作为侦查人员发现同案中其他犯罪证据的线索使用。美国的非法证据排除规则对于上述问题确立了“毒树之果”规则，“禁止以不当方式取证的实质并非仅仅意味着非法而获的证据不应当被法院采用，而是完全不得被使用”。[①] 随着该项规则的发展，联邦法院还为其确立了一系列规则的例外，包括必然发现的例外、独立来源的例外、违法被消除的例外等。新刑诉法没有确立“毒树之果”规则，相反在一定程度上默许了非法证据衍生证据的使用，如物证、书证只要不严重影响司法公正即可使用。按照新刑诉法及其司法解释的相关规定，公安机关在排除非法证据后，以此为线索查找其他证据并不为法律所禁止。但笔者认为，即使现阶段法律没有禁止“毒树之果”的适用，公安机关在侦查阶段排除的非法证据仍不应被作为搜集其他证据的线索使用，前文已经论述了侦查阶段需要排除的非法证据应当限定为“查证属实”的非法取得的犯罪嫌疑人供述以及证人证言，公安机关需要排除的证据范围有限，且非法取证行为均已严重侵害犯罪嫌疑人及证人的诉讼权利，在这种情况下，如果还允许以该等非法证据作为查找其他证据的线索，可能是对刑讯逼供等非法取证行为的纵容，非法证据排除规则实际上将得不到贯彻。

---

① 此规则创立于美国20世纪20年代西尔弗索恩木材公司诉合众国案中，由审理该案的著名大法官霍姆斯提出。

2. 关于侦查阶段排除非法证据的时间点问题。检察机关排除非法证据可以在审查批捕时，也可以在审查起诉时；审判机关排除非法证据则可以在庭前或是在法庭调查中进行。上述两机关排除非法证据都有比较明显的时间点，与之相比较，公安机关的侦查活动基本是一个整体，从诉讼阶段上并没有明显的时间上的分界点，因此对于在侦查活动中公安机关何时排除非法证据的问题应当有所考虑。笔者认为，对于侦查阶段排除非法证据的时间点问题，有两条解决途径：一是“随时排除”，即针对侦查部门每一次讯问犯罪嫌疑人及询问证人的过程，法制部门都对其合法性进行审查，发现有非法取证的立即向负责人申请批准排除该份证据；二是“定点排除”，即按照侦查活动进展，明确两个时间点对所有讯问及询问合法性统一进行审查，两个时间点分别是移送检察机关审查批捕前和侦查终结前。上述两条途径各有优劣：随时排除能够最大限度地保障非法证据排除规则的实施，但是法制部门针对每一次讯问、询问均进行审查，将会对侦查效率造成影响，可能延长侦查期限，不利于侦查活动的顺利进行；定点排除尽管在对非法取证行为的审查上可能会存在一定的滞后性，但是能够基本保证在侦查阶段对非法证据的审查活动不会过度干涉侦查工作，保证侦查活动的完整性和连续性，有利于案件的侦破，也比较容易为侦查部门所接受。因此，笔者认为，在侦查阶段排除非法证据的时间点问题上，可以考虑采取定点排除的模式，即在侦查部门移送审查起诉前以及侦查终结前统一对全案的侦查讯问、询问情况进行非法证据的审查排除规则。

3. 关于非法证据被排除后，侦查活动后续如何开展的问题。前文已经论及，侦查阶段需要排除的非法证据仅限于有充分确实的证据表明侦查人员系以刑讯逼供等非法方法获取的犯罪嫌疑人、被告人供述以及证人证言，对于在侦查阶段排除证据已经作出了比较严格的限制，在这种情况下，如果仍然发生了非法取证而需要对犯罪嫌疑人、被告人供述以及证人证言进行排除，将会对侦查活动产生比较大的影响，由此需要对排除非法证据后的后续侦查活动如何开展的问题有充分的考虑和准备。笔者认为，具体来看，后续侦查活动需要研究两个方面的问题：第一个问题是侦查人员的更换。侦查阶段涉及排除非法证据的具体办案人员已经属于严重违法甚至可能涉嫌犯罪，[①] 肯定不能再继续完成侦查工作，需要对其进行撤换。根据公安机关新《规定》第 67 条第 2 款，在侦查阶段需要排除非法证据的，应当由县级以上公安机关的负责人作出排除决定，因此，可以考虑在县级以上公安机关负责人作出排除非法证据决定的同时，由其再下达撤换同案侦查人员的命令；另外，如果县级以上公安机关负责人也涉嫌非法取证的，应当由其上一级公安机关负责人作出排除非法证据的决定，同时指定另一下级公安机关继续侦查。第二个问题是在侦查阶段排除非法证据后，能否重新对犯罪嫌疑人、被告人及证人进行讯问或询问。传统的非法证据排除规则是在法庭审理阶段才会对涉嫌非法取证的证据进行审查排除，而在法庭审理阶段一旦相关证据被排除，诉讼程序也不可能再倒回侦查阶段对被排除的证据所要证明的案件事实重新调查取证，如果在证据被排除后，其他的证据对案件犯罪事实的证明不能达到排除合理怀疑的证明标准，法官将会判决被告人无罪。我国新刑诉法的非法证据排除规则对传统的非法证据排除规则有一定的创新，即坚持实事求是和严厉打击非法取证的原则，允许在侦查阶段和审查起诉阶段排除非法证据，但新刑诉法及其司法解释均未进一步规定在侦查阶段排除非法证据后是否还能再次取证。笔者认为，在侦查阶段排除非法证据后应允许侦查机关再次取证，理由有四：（1）从侦查阶段排除非法证据的立法目的来看，新刑诉法及其司法解释作出如此规定主要是考虑最大限度地遏制非法取证，但并非是限制侦查机关展开合法的侦查活动；（2）侦查阶段排除的非法证据已经限定在犯罪嫌疑人、被告人供述以及证人证言上，此类言词证据的取得与实物证据不同，实物证据有不可复制性，实物证据取得后如果排除

① 对于非法取证侦查人员的处理问题将在之后的章节讨论。

即丧失了再次取得该实物证据的可能，而言词证据排除后，侦查人员可以再次进行讯问或询问；（3）侦查阶段在排除非法证据的同时，已经对原来负责侦查的人员进行了更换，这对负责继续侦查的办案人员本身也是一种震慑，能够最大限度地防止重新讯问或询问过程中违法取证行为的发生；（4）允许侦查阶段排除非法证据后就相关案件事实重新进行讯问或者询问，能够防止对犯罪的放纵，减少侦查机关对实施非法证据排除规则的抵触，在允许侦查阶段排除非法证据的同时也较好地平衡了打击犯罪与保障人权。因此，笔者认为，侦查机关在排除非法取得的犯罪嫌疑人供述及证人证言之后，只要侦查期限尚未完结，就可以在更换侦查人员之后重新对犯罪嫌疑人、证人进行讯问或询问；但如果侦查期限已经截止，排除非法证据后其他证据不能达到移送审查起诉的证明标准的，侦查机关应当制作侦查终结报告，并撤销案件、释放犯罪嫌疑人。

第六节　行政执法与刑事司法衔接的证据转化中的非法证据排除

行政执法与刑事司法相衔接工作机制（以下简称“两法衔接工作机制”）的建立，是由于我国的行政执法逐步暴露出“执法不严、有罪不究、有案不移、有案难移、以罚代刑”等问题，行政权与司法权在行政执法领域产生了碰撞。为在行政执法过程中厘清行政权与司法权的关系与职责，解决行政执法与刑事司法有效衔接的问题，中央各相关部门相继发布了相关决定：2001 年国务院发布了《关于整顿和规范市场经济秩序的决定》，2004 年最高检、全国整顿和规范市场经济秩序领导小组办公室、公安部联合颁布了《关于加强行政执法机关与公安机关、人民检察院工作联系的意见》，2011 年中共中央办公厅、国务院办公厅转发了国务院法制办、中央纪委、最高法、最高检、公安部、国家安全部、司法部、人力资源和社会保障部出台的《关于加强行政执法与刑事司法衔接工作的意见》。上述一系列决定和意见基本确立了我国两法衔接工作机制。

在两法衔接工作机制中，行政执法机关在查办案件中收集的相关证据材料如何在刑事诉讼中使用，即所谓的“证据转化”问题，是该工作机制运行的重要内容，关系到行政执法与刑事司法工作能否顺利地衔接。2012年新刑诉法及其司法解释对此问题作出了规定，新刑诉法第52条第2款明确规定，行政执法取得的证据符合一定条件的可以在刑事诉讼中作为证据予以适用。[①] 公安机关新《规定》、最高检新《规则》、最高法新《解释》也分别对两法衔接工作机制中的证据转化问题进行了规定。但是该等规定却未能对行政机关在执法及查办案件过程中调查收集的证据是否适用新刑诉法非法证据排除规则有进一步细化的规定。笔者认为，既然行政机关在执法和办案过程中调查收集到的部分材料已经能够作为刑事诉讼的证据在诉讼过程中直接使用，那么其调查取证的行为理应受到刑事诉讼相关规范取证行为的规定的约束。

一、两法衔接工作机制中引入非法证据排除规则的必要性

第一，实施非法证据排除规则的目的之一就是规范侦查行为。既然允许行政机关执法取得的相关材料直接在刑事诉讼中使用，那么行政机关在执法中的调查取证活动也就具有了类似于侦查活动的基本属性，这就使得对行政机关在执法过程中的调查取证活动按照刑事诉讼法的相关规定进行规范成为了必要。通过在两法衔接工作机制中有限度地适用非法证据排除规则，能够有效地规范行政机关的调查取证活动，也能够在一定程度上保证行政机关依法行政和合理行政。

第二，实施非法证据排除规则从根本上讲是为了保障犯罪嫌疑

---

① 新刑诉法第52条第2款规定：“行政机关在行政执法和查办案件过程中收集的物证、书证、视听资料、电子数据等证据材料，在刑事诉讼中可以作为证据使用。”

人、被告人及证人等的基本权利，防止非法取证行为对诉讼参与人的侵害。普通的行政执法活动由于涉及的案件性质尚不严重，行政机关在调查取证过程中即使有一定的违法行为，对行政相对人权利的侵害也有限，但是在两法衔接工作中，由于行政执法案件很可能转化为刑事案件，在这种情况下，行政机关的调查取证活动将可能使案件当事人面对严厉的刑罚威胁，一旦行政机关的调查取证违法进行将极大地侵犯当事人的基本权利，因此从保障权利的角度来讲，也有必要对两法衔接工作机制中行政机关的调查取证活动进行必要的规范。

第三，在两法衔接工作机制中行政机关取得的物证、书证等证据材料尽管已经能够在刑事诉讼中直接作为证据使用，但该等证据材料一旦进入刑事诉讼就将面临司法机关的审查，根据最高法新《解释》第 65 条之规定，行政机关收集的证据材料也必须经过法庭调查，且该等证据的收集程序还必须符合有关法律、法规的规定，方可作为定案的根据。[①] 也就是说，该等证据材料在刑事诉讼中将必然受到非法证据排除规则的约束，如果行政机关在调查取证活动中有违法行为，该等证据也会在刑事诉讼中被排除，且由于行政执法案件的特殊性，行政机关在执法办案过程中收集到的物证、书证等材料具有很高的时效性，经过一定时间后很难再重复取得，这些证据一旦被排除将直接影响到行政执法案件的查办结果。为保障对行政违法犯罪案件的打击效果，提高行政执法活动的办案质量，在两法衔接工作机制中行政机关也有必要在执法活动中即按照非法证据排除规则进行调查取证，以避免由于非法取证使得关键证据被法庭排除而最终影响到相关行政执法案件的判决结果。

① 最高法新《解释》第 65 条第 1 款规定："行政机关在行政执法和查办案件过程中收集的物证、书证、视听资料、电子数据等证据材料，在刑事诉讼中可以作为证据使用；经法庭查证属实，且收集程序符合有关法律、行政法规规定的，可以作为定案的根据。"

二、两法衔接工作机制中审查非法证据的机关

人民法院对于所有案件中的非法证据均有审查判断的职权，但在两法衔接工作机制中，若案件尚未进入法庭审理阶段，人民法院也就无法对两法衔接工作中的非法证据问题进行审查。从新刑诉法及其司法解释的规定来看，目前公安机关和人民检察院均有权对两法衔接工作中的非法证据进行审查。公安机关新《规定》第 60 条规定："公安机关接受或者依法调取的行政机关在行政执法和查办案件过程中收集的物证、书证、视听资料、电子数据、检验报告、鉴定意见、勘验笔录、检查笔录等证据材料，可以作为证据使用。"最高检新《规则》第 64 条规定："行政机关在行政执法和查办案件过程中收集的物证、书证、视听资料、电子数据证据材料，应当以该机关的名义移送，经人民检察院审查符合法定要求的，可以作为证据使用。"上述两条司法解释有所重叠，使得公安机关和人民检察院在两法衔接工作机制中审查证据的职权有一定的交叉和矛盾。

关于具体应当由公安机关还是由人民检察院负责对两法衔接工作机制中的非法证据问题进行审查判断，尽管新刑诉法及其司法解释未能作出明确的规定，但部分地区在两法衔接工作机制的具体实践中，已经能够很好地解决这一问题。笔者考察了 B 市 S 区的两法衔接工作机制，该区通过打破行政机关、公安机关和人民检察院的单位局限性，在区党委和区政府的统一领导下，整合行政执法机关、公安机关和人民检察院，建立起由上述各个机关共同参加的行政执法与刑事司法相衔接工作联席会议，并在内部互联网上设立行政执法与刑事司法相衔接信息共享平台。纳入到两法衔接工作机制中的各类行政执法案件，不论是公安机关还是人民检察院，均能够通过工作联席会议和信息共享平台迅速了解案件的相关情况，且参加两法衔接工作机制的公安机关的具体部门是法制办，人民检察院的具体负责部门是侦查监督处，上述两个部门本来就承担着公安机

关和人民检察院审查判断证据的职责。因此，笔者认为，对于在两法衔接工作中非法证据的审查判断也就没有必要明确是由公安机关还是由人民检察院进行，而可以完全依托于两法衔接工作联席会议以及信息共享平台，对相关行政执法案件的证据合法性进行初步的审查判断。

三、两法衔接工作机制中对非法证据的审查判断

新刑诉法第52条第2款规定的行政机关收集的可以作为刑事诉讼中的证据使用的材料，包括了物证、书证、视听资料、电子数据等。但新刑诉法非法证据排除规则对非法实物证据的范围只限定为物证和书证两类。因此，在两法衔接工作机制中对非法实物证据的审查判断也不包括对视听资料、电子数据等相关材料的审查，行政机关移送的该等证据材料可以直接作为刑事诉讼的证据使用，对该等证据的审查判断也主要由人民法院在法庭调查过程中进行。对于行政机关调查取证获得的物证和书证的审查判断，公安司法机关应当注意，排除该等证据仍应按照非法证据排除规则，需要同时满足“违反法定程序”、“可能严重影响司法公正”两个条件，前文已经论述了侦查阶段对于涉嫌非法取得的物证、书证应进行必要的形式审查。笔者认为，在两法衔接工作机制中对物证、书证的审查也应按照侦查阶段审查物证、书证的方式，对该等证据进行形式审查，如果发现行政机关在执法过程中获得的物证、书证存在违反程序或者违反行政法规取得的情况，公安机关和人民检察院均可以通过两法衔接工作联席会议要求相关行政机关的执法人员对该等证据尽快予以补正或解释，而不必对该等证据进行排除。

至于两法衔接工作机制中行政机关在调查取证活动中涉嫌非法取得的言词证据如何处理的问题，则需要重点关注和研究。从立法上看，新刑诉法、最高法新《解释》、公安机关新《规定》均对此问题采取了回避的态度，没有明确规定行政机关在执法和办案过程

中取得的言词证据如何在刑事诉讼中转化的问题。而最高检新《规则》也仅仅是规定在直接受理立案侦查的案件中，行政机关在执法和查办案件过程中收集的涉案人员供述或者相关人员的证言、陈述等言词证据如何处理的问题，除此之外的其他案件中行政机关取得的言词证据也没有明确规定。对于新刑诉法及其司法解释回避规定两法衔接工作中言词证据的问题，笔者认为，应当从以下三个方面理解：一是从立法条文来看，新刑诉法第 52 条对可以直接作为证据使用的物证、书证、视听资料、电子数据等证据种类予以了明确规定，公安机关新《规定》和最高检新《规则》还补充了检验报告、鉴定意见、勘验笔录、检查笔录等证据种类，如果新刑诉法及其司法解释允许将行政机关取得的言词证据直接作为刑事诉讼的证据使用，则在立法时应明确在上述条文中进行规定，既然法律没有如此规定，至少表明立法并不赞成将行政机关在执法办案过程中取得的言词证据直接作为刑事诉讼的证据使用。二是物证、书证等实物证据不管是由行政机关在执法过程中取得，还是由公安司法机关在侦查过程中获得，其形式均符合刑事诉讼法对证据种类的规定，因此有将行政机关取得的实物证据直接在刑事诉讼中使用的可能，但是刑事诉讼法规定的言词证据种类明确是犯罪嫌疑人、被告人供述和辩解；而行政机关在执法和办案过程中取得的言词证据只是“行政相对人”对有关情况的陈述，并不是“犯罪嫌疑人、被告人”供述，如果允许将行政机关取得的言词证据直接作为刑事诉讼的证据使用，可能会导致任何人在刑事诉讼外向行政机关所作陈述均可能被作为对其定罪量刑的依据。三是侦查人员讯问犯罪嫌疑人、被告人时必须遵守刑事诉讼法讯问制度的相关规定，否则所取得的犯罪嫌疑人、被告人供述将不能作为证据使用；而行政机关在执法办案过程中取得行政相对人对相关事实的陈述并不需要遵守讯问制度的规定，因此行政相对人的陈述不是刑事诉讼的证据。

既然行政机关在执法办案过程中取得的言词证据不能直接在刑

事诉讼中使用，则就涉及该等证据如何转化的问题。最高检新《规则》第64条第3款对人民检察院负责的自侦案件中涉及的行政机关在执法办案过程中取得的言词证据如何转化的问题作出了规定，在该类案件中，对于行政机关取得的涉案人员供述或者相关人员的证言、陈述的转化，人民检察院以重新调查收集为原则，但如果相关人员因路途遥远、死亡、失踪或者丧失作证能力等原因不能再作出供述或证言，人民检察院则可作为例外情形，在对行政机关执法过程中取得的言词证据审查后直接作为刑事诉讼的证据使用。笔者认为，最高检新《规则》的该条规定对于两法衔接工作机制中的证据转化问题具有现实的指导意义：一方面，该条规定强调以重新调查收集言词证据为原则，解开了前述行政机关在执法办案过程中取得的言词证据不宜直接作为刑事诉讼证据使用的难题；另一方面，又规定了在特殊情形下以审查后直接使用为例外，由此可以最大限度地保证案件的办理质量，避免因在特殊情况下关键的言词证据缺失导致违法犯罪人员被放纵。因此，笔者建议公安机关在处理两法衔接工作机制中属于其管辖范围的行政机关移送的案件的言词证据转化问题时，可以借鉴人民检察院的处理办法，对行政机关取得的言词证据根据情况重新调查取证或审查后直接使用。公安机关和人民检察院对于行政机关在执法办案过程中收集的言词证据的转化应当注意：对于需要重新调查收集的言词证据，公安机关和人民检察院的侦查部门应当按照新刑诉法的规定，重新对原行政执法的相对人、现犯罪嫌疑人以及证人进行讯问或询问，无论其原来对行政执法机关的陈述如何，侦查人员的讯问或询问均应符合非法证据排除规则的要求，不得有刑讯逼供等非法取证行为，即使行政相对人原来供述自己有行政违法行为，侦查人员仍应遵守不得强迫自证其罪的原则，但是可以将行政相对人和证人原来的陈述作为重新讯问或询问的线索。对于无法重新收集的言词证据，公安机关和人民检察院的审查应当从以下几个方面进行：一是直接使用的行政机关取得的言词证据必须符合最高检新《规则》第64条第3款关于可以不重新收集证人证言的条件，且必须有相应的证据予以证实，[①] 除此之外的任何其他情形均不得直接使用行政机关取得的言词证据。二是公安机关及人民检察院相关人员应当注意审查行政机关取得的言词证据及其收集程序是否合法，此处的程序合法应当是指行政机关在执法办案过程中按照行政法律法规的相关调查程序调查取证，而不应理解为仅按照刑事诉讼程序，且还应有其他证据对行政机关按照行政法律程序调查取证予以证明。三是还应当对行政机关取得的言词证据是否符合“法定要求”进行审查，特别是应当按照非法证据排除规则，审查行政机关的调查取证活动是否存在违法行为，如果有确实充分的证据证明该等证据系行政机关执法人员在办案过程中以刑讯逼供等违法行为取得，则应当对此类证据坚决排除，但应注意此阶段对于涉嫌非法证据的审查判断仍属于侦查阶段的审查。如前文所述，侦查阶段排除非法证据的标准不宜过严，对于现有材料不能充分反映或只能反映出行政机关执法人员调查取证行为可能存在违法情形的，应当允许该等行政机关取得的言词证据在刑事诉讼中作为证据使用。

① 最高检新《规则》第64条第3款规定：“人民检察院办理直接受理立案侦查的案件，对于有关机关在行政执法和查办案件过程中收集的涉案人员供述或者相关人员的证言、陈述，应当重新收集；确有证据证实涉案人员或者相关人员因路途遥远、死亡、失踪或者丧失作证能力，无法重新收集，但供述、证言或者陈述的来源、收集程序合法，并有其他证据相印证，经人民检察院审查符合法定要求的，可以作为证据使用。”

第三章　检察机关非法证据排除规则实施问题研究

检察机关既是我国的司法机关，也是法律监督机关，代表国家行使法律监督权，其法律监督权的行使包括对侦查机关侦查活动的监督和人民法院审判活动的监督等，其中对刑事诉讼证据合法性的审查是检察机关行使法律监督权的重要内容。非法证据排除规则的正式施行对于检察机关来说，尽管也在一定程度上增加了工作难度和压力，但是实际上是对检察机关法律监督职权的进一步细化。与非法证据排除规则直接规范侦查行为并由此对侦查机关破案产生的难度和工作压力相比较，本就承担着审查判断案件证据职能的检察机关受到非法证据排除规则实施的影响要小得多。与其说非法证据排除规则的实施是增加了检察机关的工作压力，不如说是丰富了检察机关法律监督的手段。因此，各地检察机关对于非法证据排除规则的施行并没有太多的抵触情绪。实施非法证据排除规则对于检察机关的意义不仅仅在于丰富其法律监督手段，更在于通过对侦查机关取证行为合法性的审查和对审判机关审查判断证据的监督，切实保障了刑事案件的办理质量，并进一步强化了检察机关法律监督的职能和地位。当前，研究检察机关实施非法证据排除规则的问题，应当重点解决检察机关在排除非法证据过程中的地位和作用问题，以及进一步细化检察机关在刑事诉讼中排除非法证据的部门设置、启动程序、调查核实程序等具体问题。

第一节　检察机关实施非法证据排除规则的价值分析

一、实施非法证据排除规则对检察机关的意义

新刑诉法中非法证据排除规则的正式施行，对于检察机关来说同样是发展机遇期，检察机关应当认真贯彻执行非法证据排除规则，不断改进检察监督工作，强化自身法律监督职能，进一步推动检察工作向前发展。

（一）强化检察机关法律监督职能

检察机关刑事诉讼法律监督，主要包括侦查监督和审判监督两大内容。

从侦查监督职能的强化来看，在新刑诉法实施以前，检察机关进行侦查监督主要依赖于侦查机关在提请批准逮捕时向检察机关移送相关证据材料后对接受的证据材料进行审查，以及侦查终结后的审查起诉阶段对侦查机关移送的案卷材料的审查。检察机关对侦查活动的监督基本是一种事后监督，而且通常以书面审查的方式进行，检察机关也缺乏提前介入侦查活动的手段和方式，这就使得检察机关的侦查监督存在滞后性和被动性，导致侦查监督未能形成对侦查人员侦查行为有效且有力的制约。检察机关即使通过对证据材料的书面审查发现侦查人员可能存在违法取证行为，也只能通过向侦查机关发出纠正违法意见书或违法通知书等方式，对侦查人员的违法行为进行提醒，该等方式明显缺乏法律强制力，很难起到规范侦查人员取证行为的作用。但在新刑诉法的非法证据排除规则正式实施以后，检察机关侦查监督乏力的状况将可能得到极大的改善。首先，根据新刑诉法及其司法解释对非法证据排除规则的相关规定，人民检察院可以依职权自行启动对侦查人员可能涉嫌违法取证的调查核实程序，也就是赋予了检察机关主动、提前介入侦查活动的权

力，即检察机关能够在侦查尚在进行的过程中对侦查人员展开调查，而无须在等待侦查机关提请批捕并移送案件证据材料之后，且检察机关的调查手段不只局限于对证据材料的审查，更可以直接询问相关办案人员及其他证人，这将改变原来检察机关对侦查活动的事后监督、被动监督的特点，使侦查监督真正能够对侦查机关形成有效的制约。其次，检察机关在对侦查机关办案人员取得的证据进行合法性审查之后，如果发现该等证据确系侦查人员违法侦查所得，检察机关不仅可以要求侦查人员对该等证据进行补正或者作出合理解释，且侦查人员必须按照检察机关的要求进行补正，更可以将这些证据予以排除，这种带有强制性的排除非法证据的权力也使得检察机关的侦查监督能够起到引导侦查、规范侦查行为的作用。最后，检察机关在对涉嫌违法取证的侦查人员进行调查核实之后，如果发现侦查人员确有以非法手段取证的行为，检察机关除了可以向侦查人员所在机关提出纠正意见，对于侦查人员严重违法的侦查行为，检察机关还可以直接移送本机关反渎职侵权部门立案侦查，以追究违法侦查人员的刑事责任。非法证据排除规则的实施整合了检察机关各相关部门的力量，形成了对侦查行为进行有效监督的合力。

从审判监督职能的强化来看，检察机关对人民法院审判活动进行的监督主要由公诉部门负责。检察机关公诉人员在出庭支持公诉的过程中，同时履行着公诉职能和审判监督职能。新刑诉法实施以前，法庭审理阶段基本是人民法院的“一言堂”，庭审法官控制着整个法庭审理活动的进程。检察机关公诉人员尽管承担着审判监督的职能，但在法庭审理过程中公诉人员需要发表公诉意见、对被告人的犯罪事实举证证明、在法庭辩论中与辩方就案件事实及证据进行辩论，实际上公诉人员在法庭上主要执行的是公诉职能，而审判监督职能并未得到很好的履行。新刑诉法非法证据排除规则的实施，丰富了检察机关公诉人员在法庭审理阶段进行审判监督的方式和途径。公诉人员既可以通过对证据合法性进行专门审查的庭前会议对人民法院审查判断证据的活动进行监督，也可以在庭审过程中向法庭提出审查非法证据的申请或者对证据合法性进行证明，以防止法庭对案件证据的任意采用或者排除，加强了对庭审活动特别是对法庭证据审查活动的监督。

（二）提高检察机关办案能力

非法证据排除规则的施行对检察机关的意义还体现在，进一步提高了检察机关审查判断证据的能力，保障了检察机关办理案件的质量，进而降低了起诉的风险。第一，贯彻执行非法证据排除规则，要求检察机关办案人员能够全面理解相关规则，准确界定什么是非法证据，增加了检察机关对涉嫌非法取证的侦查人员进行询问，并对非法证据的其他相关情况进行调查核实的工作职责，这将促使检察机关进一步改进检察工作，不断提高自身审查判断证据的能力。有学者还提到："当检察机关作为追诉机关行使公诉权时，检察机关负有证明犯罪嫌疑人有罪的举证责任，对犯罪嫌疑人、被告人及辩护人在庭审中提出的关于证据合法性的质疑，检察机关负有证明该证据合法的义务，这促使检察机关在审查起诉过程中就需要对证据的合法性进行审查，争取在审查起诉之时就将非法证据预先排除，避免在庭审过程中陷于被动地位。"① 第二，检察机关在审查证据之后，对可能存在侦查人员通过非法手段取得的证据予以排除，使得最终进入审判阶段的证据经得起法庭调查、质证的考验，既从程序公正的角度防止了刑讯逼供等非法取证行为对刑事诉讼的破坏，也从实体公正的角度防止了对案件事实的证明存在一定虚假性的非法证据影响到法院对案件最终的公正判决，从而能够最大限度地保障检察机关办理案件的质量。第三，从降低检察机关起诉风险的角度来看：一方面，检察机关对调查属实的非法证据予以排除，不将其作为决定批捕和提起公诉的根据，能够避免在法庭审理过程中，法院排除相关非法证据对检察机关起诉造成的不利影响；另一方面，检察机关即使未排除非法证据，但是通过对侦查人

① 谢佑平：《检察机关与非法证据排除》，载《中国检察官》2010 年第 11 期。

员取证行为及证据合法性进行全面的审查判断，并对其中存在非法取证可能的证据提出检察机关的意见，也能够最大限度地避免因未排除非法证据导致冤假错案后对司法机关办案人员的责任追究。例如，在赵作海案中，商丘市检察机关在案件办理的过程中一直强调该案可能存在非法取证，相关证据有重大疑问，尽管最终未能防止冤假错案的发生，但在该案曝光后，负责该案办理的侦查人员和法官均受到了责任追究，而检察机关办案人员则因对案件非法证据进行了认真的审查判断，避免了错案追究的责任。

二、检察机关在排除非法证据中的地位和作用

检察机关既是国家的法律监督机关，又是刑事诉讼的公诉机关，还是国家机关工作人员违法犯罪案件的侦查机关，这种多重的身份区别于公安机关只能参与侦查阶段的工作、人民法院只能参与审判阶段的工作，检察机关的工作职责覆盖了刑事诉讼的整个过程，体现着对整个诉讼活动的监督。“在刑事诉讼中，就世界范围来说，检察官即是当事人，又‘不是当事人’或‘不仅仅是当事人’、‘不是实质上的当事人’，这是很多国家法学家的共识”。[①] 对于非法证据的审查排除工作，检察机关也承担了更多的职责，除了原本就具有的在审查批捕、审查起诉阶段对证据的审查判断职责，新刑诉法非法证据排除规则也赋予了检察机关对侦查阶段侦查行为合法性的调查核实以及在审判阶段对证据合法性进行证明的职责。因此，检察机关应当并且能够在排除非法证据的工作中扮演关键的角色。正如有学者指出：“检察机关在刑事诉讼中的职能呈现出多元化的特点，依法行使侦查职能、控诉职能和诉讼监督职能，直接负责部分案件的侦查，对自诉以外的案件提起公诉和支持公诉，对刑事诉讼活动实行法律监督。与职能的多元化相对应，检察

① 朱孝清：《检察官客观公正义务及其在中国的发展》，载《中国法学》2009年第2期。

机关对刑事诉讼活动的参与也是全程性的，无论是侦查、起诉，还是审判、执行，检察机关都自始至终贯穿于刑事诉讼活动的全过程。基于检察机关在刑事诉讼中的这种特殊地位和多元职能，检察机关对于非法证据的排除应当发挥重要作用。”①

（一）排除非法证据的“监督者”

检察机关贯彻执行非法证据排除规则，尽管承担着调查核实侦查人员取证行为合法性、在法庭上对证据合法性进行证明等具体职责，但是，作为国家法定的监督机关，检察机关在排除非法证据的过程中首先处于对整个过程进行监督的法律监督者的地位，无论是检察机关自行对非法证据进行审查排除，还是对侦查机关及审判机关排除非法证据的监督，检察机关均应秉持法律监督机关客观公正的义务。有学者也指出，检察机关客观公正的义务“体现在诉讼工作中就要求检察机关在进行审查逮捕、审查起诉、支持公诉等活动时要秉持客观公正的立场，唯本着事实与法律而不片面追求定罪与胜诉的结果，强化对诉讼活动尤其是侦查活动的法律监督，及时发现并依法纠正诉讼过程中的违法行为；体现在证据要求上就需要检察机关在审查判断证据时既要重视能够证明被追诉人有罪或者罪重的证据，也要重视证明被追诉人无罪或者罪轻的证据，依法审查证据的合法性并及时排除非法证据”。② 具体来说，作为法律监督者的检察机关在实施非法证据排除规则时，应当注意对侦查机关排除非法证据的活动进行审查监督的问题。前文已经论述，侦查机关需要排除的非法证据应当限于查证属实的以刑讯逼供等非法方法取得的犯罪嫌疑人、被告人供述及证人证言，检察机关对侦查机关排除此类证据的监督应当重点审查侦查人员非法取证的行为是否已经查证属实，是否有相关证据如录音录像资料予以印证，尽量避免因侦查

① 卞建林：《检察机关与非法证据排除》，载《人民检察》2011 年第 12 期。

② 卞建林、李晶：《检察机关排除非法证据的规范——基于预防和排除的双重视角》，载《政治与法律》2011 年第 6 期。

机关对非法证据排除规则的理解把握不准确导致某些关键证据被排除，进而影响到对案件的公正审判。对检察机关内部排除非法证据的审查监督，应当重点审查排除非法证据程序的启动是否符合法律规定，是否存在应当对涉嫌违法侦查进行调查核实而未启动排除非法证据程序的；对可能存在非法取证的证据能否进行补正或者作出合理解释而不予排除；对必须排除的非法证据，侦查人员的违法取证行为是否查证属实，尽可能地保证检察机关排除非法证据符合客观公正的要求。

（二）审前阶段排除非法证据的“主导者”

从检察机关实施非法证据排除规则的具体工作来看，检察机关扮演两种不同的角色，在审前阶段的非法证据排除过程中，检察机关主要承担“主导者”的角色。侦查机关与检察机关在审前阶段均承担着审查排除非法证据的职责。但侦查机关只承担在侦查阶段排除非法证据的职责，案件移送审查起诉之后，侦查机关的非法证据排除工作也就完成了，且侦查机关审查排除非法证据主要以内部监督的方式进行，非法证据排除规则的执行效果可能得不到保障。检察机关在审前阶段可以直接介入侦查，对侦查阶段可能存在的非法证据进行审查，也可以在案件移送审查批捕、审查起诉时再次对相关证据合法性进行审查，且对证据的审查判断一直是检察机关的主要工作内容，因此，在审前阶段排除非法证据的工作中，检察机关应是当然的“主导者”和“裁判者”。有学者就指出：“人民检察院的审查批捕、复议、复核等活动，都具有裁判的性质；人民检察院在此实际上同时承担了裁判职能，是行使裁判权的主体。”①第一，在侦查阶段，检察机关应通过适时介入侦查，发挥引导侦查方向、规范侦查行为的作用。一方面，及时要求侦查机关对需要补正或者作出合理解释的证据进行补正或解释；另一方面，及时纠正

① 宋英辉、吴宏耀：《刑事审判前程序研究》，中国政法大学出版社2002年版，第102~105页。

侦查机关涉嫌非法取证的侦查行为，切实遏制侦查阶段刑讯逼供等违法取证行为的发生。第二，在审查批捕和审查起诉阶段，检察机关应充分行使调查核实非法证据的职权，加强对证据合法性的审查判断，可以考虑通过由检察机关主导设立针对非法证据审查的专门听证程序，听取侦查机关及辩护律师的关于非法证据的意见，以及时排除通过刑讯逼供等非法取证行为所取得的证据。有学者就指出："检察虽然只是公诉的机关，不能对案件作出最后的实体性决定，但有权对证据能力进行初步的判断，将应当排除的非法取得的证据排除在指控根据之外。有的案件在审查起诉阶段就以不起诉方式终结，更应当由检察机关排除非法证据。"① 第三，新刑诉法确立的非法证据排除规则并没有规定审判阶段如果涉及对非法证据问题的审理，应由不同的法庭进行审查，使得非法证据一旦进入审判阶段，将很有可能对法庭形成不利于被告人的影响，这就要求检察机关应在审前阶段发挥好排除非法证据主导者的关键作用，要敢于排除非法证据，尽可能防止非法证据进入到审判阶段。正如有学者指出："通过检察机关有效实现非法证据的预防和排除，能够在客观上妥善解决我国因庭审模式设置而造成的法庭易受非法证据不当影响的问题。我国是典型的一元法庭审理模式，案件审理者同时对事实和法律作出裁决，且不存在类似西方国家的预审法官或者中间程序，这就不可避免地导致法庭能够接触到非法证据，即使最后将非法证据予以排除也难以保证其不对案件审理者造成不良导向或者干扰。倘若在审前程序即能够有效预防或者排除非法证据，则显然会大大减少非法证据进入到法庭审理环节的机会，也就使得法庭受到非法证据干扰的困惑迎刃而解。"②

（三）审判阶段证明证据收集的合法性

进入审判阶段后，检察机关开始履行公诉职能，其在非法证据

① 陈光中主编：《中华人民共和国刑事证据法专家拟制稿》，中国法制出版社2004年版，第165页。

② 卞建林：《检察机关与非法证据排除》，载《人民检察》2011年第12期。

排除工作中的地位和作用将发生转变。根据新刑诉法第 57 条的规定，检察机关应当承担对证据收集合法性的证明责任。[①] 经过审查批捕和审查起诉，检察机关已经对全案证据有了充足的了解，也对其中可能存在非法取证的证据进行过审查，因此，检察机关在对非法证据的法庭审理过程中，主要应证明收集证据的合法性：一是"检察机关作为公诉机关，在诉讼中负有证明被告人有罪的责任，故除了应当证明指控的罪名和犯罪事实成立以外，对于用以证明犯罪事实成立的证据事实亦当证明其合法性"；[②] 二是检察机关对于在审查批捕和审查起诉过程中已经进行的审查判断非法证据的工作，有必要向法庭作出说明解释，尽可能消除法庭对于可能存在非法方法取得证据的疑问；三是根据最高检新《规则》第 73 条的规定，[③] 检察机关在审判阶段仍然承担着对证据合法性进行审查的职责，同时还应当通过通知相关人员出庭说明情况，证明证据收集的合法性。

第二节　检察机关负责非法证据排除的具体部门

一、立法现状

2010 年 7 月《非法证据排除规定》施行后，由于该规定只是

---

① 新刑诉法第 57 条第 1 款规定："在对证据收集的合法性进行法庭调查的过程中，人民检察院应当对证据收集的合法性加以证明。"

② 卞建林：《检察机关与非法证据排除》，载《人民检察》2011 年第 12 期。

③ 最高检新《规则》第 73 条第 1 款规定："对于公安机关立案侦查的案件，存在下列情形之一的，人民检察院在审查逮捕、审查起诉和审判阶段，可以调取公安机关讯问犯罪嫌疑人的录音、录像，对证据收集的合法性以及犯罪嫌疑人、被告人供述的真实性进行审查：（一）认为讯问活动可能存在刑讯逼供等非法取证行为的；（二）犯罪嫌疑人、被告人或者辩护人提出犯罪嫌疑人、被告人供述系非法取得，并提供相关线索或者材料的；（三）犯罪嫌疑人、被告人对讯问活动合法性提出异议或者翻供，并提供相关线索或者材料的；（四）案情重大、疑难、复杂的。"

规定了“人民检察院在审查批准逮捕、审查起诉中，对于非法言词证据应当依法予以排除，不能作为批准逮捕、提起公诉的根据”，而没有明确究竟由检察机关的哪个具体部门对非法证据进行排除，造成了检察机关在司法实践中对这一条款理解和执行的混乱。新刑诉法同样没有明确对于非法证据的调查核实由检察机关的哪个具体的部门执行。对此，有的检察机关提出，应尽快明确内部各个部门在排除非法证据工作中的职责。有鉴于此，最高检新《规则》对这一问题进行了回应，该规则第69条规定：在侦查阶段由侦查监督部门负责对非法证据进行调查核实；在审查起诉、审判阶段由公诉部门负责。必要时，渎职侵权检察部门可以派员参加。据此，新刑诉法司法解释明确将检察机关负责排除非法证据的具体部门确定为侦查监督部门和公诉部门。

二、利弊分析

最高检新《规则》规定侦查监督部门以及公诉部门作为检察机关调查核实相关证据，并排除非法证据的具体部门，具有一定的合理性：首先，从诉讼阶段上来看，检察机关对可能的非法证据进行审查、判断、排除的工作主要集中在审查批捕和审查起诉两个阶段，而这两个阶段主要负责的部门就是侦查监督部门和公诉部门，将审查判断非法证据的工作仍赋予上述两个部门，不会对检察机关原有的工作模式造成过多影响。其次，从两个部门本身的工作职责来看，侦查监督部门负责对刑事犯罪案件（包括检察机关直接受理侦查的贪污贿赂、国家工作人员渎职等犯罪案件）犯罪嫌疑人的审查批捕、决定逮捕和立案监督、侦查活动监督工作。公诉部门负责对刑事犯罪案件（包括人民检察院直接受理侦查的贪污贿赂、国家工作人员渎职等犯罪案件）的审查起诉、出庭公诉、抗诉工作；负责对人民法院刑事审判活动实行监督工作。对证据的审查判断，本来就是上述两个部门原有的工作职责，该等部门的检察官通常对非法证据排除规则能够准确地理解和把握，且拥有较强的审查判断证据的能力，将对非法证据审查判断的工作交由该等部门完成，能够较好地保证对相关证据审查判断的准确性，也能够最大限度地发挥两个部门在审查判断证据问题上的丰富经验和较强能力的优势。

但新刑诉法司法解释将检察机关审查排除非法证据的具体部门限定在侦查监督部门和公诉部门，仍存在需要完善的地方。第一，侦查监督部门和公诉部门共同承担审查排除非法证据的职责，尽管在诉讼阶段上能够有明确的分工，但是两个部门对非法证据的审查仍存在一定的职能上的重叠和工作上的重复。在审查批捕阶段，如果侦查监督部门依职权或经申请启动了排除非法证据的程序，对涉嫌非法取得的证据进行了审查，但最终因非法取证行为未能查证属实而决定对该证据不予排除。在这种情况下，进入审查起诉阶段后，公诉部门是否还需要依职权对侦查监督部门未排除的可能存在非法取证的证据再次进行审查？另外，如果被告人及其辩护人、诉讼代理人等又向检察机关提出报案、控告、举报并提供了一定的线索材料，公诉部门是否应当再次对侦查监督部门已经审查过的证据进行重新审查？以上问题新刑诉法及其司法解释均未给出答案，有必要在司法实践中对侦查监督部门和公诉部门审查排除非法证据的工作进行进一步的细分，理顺两个部门实施非法证据排除规则的关系和职能。第二，在检察机关各个业务部门的工作中，有可能涉及排除非法证据问题的不是只有侦查监督部门和公诉部门，其他部门，包括控告申诉部门、监所检察部门、承担检察机关直接受理案件的侦查工作的反贪污贿赂部门及反渎职侵权部门，均有可能在工作中涉及非法证据排除的问题。特别是检察机关自侦案件的各侦查部门，在侦查工作中是否具有排除非法证据的职责，新刑诉法及其司法解释均未作出明确规定，如果该等部门具有在侦查过程中排除非法证据的职责，但由于检察机关各侦查部门内部没有像公安机关法制部门有类似的对本部门侦查活动进行审查的专职人员，因此如何在自侦案件的侦查过程中对非法证据进行排除仍存在问题，有待进一步研究。第三，侦查监督部门或公诉部门无论是依职权还是经报案发现侦查人员以非法方法收集证据的，以及根据现有材料无法证明证据收集合法性的，均需要在检察长批准后进行调查核实。上述两个部门对非法证据的调查核实，实际上既是对原来案件证据合法性问题的调查，同时又已经涉及对侦查机关办案人员违法取证问题的调查，而后者可能涉嫌国家机关工作人员渎职侵权犯罪，其实已经属于检察监管反渎职侵权部门的职权范围，但是新刑诉法及其司法解释均未对侦查监督部门和公诉部门的非法证据调查核实工作予以明确的定位。最高检新《规则》也仅仅规定在“必要时”，渎职侵权检察部门可以派员参加侦查监督部门和公诉部门对非法证据的调查核实。至于何为“必要时”，谁来确定是否必要，渎职侵权检察部门参与对非法证据的调查核实应当处于什么地位等问题，也需要进一步的探讨研究。

三、完善检察机关排除非法证据的部门设置

（一）理顺侦查监督部门和公诉部门审查排除非法证据的职责

在新刑诉法及其司法解释对于检察机关排除非法证据具体部门设置的既定法律框架下，首先有必要理顺侦查监督部门和公诉部门审查排除非法证据的职责关系：（1）侦查监督部门在侦查及审查批捕阶段审查证据过程中发现存在非法取证可能并启动对非法证据的调查核实程序的，审查后经检察长决定不批准排除相关证据的，侦查监督部门应当及时将对该等证据的调查核实情况通报给公诉部门，在案件进入审查起诉阶段后，公诉部门对该等证据不再进行调查核实；但如果在审查起诉阶段公诉部门发现了侦查及审查批捕阶段未发现的新线索、新证据，应当据此重新提请检察长批准对有关证据进行调查核实。（2）根据最高检新《规则》第68条第2款的规定，当事人及其辩护人、诉讼代理人报案、控告、举报侦查人员采用刑讯逼供等非法方法收集证据并提供涉嫌非法取证的人员、时间、地点、方式和内容等材料或者线索的，人民检察院应当受理并

进行审查。根据该条款之规定，只要当事人等提出了相关线索，检察机关都应当受理并进行审查，但该规定没有区分侦查监督部门和公诉部门先后接受当事人等报案、控告，且当事人等所提供线索前后完全一致的情况。笔者认为，如果犯罪嫌疑人、被告人及其辩护律师等在侦查阶段和审查批捕阶段向侦查监督部门报案、控告、举报侦查人员违法取证行为并提供相关线索，经侦查监督部门对相关材料或线索进行审查后决定不启动针对非法证据的调查核实程序的，侦查监督部门也应当将初步审查结果及时通报给公诉部门；如果犯罪嫌疑人等当事人在审查起诉阶段再次向公诉部门报案、控告、举报侦查人员违法取证行为且提供了与前次报案相同的线索，公诉部门可以不再对相关材料进行审查，直接决定不启动调查核实程序。（3）侦查监督部门在侦查及审查批捕阶段审查证据合法性之后，因未发现存在侦查人员违法取证的可能而没有启动对非法证据的调查核实程序，但在进入审查起诉阶段后，公诉部门在审查全案证据过程中又发现某些已经过侦查监督部门审查的证据确实存在侦查人员非法取证的可能，并启动对该等证据的调查核实程序最终排除了非法证据，在这种情况下，需要考虑对侦查监督部门未能及时发现存在非法证据，是否应当追究相关检察人员失职的责任。笔者认为，对此问题应当注意：一是明确侦查监督部门和公诉部门是检察机关两个并列的内部机构，尽管两个部门在刑事诉讼活动中存在工作上前后衔接的关系，但是在层级上并没有隶属和监督关系，公诉部门即使在审查排除非法证据时发现侦查监督部门在审查证据时可能存在失职，也不会必然导致对相关人员的责任追究；二是侦查监督部门的主要职责是审查批捕，公诉部门则是审查起诉，职责上的区别也使两个部门对证据合法性的审查存在差异，侦查监督部门需要保证证据能够达到逮捕的标准即可，而公诉部门审查证据应当达到起诉的标准，这也就意味着公诉部门对证据合法性的审查范围可能更大、标准更严，因此有可能出现公诉部门排除侦查监督部门未能发现的非法证据；三是侦查监督部门在审查批捕时，侦查尚未终结，某些证据还未移送给侦查监督部门，而公诉部门审查的是案件的全部证据，这也可能产生侦查监督部门未排除而公诉部门排除非法证据的情况；四是如果公诉部门在审查排除非法证据时确实发现侦查监督部门可能存在失职，应当将有关情况及时向检察长报告，由检察机关负责人决定是否通过检察机关内部责任追究制度对相关失职人员问责。

（二）检察机关内部设置独立的非法证据专门调查机构的构想

鉴于新刑诉法司法解释将检察机关审查排除非法证据的职责分别赋予侦查监督和公诉两个部门，由此可能造成分工不明确、职能上的重叠以及自侦案件侦查阶段难以排除非法证据等问题。笔者认为，检察机关可以考虑设立独立的、专门进行非法取证行为调查核实并审查排除非法证据的内部机构。设立专门的非法证据审查排除机构，从象征意义上看，能够清楚表达该检察机关对坚决贯彻执行非法证据排除规则的重视。更重要的是，专门的非法证据审查排除机构的设立具有重要的现实意义：一是由专门机构负责对非法证据排除问题进行审查，能够保证对非法证据排除规则准确且一致的理解，避免由两个部门分别执行非法证据排除时可能出现对非法取证行为、对非法证据界定理解不一致的情况。例如，侦查监督部门认为某一项证据不是非法证据不需要排除，而公诉部门又提出要排除该项证据，引起工作上的争议。二是由专门机构统一行使检察机关审查排除非法证据的职权，避免了侦查监督和公诉部门原有的职责上的重叠和工作上的重复。三是设立非法证据排除的专门机构使得检察机关其他部门，包括控告申诉部门、监所检察部门、自侦案件的各侦查部门可能遇到的需要排除非法证据的问题有了处理的机构。四是由专门机构的固定的检察人员对非法证据进行审查判断，能够使得专门机构审查判断非法证据的能力不断加强，保证排除非法证据的办案质量。

审查排除非法证据的专门机构具体设立的问题，笔者认为，可以从以下四个方面考虑：一是关于专门机构性质的问题，可以借鉴公安机关在侦破大案要案时抽调各部门精英力量组成临时专案组的形式，检察机关审查判断非法证据的专门机构也可以设立一个临时性的工作小组；二是关于人员配置问题，可以从侦查监督部门、公诉部门等以往承担证据审查判断工作的部门抽调经验丰富的检察人员，组成专门的审查排除非法证据的工作小组，但小组成员应当长期固定；三是关于专门机构的地位问题，专门机构设立在检察委员会以下，可以直接向检察委员会汇报工作，检察长关于批准启动对非法证据的调查核实程序、决定排除或不排除某项证据，均可以直接向工作小组下达；四是关于专门机构的工作机制问题，当案件不涉及非法证据的审查排除时，工作小组的检察人员仍归入所在部门开展本职工作，侦查监督、公诉等部门仍按照原有职责对审查批捕、审查起诉的证据进行审查，一旦有部门发现可能需要进行非法证据调查核实，或侦查监督、公诉部门接到犯罪嫌疑人等当事人报案、举报时，各有关部门即将相关需要审查的证据材料移交专门工作小组，专门小组的检察官再集中起来对非法证据的相关问题进行调查核实。

第三节　检察机关排除非法证据的启动程序

一、权利告知

检察机关对可能存在非法取证行为的调查核实，可以在发现线索后依职权启动非法证据排除程序，也可以在接到犯罪嫌疑人、被告人及其辩护律师、诉讼代理人等当事人报案、举报、控告侦查人员采用非法方法获取证据并提供相应线索后启动非法证据排除程序。在检察机关接受报案并启动非法证据排除程序时，犯罪嫌疑人、被告人及其辩护律师、诉讼代理人等当事人向检察机关报案、举报、控告，其实是当事人的一项重要的诉讼权利。当事人行使该项权利的前提和基础是必须清楚地知道自己有控告、举报侦查人员以非法方法取证的这项权利，并了解如何行使此项权利，即必须知道在提出控告、举报的同时还应当向检察机关提供涉嫌非法取证的人员、时间、地点、方式和内容等材料或者线索。权利与义务是对立统一的，与当事人知悉自己享有控告、举报侦查人员违法取证的权利相对的，是检察机关负有向当事人告知权利的义务。因此，应当设定前置的权利告知程序，启动检察机关整个非法证据排除程序。正如有学者指出："在非法证据排除规则的启动程序中，提出非法证据排除申请是当事人一项重要诉讼权利，它标志着非法证据的排除正式进入审查程序。但权利保障或权利行使的前提是当事人知道自己的权利。非法证据排除是刑事诉讼领域中极为复杂的问题，在我国极少正式进入司法审查视野的情况下，公众对于非法证据排除规则知之甚少。当事人充分了解这些权利的重要方式就是司法机关进行权利告知。"①

具体的权利告知模式可以适当借鉴著名的"米兰达警告"，用标准的、统一的、规范的权利告知语言，向犯罪嫌疑人、被告人等当事人告知其所享有的权利。笔者曾参与了与J省Y市中级人民法院合作开展的"非法证据排除规则的试点项目"，试点法院即采用统一的规范告知语言对被告人进行了非法证据排除的权利告知："根据刑事诉讼法相关规定，用于对你指控的证据应当是合法收集的。如果在侦查中有使用侵犯你权利的方法收集证据的现象，你有权利申请排除。"②"通过在实践中施行权利告知，一方面可以加深当事人对权利的理解，使当事人能够知悉自身权利；另一方面，也可以规范司法人员告知行为，减轻司法人员的工作量，从而保证了严格执行和顺利实施非法证据排除的相关规则，也切实地保障了当事人的权利。试点法院还以书面告知的方式对被告人的权利予以确

① 杨宇冠、甘雨来：《探索构建中国特色非法证据排除规则的实践》，载《人民法院报》2010年6月9日第6版。

② 杨宇冠、甘雨来：《探索构建中国特色非法证据排除规则的实践》，载《人民法院报》2010年6月9日第6版。

认，同时，这也是法院履行告知义务的重要证明。书面告知一般采用格式化的形式，被告知人也许不能准确理解。因此，试点法院注重当事人对告知内容的理解程度，采取个别化要求，针对具体的对象灵活搭配告知方式，尤其重视口头告知与口头解释的作用。在告知权利时，对‘非法证据’、‘听证程序’、‘举证责任’等专业术语进行了口头解释，以使当事人能够准确理解。”①

上述对于非法证据排除规则的权利告知的实证研究，是在新刑诉法正式施行后实施该规则的有益经验，可以为当前检察机关进行非法证据排除的权利告知提供参考。但该试点项目是在2010年5月《非法证据排除规定》出台前进行的，其中部分内容也有必要根据新刑诉法及其司法解释作出一定的调整。对于检察机关适用的告知语言，可对上述项目试点中设置的告知语言进行适当的调整："根据刑事诉讼法相关规定，用于指控你的证据应当是合法收集的。如果侦查以侵犯你权利的方法收集证据，你有权利申请排除这些证据，申请时请向我们提供相关线索或者材料。"② 对于向犯罪嫌疑人、被告人等进行权利告知的时间，应尽量提前到侦查初期。在部分地区，侦查机关第一次讯问犯罪嫌疑人或采取强制措施的时候，会对其进行一次权利告知，但侦查机关的权利告知通常范围比较大，一般是告知有权委托辩护人或可以申请法律援助等内容，不会专门针对非法证据排除的问题进行告知，且侦查机关为了降低侦查取证的难度，可能也不愿意向犯罪嫌疑人告知申请非法证据排除的权利。因此，检察机关在侦查初期向犯罪嫌疑人专门告知申请排除非法证据的权利是有必要的，既能够最大限度地保障犯罪嫌疑人的诉讼权利，也能够对侦查行为形成一定的制约和规范。检察机关进行权利告知的具体时间，对于在侦查机关第一次讯问或采取强制

① 杨宇冠、甘雨来：《探索构建中国特色非法证据排除规则的实践》，载《人民法院报》2010年6月9日第6版。

② 杨宇冠、甘雨来：《探索构建中国特色非法证据排除规则的实践》，载《人民法院报》2010年6月9日第6版。

措施后送看守所羁押的犯罪嫌疑人，可以由看守所的驻所检察官对该犯罪嫌疑人进行非法证据排除的权利告知；对于未被羁押的犯罪嫌疑人，检察机关可以在第一次讯问时，向其告知权利。另外，在检察机关向犯罪嫌疑人进行权利告知时，也可以采取以口头和书面相结合的形式，并尽量使用犯罪嫌疑人能够明白的口头语言向其进行解释，以保证犯罪嫌疑人能够清楚了解他的权利并知悉如何行使其申请排除非法证据的权利。

二、启动程序

最高检新《规则》对于检察机关启动非法证据排除的程序作了进一步细化，该规则第 68 条规定，检察机关在侦查、审查起诉和审判等阶段对案件进行审查的过程中，发现侦查人员以非法方法收集证据的，应当在报经检察长批准后，启动对非法证据的调查核实程序。检察机关也可以在接到当事人及其辩护人、诉讼代理人对侦查人员采取刑讯逼供等非法方法收集证据的报案、控告、举报后，进行初步审查认为根据现有材料无法证明证据收集合法性的，在报经检察长批准后，启动排除非法证据的调查核实程序，当事人及其辩护人、诉讼代理人在报案、控告、举报的同时应当提供初步的线索和材料。根据上述规定，新刑诉法及其司法解释对检察机关启动非法证据排除程序设立了两种模式，一是依职权对侦查活动进行审查后的“主动启动”，另一种是在接到犯罪嫌疑人等当事人报案、控告、举报后的“被动启动”。

（一）主动启动

检察机关主动启动排除非法证据的调查核实程序，必须是在对案件的审查中发现侦查人员可能以刑讯逼供等非法方法收集证据的线索。因此，主动启动非法证据排除程序的关键在于检察机关是否能够通过对案件相关材料的审查，及时有效地发现侦查人员可能存在的非法取证行为。在现阶段，检察机关对案件证据材料进行审查主要集中在审查批捕和审查起诉阶段，在上述两个阶段对案件证据合法性进行审查，是检察机关依其职权主动进行的，主要是对侦查机关移送的证据材料进行书面审查，这就使得检察机关通过审查发现侦查人员非法取证的线索将受制于侦查机关移送的证据材料的范围。在实践中，侦查机关办案人员即使采用了非法方法进行取证，也不可能将自己非法取证的线索纳入到移送的证据材料中。这就使得检察机关通过审查侦查机关移送的有关证据材料并发现侦查人员违法取证的线索存在一定的难度。因此，检察机关要依职权审查案件发现非法取证线索，进而启动非法证据排除程序，必须要获得足够翔实和丰富的材料。有学者对此问题就指出："对审查逮捕和审查起诉的证据材料来源进行丰富和补充，其中最为有效的一点就是要求侦查机关（部门）提供讯问时的全程同步录音录像。"① 录音录像资料能够直观、真实地反映出侦查人员讯问或询问的情况，有利于检察机关发现侦查人员违法取证的线索和证据。在笔者于B市S区检察院考察期间，该院就曾在对案件询问时录音录像资料的审查中发现侦查人员违法取证的情况：该案是一起盗窃案件，共有两名被害人，侦查人员对两名被害人进行了询问，检察官在对侦查人员的询问笔录审查时并未发现侦查人员违法取得被害人陈述，但笔录却夹带了侦查人员无意中遗留的询问时录音录像光盘，检察官对录音录像资料进行审查后才发现侦查人员对两名被害人的询问是同时进行的，违反了刑诉法关于询问证人、被害人应当分别进行的规定，属于严重的程序违法，但之前审查的询问笔录却清楚地反映出对两名被害人的询问是分别进行的。最终检察机关没有采纳该份证据，并向侦查机关发出了纠正违法通知。实践证明，检察机关通过对讯问时录音录像资料的审查能够及时有效地发现侦查人员违法取证的线索。但目前由于讯问时录音录像制度尚有不足，检察机关通过审查讯问时录音录像资料发现侦查人员违法取证的线索仍有一定的困难。对于讯问时录音录像制度的完善，前面章节已经论述，

① 卞建林：《检察机关与非法证据排除》，载《人民检察》2011年第12期。

在此不再赘述。除了借助讯问时录音录像资料对侦查人员非法取证进行审查，有学者也进一步提出："检察机关各部门之间还应当进一步完善在信息通报、线索和证据移送等方面的协调和合作机制，特别是要发挥好控告申诉检察部门和监所检察部门在非法证据线索获取方面的作用。"①

（二）*被动启动*

对于检察机关以被动模式启动非法证据排除程序的，应当注意以下问题：

1. 关于当事人及其辩护律师、诉讼代理人报案后应当提供的相关线索或材料的定性问题。新刑诉法及其司法解释规定，被告人及其辩护人可以向检察机关报案、举报侦查人员的非法取证，但同时应当提供涉嫌非法取证的人员、时间、地点、方式、内容等相关线索或者材料。对于当事人等可以申请排除非法证据但同时又应当提供线索究竟是当事人的一种权利还是一种义务的问题，学界和实务部门均曾有争论。有观点就认为，当事人等申请排除非法证据是权利和义务的集合体，从犯罪嫌疑人、被告人可以申请排除非法证据的角度来讲是在行使权利，从必须提供相关线索来讲是履行义务。但笔者认为，当事人等向司法机关提出排除非法证据的申请只能是当事人的一种权利，其可以自主决定是否提出排除申请，且即使不能提供相关线索，当事人等也可以向司法机关申请排除非法证据。另外，也有观点认为，法律要求犯罪嫌疑人、被告人等在申请排除非法证据的同时向司法机关提供涉嫌非法取证的相关线索或者材料是让辩方承担了一定的证明责任，既然辩方提出侦查人员有非法取证的行为，按照"谁主张谁举证"的原则，其应当负有证明责任。笔者认为，新刑诉法及其司法解释的要求并非是要辩方承担证明责任，只是让其提供线索和材料，不是证明责任的分担，理由有三：一是如果承担证明责任，必须要进行证明，且证明必须达到

① 卞建林：《检察机关与非法证据排除》，载《人民检察》2011 年第 12 期。

一定的标准，否则才会承担证明不能的责任，而新刑诉法及其司法解释只是要求犯罪嫌疑人等提供线索或材料，不需要其向司法机关进行证明；二是无罪推定原则要求在刑事诉讼中控方始终承担案件事实的证明责任，辩方无须承担证明责任，对于侦查人员涉嫌非法取证无论是否由辩方提出控告，均应由有关司法机关对涉嫌非法取证的事实进行证明；三是从法律条文本身分析，新刑诉法及其司法解释均是规定司法机关接到“报案、控告、举报”侦查人员非法取证，任何公民向司法机关“报案、控告、举报”均不用向司法机关证明有违法犯罪的发生；四是从法律规定的变化来看，2010《非法证据排除规定》规定当事人在提出排除非法证据申请的同时应当提供相关“线索或者证据”，新刑诉法及其司法解释则变更为应当提供相关“线索或者材料”，细微的变化也能够反映出立法并非要让辩方承担证明责任。另外，有学者还提出：“把证明责任转嫁到被告上是不现实的，也是无法实现的，因为诉讼正在进行，多数被告已失去人身自由，他没法取证证明，即使律师其调查权的施行也困难重重。”① 因此，要求当事人等在申请排除非法证据的同时应当提供相关线索或材料，既不是赋予当事人义务也不是要辩方承担证明责任，申请排除非法证据只能是其的一种诉讼权利。当然，任何权利的行使都应有一定的界限或限制，新刑诉法及其司法解释规定当事人等在提出非法证据排除申请的时候应同时提供涉案人员违法取证的相关线索，目的主要是防止当事人滥用申请排除非法证据的权利，随意启动排除程序，造成司法资源的浪费。

2. 关于可以向检察机关报案的人员范围问题。新刑诉法第 55 条规定：“人民检察院接到报案、控告、举报或者发现侦查人员以非法方法收集证据的，应当进行调查核实。”但最高检新《规则》第 68 条第 2 款规定：“当事人及其辩护人、诉讼代理人报案、控告、

① 樊崇义：《“两个证据规定”理解与适用中的几个问题》，载《证据科学》2010 年第 5 期。

举报侦查人员采用刑讯逼供等非法方法收集证据……”以上规定表明新刑诉法对可以向检察机关报案的人员范围没有规定，但最高检新《规则》则明确规定了对“当事人及其辩护人、诉讼代理人”报案的处理。对于上述立法上的差异，笔者认为，应当从以下几个方面理解：一是“报案、控告、举报”实际是一项宪法性权利，我国《宪法》第41条明确规定公民对于任何国家机关和国家工作人员的违法失职行为，有向有关国家机关提出申诉、控告或者检举的权利，侦查人员非法取证属于国家工作人员违法失职行为，任何公民均可对此提出控告；二是对于侦查人员的违法取证行为，除了犯罪嫌疑人、被告人等当事人及其辩护律师、诉讼代理人能够知悉，其他人员如讯问时在场人员、看守所管理人员等也都可能了解到侦查人员违法取证的情况，这些人也可以向检察机关举报；三是检察机关在接到任何公民对侦查人员违法取证的报案、控告、举报时，均有责任进行审查。

3. 关于提供涉嫌违法取证的线索或材料。新刑诉法第55条并未要求向检察机关报案、控告、举报时应当提供相关线索或材料，因此，笔者认为，即使案件当事人及其辩护律师、诉讼代理人在报案、控告、举报时未能提供侦查人员涉嫌非法取证的相关材料，检察机关对其报案、控告、举报也应当受理，经过初步审查后发现没有相应线索或材料的，再决定不启动非法证据的调查核实程序。另外，最高检新《规则》对相关线索或者材料以列举的方式进行了细化，即“涉嫌非法取证的人员、时间、地点、方式、内容等”，笔者认为，检察机关在具体执行时应当注意理解，该条规定对相关线索或者材料的详细列举并非是要强制要求当事人等在报案、控告、举报时必须提供上述所列的所有线索，采取列举方式只是对当事人等提供线索或者材料的指引，当事人等在报案、举报、控告时只需要向检察机关提供其中一项或几项或未包括在列举的具体线索中的其他线索材料，均应当视为当事人等已向检察机关提供了相关线索材料。此外，当事人等提供的线索或者材料也并不要求完全准确，因为当事人等在报案、控告、举报时，可能由于距离侦查人员违法取证的时间过长而出现记忆上的偏差。例如，侦查人员的名字记不清，违法取证的具体时间记忆错误，或者由于辩护律师、诉讼代理人是通过他人转述获得的相关线索或者材料，而导致该等线索材料的不完全准确。检察机关不能因为这些偏差而认定当事人等未提供相关线索或者材料，只要其所提供的线索或材料有一定的根据，检察机关均应当在受理后进行审查。

（三）启动程序的具体步骤

对于检察机关调查核实非法证据的启动程序的具体步骤，如果设立了前文论及的检察机关调查核实非法证据的专门工作小组，可以按照以下步骤启动对非法证据的调查核实程序：第一，检察机关各职能部门，包括侦查监督、公诉、监所检察等部门，就工作中自行发现的或者接到相关人员报案、控告、举报的某一案件可能存在侦查人员违法取证的线索或材料进行初步审查；第二，经过初步审查后，各职能部门认为根据现有材料无法证明证据收集合法性的，应当向检察长提请批准启动对非法证据的调查核实程序；第三，检察长批准进行调查核实后，组成排除非法证据的专门工作小组，及时对相关违法取证的情况展开调查；第四，检察机关决定启动对非法证据的调查核实程序后，及时通知侦查机关，并可要求其配合、协助调查。对于检察机关接到相关人员报案、控告、举报侦查人员违法取证，但各职能部门，初步审查后认为不符合启动非法证据调查核实程序条件的，或是检察长未批准对非法证据进行调查核实的，接受报案、控告、举报的各职能部门应当及时向相关当事人详细解释未启动排除非法证据程序的理由，以避免由于当事人对相关问题不理解而影响到检察机关工作的开展。此外，最高检新《规则》第 68 条第 3 款还规定，上一级检察机关在接到相关人员对侦查人员违法取证的报案、控告、举报时可以自行进行调查核实，也可以交由下级检察机关调查核实，对于由上一级检察机关交办的对非法证据的调查核实工作，下级检察机关无须再进行初查和检察长批准环节，应直接组成专门工作小组，对涉嫌非法证据的情况展开调查核实。

（四）关于检察机关在审判阶段启动非法证据调查核实程序的问题

最高检新《规则》第68条规定，检察机关在侦查、审查起诉和审判各阶段，只要发现侦查人员涉嫌以非法方法收集证据的，应当报经检察长批准后，及时对非法证据问题展开调查核实。该条明确了检察机关在审判阶段仍然可以依职权主动启动对可能存在的非法取证行为的调查核实程序。但应当注意，检察机关在执行该条规定时应受到一定的限制，并非能够随时启动对非法证据的调查核实程序。根据最高检新《规则》第455条第8项的规定，公诉人在法庭审判过程中认为需要对证据收集的合法性证明进行调查核实的，可以建议法庭延期审理。最高法新《解释》第223条规定，合议庭对于在审判期间公诉人提出的因发现案件之需要补充侦查需要延期审理的建议，合议庭应当同意，但公诉人建议延期审理不得超过两次。根据上述规定，检察机关在审判阶段启动非法证据的调查核实程序，除了应当经过检察长批准，还应当向法庭提出补充侦查的建议，并在法庭同意后再开展对排除非法证据的调查核实。至于在法庭审理之外的其他审判阶段，笔者认为，检察机关不宜依职权主动启动非法证据的调查核实程序：一方面，法院在审判阶段居于主导地位，如果案件涉及非法证据的排除问题，在审判阶段法院可以通过庭前会议、法庭调查等对非法证据进行审查判断，因此检察机关要启动非法证据的调查核实程序应当事先向法庭提出建议，否则可能会对法庭的审判工作造成不利影响；另一方面，检察机关对非法证据的调查核实需要考虑办案人员及其他证人、犯罪嫌疑人及其辩护律师的意见，但上述人员在审判阶段均需要在固定的时限内参加法庭审理，如果检察机关脱离法庭审理并自行启动对非法证据的调查核实，单独对上述人员就非法证据问题进行调查核实也没有现实可能。因此，笔者认为，检察机关除了提出补充侦查建议并经法庭同意后可以进行非法证据的调查核实，在审判的其他阶段均不宜依职权主动启动对可能存在的非法证据的调查核实程序。此外，如果法庭已经启动了对非法证据进行审查的庭前会议，或者在法庭审理过程中当事人及其辩护人、诉讼代理人已经提出排除非法证据的申请，检察机关均不能再依职权向法庭建议就证明证据合法性问题进行补充侦查。

第四节　检察机关排除非法证据的调查核实程序

一、检察机关调查核实非法证据的方法

最高检新《规则》第 70 条详细规定了检察机关调查核实侦查人员非法取证行为可以采用的方法，包括讯问犯罪嫌疑人，询问办案人员，询问在场人员及证人，听取辩护律师意见，调取讯问笔录、讯问录音录像等方式。笔者认为，检察机关调查核实非法证据的上述方法还可以且有必要得到进一步的强化，使检察机关对非法取证行为的调查手段更丰富。

一是对于询问办案人员可以增加更有强制性的规定。新刑诉法第 57 条第 2 款规定："人民法院可以通知有关侦查人员或者其他人员出庭说明情况……经人民法院通知，有关人员应当出庭。"但对于检察机关进行的对非法证据调查核实的工作却没有类似的规定，在实践中侦查人员如果不接受或不配合检察机关的询问，检察机关没有强制性手段要求侦查人员协助调查，因此可以考虑在相关司法解释中增加"相关办案人员应当配合协助人民检察院对非法取证行为的调查核实"，"经人民检察院通知，相关人员应当接受检察机关询问，并如实说明情况"等规定。

二是关于调取讯问时录音录像资料的问题。在现阶段，讯问时录音录像资料的制作和保存均由侦查机关负责，检察机关调取讯问时录音录像资料受制于侦查机关。笔者在 B 市以及 J 省考察时就有

检察官、法官反映，明知道侦查机关有讯问时录音录像资料，但向侦查机关调取相关资料的时候，侦查机关却不同意将该等资料移交检察院或法院，导致无法展开调查。针对此问题，笔者认为，除了前文已经论及的对所有案件的讯问均进行录音录像等完善措施，还可以在看守所划归司法行政机关管理后，将侦查机关在看守所进行讯问的录音录像资料的制作和保存交由看守所负责，检察官可以凭证件在看守所随意调取相关的录音录像资料，而不再受到侦查机关的影响。

三是关于技术侦查措施的适当运用。此次新刑诉法的一大亮点是，规定了技术侦查措施的使用和审批程序。新刑诉法第 148 条第 2 款规定："人民检察院在立案后，对于重大的贪污、贿赂犯罪案件以及利用职权实施的严重侵犯公民人身权利的重大犯罪案件，根据侦查犯罪的需要，经过严格的批准手续，可以采取技术侦查措施，按照规定交有关机关执行。"最高检新《规则》第 263 条第 1 款规定："人民检察院在立案后，对于……利用职权实施的严重侵犯公民人身权利的重大犯罪案件，经过严格的批准手续，可以采取技术侦查措施，交有关机关执行。"该条第 3 款规定："本条规定的利用职权实施的严重侵犯公民人身权利的重大犯罪案件包括有重大社会影响的、造成严重后果的或者情节特别严重的非法拘禁、非法搜查、刑讯逼供、暴力取证、虐待被监管人、报复陷害等案件。"上述规定明确将对"刑讯逼供、暴力取证"案件的侦查纳入到允许使用技术侦查措施的范围之中，但应注意，对"刑讯逼供、暴力取证"案件采取技术侦查措施进行侦查，必须是在检察机关已经立案的前提下。因此，要在检察机关对非法证据的调查核实中使用技术侦查措施，必须符合以下条件：（1）侦查人员涉嫌刑讯逼供、暴力取证；（2）检察机关已对侦查人员上述违法取证行为立案；（3）按照新刑诉法进行严格的批准手续。其中，对于在检察机关调查核实非法证据的工作中能否对侦查人员严重违法取证行为立案以及如何立案的问题，将放到后面的章节论述。

二、关于设立独立调查听证程序的构想

(一) 学界对于检察机关设立非法证据听证程序的主张

对于检察机关在审查批捕、审查起诉阶段如何开展、主导对非法证据的调查核实程序，在2010年《非法证据排除规定》出台的时候，学界就提出了设立检察机关主导的听证程序的构想。有学者提出：“(1) 关于检察机关主持排除非法证据的名称和模式。为了区别于法院的诉讼排除程序，即采用听证的方式方法对非法证据进行排除，可取名为‘听证排除’。(2) 关于适用的程序。可以参照‘两个规定’中所规定的法庭排除非法证据的程序进行。例如，启动程序也可交给被告人及其辩护人，由侦查机关负举证责任证明证据的合法性。证明方法也可由侦查机关提供讯问笔录、原始讯问过程录音录像或者其他证据，提请听证庭通知讯问时其他在场人员或者其他证人出席作证，仍不能排除刑讯逼供嫌疑的，提请听证庭通知讯问人员出庭作证，对该供述取得的合法性予以证明。侦查机关当庭不能举证的，可以决定延期听证。经依法通知，讯问人员或者其他人员应当作证。(3) 听证后的处理程序，可以使用‘决定’，以裁决本证据是否属于非法证据。”[①] 也有学者认为，应当将“听证程序”作为检察机关审查排除非法证据的主要模式：“在审查批准逮捕和审查起诉过程中，检察机关通过初步审查，认为犯罪嫌疑人、被告人提出的侦查机关用于申请批捕和检察机关用于起诉的证据是非法取得的，应该举行专门的听证程序对存在质疑的证据的合法性进行判断和决定。”[②] 还有学者认为，听证程序是检察机关调查核实非法证据的必要补充：“检察机关在审查逮捕和审查起诉中认为存在刑讯逼供或者暴力、威胁等非法取证行为嫌疑的，应当要

---

① 樊崇义：《“两个证据规定”理解与适用中的几个问题》，载《证据科学》2010年第5期。

② 谢佑平：《检察机关与非法证据排除》，载《中国检察官》2010年第11期。

求侦查机关（部门）提供全部讯问笔录、原始的全程同步录音录像或者犯罪嫌疑人出入看守所的健康检查表等其他证据，必要时可以询问其他证人或者其他在场人员、看守管教人员以及检察机关驻看守所人员等。如果仍然不能排除嫌疑的，检察机关可以采取听证程序的方式对证据合法性进行调查核实。”① 此外，有学者提出：“受司法资源有限和诉讼经济原则的制约，听证程序的适用范围应当限制为当事人对证据合法性存在异议提出听证申请的案件……通过阅卷或会见，当事人对证据合法性存在‘合理怀疑’并能够提供一定事实和理由的，检察机关应当依申请启动听证程序。”② 还有学者提出：“目前检察机关公诉部门作出排除或者不排除非法证据的审查结论，其所依据的证据材料一般主要是侦查机关单方面提供的，这显然存在着局限性。如果犯罪嫌疑人的辩护律师等有关涉案当事人提出努力，提供相关意见或者证据证明侦查机关取证行为存在非法情形，公诉部门直接排除相关证据，侦查机关实际上也很难接受。为此，设立必要的听证程序，凸显控辩平衡。”③ 可见，学界主流观点都赞成检察机关设置独立的听证程序，对非法证据问题进行调查核实。

（二）设立检察机关排除非法证据听证程序的必要性和可行性

尽管学界呼声很高，2012 年新刑诉法及其司法解释却并未明确规定检察机关调查核实非法证据是否可以举行听证程序。笔者认为，当前由于没有法律依据，检察机关不宜采取听证的形式对非法证据进行调查核实，检察机关讯问犯罪嫌疑人、询问办案人员、询问在场人员及证人均应按照最高检新《规则》规定的程序进行。但从长远来看，司法解释应当明确规定检察机关可以举行听证程序

① 卞建林：《检察机关与非法证据排除》，载《人民检察》2011 年第 12 期。

② 詹建红：《检察机关排除非法证据的制度构建》，载《法商研究》2012 年第 3 期。

③ 陈卫国、李红妹：《审查起诉环节非法证据排除工作机制研究》，载《政治与法律》2011 年第 4 期。

对非法证据排除的相关问题进行调查核实。

检察机关以听证程序进行非法证据的调查核实的必要性有以下三点：一是听证程序有利于查明涉嫌违法取证的侦查人员在讯问、询问或取证时的具体事实情况，最高检新《规则》第70条规定检察机关可以通过讯问犯罪嫌疑人、询问办案人员对涉嫌非法取证的情况进行调查核实，但在实践中很可能出现检察机关分别对犯罪嫌疑人、办案人员就非法证据进行讯问或询问之后，获得的双方陈述不一致，且无法相互证伪，容易使检察机关对非法证据的调查核实陷入两难困境。在此情况下，如果检察机关可以采取听证程序，将犯罪嫌疑人、办案人员双方吸收到同一程序中，通过双方互相就对方所作陈述进行质询、辩论的方式，检察官就能够较容易地发现某一方陈述中的漏洞和破绽，进而查明是否存在侦查人员违法取证的情况。二是检察机关以中立的“裁判者”身份主导对非法证据调查核实的听证程序，以公开、公平、公正的听证方式使犯罪嫌疑人、办案人员双方都能参与到对非法证据的调查核实中。一方面，可以向双方，特别是向犯罪嫌疑人一方展示检察机关调查核实非法证据的公正性；另一方面，检察机关在举行听证程序后再决定排除或不排除某项证据，能够使双方容易理解检察机关作出此决定的过程和原因，减轻检察机关应排除或不排除某项证据而可能承担的来自侦查机关或犯罪嫌疑人一方的压力。三是赋予检察机关强制要求侦查办案人员参加听证程序接受调查的职权，也能够在一定程度上形成对侦查人员的有效制约，进一步规范侦查取证行为。对于检察机关以听证程序进行非法证据的调查核实的可行性，主要体现在：一方面，检察机关既是法律监督机关，也是司法机关，秉持着客观公正的立场，对于刑事诉讼中证据问题有裁量的权力，其作为中立的裁判者主导排除非法证据的听证程序具有法理上的依据；另一方面，近年来不少地区的检察机关在刑事和解的司法实践中主导了刑事和解的听证程序，这也为检察机关举行调查核实非法证据的听证程序积累了必要的经验。

（三）检察机关如何举行调查核实非法证据的听证程序

前文已经提到，有观点认为听证程序应作为检察机关调查核实非法证据的必经程序，也有观点认为检察机关应当依申请启动听证程序，还有观点认为听证程序是检察机关调查非法证据的补充手段。笔者赞同最后一种观点，理由有四：一是听证程序的举行，相较于单独进行讯问或询问，需要消耗更多的司法资源、投入更多的人力物力和时间，如果要求检察机关必须举行听证程序调查核实非法证据，可能会造成司法资源的浪费和诉讼效率的降低；二是尽管听证程序有助于检察机关查明侦查人员取证事实，但对非法证据调查核实的有效手段并非只有听证程序，在通过其他方法，如在讯问犯罪嫌疑人、询问在场人员之后检察机关就已经能作出正确判断的情况下，就没有必要采用复杂的听证程序；三是审判机关同样承担着审查排除非法证据的职责，在审判阶段还可以通过庭前会议、法庭调查等与听证程序类似的程序调查核实非法证据，不能也不必让检察机关承担过多的审查排除非法证据的责任；四是检察机关在审查批捕、审查起诉阶段对证据合法性问题进行调查核实，是其职责所在，听证程序只是检察机关调查核实侦查行为是否违法的一种方式，检察机关可以自行决定采取何种方式进行非法证据的调查核实。正如有学者指出："以听证方式审查证据合法性，对于保证准确作出非法证据排除的决定，不失为一种理想方式；但是，听证方式往往需要投入相当司法资源，耗时费财，而且案件有复杂简单之分，所有案件都通过听证方式审查，实无必要。"[①] 既然听证程序只是检察机关调查核实非法证据的补充方式，因此有必要对检察机关举行听证程序规定一定的前提条件，以避免排除非法证据听证程序启动的任意性。有观点认为，检察机关应当在穷尽所有调查方法后仍不能排除侦查人员非法取证嫌疑时，再举行听证程序。但笔者

① 樊崇义、吴光升：《审前非法证据排除程序：文本解读与制度展望》，载《中国刑事法杂志》2012 年第 11 期。

认为，检察机关通常不必穷尽所有的调查方法就能够作出是否需要举行听证程序的决定。对于举行听证程序的前提条件，笔者认为可以规定为，“对于有讯问时录音录像资料的，在调取审查录音录像资料之后，或者对于没有录音录像的，在讯问犯罪嫌疑人和询问办案人员之后，检察机关仍不能判断是否存在侦查人员非法取证的，可以举行听证程序对非法证据问题进行调查核实”。

至于听证程序的具体运作，笔者认为可以考虑采取以下步骤举行听证程序：检察机关在决定采取听证程序之后，应当将举行的时间、地点尽快通知侦查机关和犯罪嫌疑人及其辩护律师，以及其他需要到场说明情况的人员等。举行听证程序的地点，对于未被羁押的犯罪嫌疑人，应通知各方到检察院参加听证；对于已被羁押的犯罪嫌疑人，应在看守所举行听证。侦查机关或犯罪嫌疑人及其辩护律师需要通知其他人员参加听证程序的，应事先向检察机关申请，经同意后该等人员方可出席听证程序。听证程序举行时，由检察机关主导程序的进行，其他各方围绕侦查行为及证据合法性问题进行陈述、辩论。

对于检察机关非法证据排除听证程序中证明责任的分配，有学者提出：“仍然应该由追诉机关承担，即侦查机关应该向检察机关证明其取证行为的合法性，否则就应当认定该证据是非法证据予以排除。这是因为：一方面作为代表国家行使追诉权的侦查机关的举证能力是犯罪嫌疑人、被告人可望不可及的，另一方面刑事取证行为给公民带来的威胁比一般国家行为更大。”① 笔者认为，检察机关举行听证程序还应当进一步明确自身地位，即检察机关在听证程序中应作为中立的裁判者，坚守客观公正的义务，而不应把自己当作将要对犯罪嫌疑人、被告人提起公诉的控方，检察机关举行听证程序的任务是查明侦查行为是否违法而非证明侦查行为和证据的合法性。至于犯罪嫌疑人、被告人及其辩护律师等，在听证程序中始

① 谢佑平：《检察机关与非法证据排除》，载《中国检察官》2010年第11期。

终不应承担证明责任，只需要对侦查人员的陈述提出有效质疑或反驳。

对于检察机关举行听证程序调查核实非法证据的范围，笔者认为也有必要加以规定。目前，新刑诉法及其司法解释规定的非法证据范围主要包括非法言词证据和非法物证、书证。有学者专门提出，“在审查逮捕及审查起诉阶段对于非法物证、书证的排除，犯罪嫌疑人、被告人是否需要承担证明责任的问题，新刑诉法规定了‘收集物证、书证不符合法定程序，可能严重影响司法公正的’需要进行补正或者作出合理解释或者予以排除，但并未规定审查逮捕及审查起诉阶段非法物证、书证排除的证明责任问题”。[①] 该学者进一步指出，“从新刑诉法第 57 条要求检察机关进行补正或合理解释的角度来看，应当由检察机关承担没有‘可能严重影响司法公正’的证明责任。司法解释宜根据新刑事诉讼法的规定，明确规定犯罪嫌疑人及其辩护律师在审查起诉阶段以取证手段违法为由申请排除物证、书证的，应当由侦查机关就证据收集的合法性承担证明责任，如果侦查机关不能就证据收集的合法性以排除合理怀疑的标准加以证明的，应由其就非法取证不可能严重影响司法公正加以证明”。[②] 笔者认为，物证、书证是否属于应当排除的非法证据，主要从其是否“符合法定程序”、是否“可能严重影响司法公正”两方面定性的问题进行证明，检察机关通常可以只通过单独询问办案人员或讯问犯罪嫌疑人，审阅相关证据材料即能够对上述定性问题作出判断，没有必要启动耗时耗费较大的听证程序，通过侦查人员与犯罪嫌疑人双方对质的方式来处理非法物证、书证的排除问题，因此，笔者认为，检察机关采取听证程序调查核实非法证据的范围可以限定为涉嫌非法取得的言词证据。

---

① 樊崇义、吴光升：《审前非法证据排除程序：文本解读与制度展望》，载《中国刑事法杂志》2012 年第 11 期。

② 樊崇义、吴光升：《审前非法证据排除程序：文本解读与制度展望》，载《中国刑事法杂志》2012 年第 11 期。

三、检察机关对非法证据调查核实的程度

新刑诉法第58条规定："对于经过法庭审理，确认或者不能排除存在本法第五十四条规定的以非法方法收集证据情形的，对有关证据应当予以排除。"最高法新《解释》第102条也规定："经审理，确认或者不能排除存在刑事诉讼法第五十四条规定的以非法方法收集证据情形的，对有关证据应当排除。"根据新刑诉法及其司法解释的规定，在法庭审理阶段对于非法证据的证明只要达到"确认存在非法取证"或"不能排除存在非法取证可能"，便应当排除该证据。但是新刑诉法以及最高检新《规则》均未规定检察机关在审查批捕和审查起诉过程中，对于涉嫌非法取证行为的调查核实需要达到怎样的证明标准，才能够排除该证据。新刑诉法第54条第2款规定"在侦查、审查起诉、审判时发现有应当排除的证据的，应当依法予以排除"，这里的"应当排除的证据"是指"确认存在非法取证"还是指"不能排除存在非法取证可能"没有明确。最高检新《规则》也仅仅笼统地规定，人民检察院经审查发现存在刑事诉讼法第54条规定的非法取证行为，应当依法对该证据予以排除。由于检察机关对涉嫌非法取证行为的调查核实程度没有一个明确的标准，这就产生了以下问题：在审查批捕和审查起诉过程中，检察机关对于非法证据排除的调查核实究竟要到何种程度？标准是否应当和法庭审理排除非法证据的证明标准相一致？经检察机关调查后，对于"不能排除存在非法取证可能"的证据如何处理？是否应当排除？

有学者在2010年《非法证据排除规定》出台的时候就已经注意到出现上述问题的一个重要原因："在司法实践中，经常出现无法确定是否存在非法取证的情况，其原因主要因为犯罪嫌疑人和侦查人员各执一词，缺乏讯问时录音、录像和其他证据。"并进一步提出："应当强化驻所检察官的监督职能。侦查人员在看守所讯问时，驻所检察官有权在场并独立制作笔录；看守所的讯问室，应当

安装视听监控设备，该设备应当连接到驻所检察官的办公室，检察官可以实时对讯问情况进行监控；在结案之前，驻所检察官应当妥善保管讯问时的录音录像以备随时调用。这些措施将对证据合法性起到关键证明作用。在审查排除非法证据时，这些文字或视听记录可以作为直接的证据使用，以方便查证口供取得的合法性。"① 但上述论述仍未从根本上解决检察机关调查核实涉嫌非法取证行为的证明标准问题。

在2012年新刑诉法及其司法解释公布后，学界主流观点认为，检察机关在审查批捕、审查起诉过程中对非法证据的调查核实应当执行和法庭审理一样的标准。有学者提出："如果检察机关认为侦查机关（部门）提请逮捕或者移送审查起诉的证据确系违法取得的，或者认为侦查机关（部门）提请逮捕或者移送审查起诉的证据不能排除刑讯逼供或者暴力、威胁等非法取证行为嫌疑的，应当依法予以排除。"② 也有学者对此进一步进行了论述："新刑事诉讼法第58条有关证据合法性的证明规定是合理的，下一步的司法解释应当将此规定内容延伸至检察机关的非法证据排除程序，明确规定侦查机关对证据合法性承担证明责任，如果犯罪嫌疑人及其辩护人有确实证据证明侦查机关非法取证，或者侦查机关不能就证据合法性作出排除合理怀疑的证明的，检察机关就应当认定此证据为非法证据而加以排除。至于侦查机关就非法取证是否严重影响司法公正的合理解释，是否也应当达到如此高的证明标准，我们认为，答案是肯定的，也应当是排除合理怀疑的标准。原因是，如果不设置如此高的标准，就会导致侦查机关不严格依法定程序收集证据，转而企图经'合理解释'漂白证据的非法性。"③

---

① 杨宇冠、孙军：《检察机关如何审查排除非法证据》，载《检察日报》2010年9月20日第003版。

② 卞建林：《检察机关与非法证据排除》，载《人民检察》2011年第12期。

③ 樊崇义、吴光升：《审前非法证据排除程序：文本解读与制度展望》，载《中国刑事法杂志》2012年第11期。

检察机关在审查批捕、审查起诉过程中对非法证据的调查核实是否应当执行和法庭审理一样的标准，仍有值得探讨和实践进一步研究的地方：第一，从新刑诉法规定来看，只明确了“经过法庭审理”之后，“存在非法取证可能”的证据才应当排除，是否能够理解为“未经法庭审理”不能排除“存在非法取证可能”的证据？如果可以作此理解，则在审判阶段之前，对于只是“存在非法取证可能”的证据不应排除。第二，对于我国刑事诉讼中公安机关侦查终结、检察机关移送起诉、审判机关有罪判决均采用一元的证明标准的现实，即犯罪事实清楚、证据确实充分，学界和实务部门均早就提出质疑。有学者指出：“就审查起诉与定案的证明标准而言，它们之间具有层次性。”① 也有检察官提出，“刑事证明标准在不同诉讼阶段中应有层次差别”，“如果刑事案件在侦查阶段的证明标准已经达到了人民检察院提起公诉的标准，那么检察机关就不需再进行审查；同样，如果检察机关提起公诉的标准到达了人民法院有罪判决的程度，人民法院也不需要再进行严格的控辩庭审”。② 在对各个诉讼阶段应当构建层次性证明标准基本达成共识的情况下，对于排除非法证据的证明标准却执行各个阶段均一致的一元化的证明标准就值得商榷了。第三，如果在侦查阶段、审查起诉阶段均执行对于“不能排除存在非法取证可能”的证据一律予以排除的标准，很有可能会使大量对案件侦破有重大价值但在取证方式上存疑的证据过早地被排除出了刑事诉讼程序，可能会不利于对犯罪的打击，进而影响到非法证据排除规则的执行效果。

因此，对于检察机关调查核实非法证据的证明标准和法院审理排除非法证据的证明标准也应当体现出层次性，检察机关在审查批

---

① 汪海燕、范培根：《论刑事证明标准层次性——从证明责任角度的思考》，载《政法论坛》2001 年第 5 期。

② 上海市人民检察院疑罪不诉证据问题课题组：《证明层次理论下的公诉证明标准》，载《华东政法大学学报》2008 年第 1 期。

捕、审查起诉阶段对非法证据的证明标准应当低于法庭审理阶段的证明标准；同时，审查批捕和审查起诉阶段的排除非法证据的证明标准也应有适当的差异性。具体来说，审查批捕属于侦查阶段，其证明标准应与侦查阶段审查排除非法证据的标准一致，不宜过多排除证据，只有在调查核实后对于有确实充分的证据反映出侦查人员存在非法取证行为的才应当予以排除；但是对于现有材料不能充分反映侦查行为合法性的，或是只能反映出侦查人员可能存在非法取证行为的，侦查监督部门不应当在审查批捕时直接排除，但应当向侦查机关提出该证据存在问题，并要求其补充侦查、完善证据，并及时通报给公诉部门。

在审查起诉阶段，公诉部门掌握的排除标准可以适当低于法庭审理排除非法证据的标准，但应严于审查批捕阶段的标准。审查起诉阶段具体排除非法证据的标准，可以借鉴汉斯·普维庭将法官的证明结果分成的四个级别，即“1% ~24% =非常不可能；26% ~49% =不太可能；51% ~74% =大致可能；75% ~99% =非常可能；0% =绝对不可能；50% =完全不清楚；100% =绝对肯定”,①将审查起诉阶段的排除非法证据标准确定为51%大致可能以上，或者是英美法系习惯的51%以上可能的优势证据。检察机关在调查核实之后，对于确证属实的非法证据，以及达到51%大致可能以上的非法证据均应当排除；对于绝对不可能以及50%以下不太可能的通过非法方法取得的证据不应当排除，但对于存在一定非法取证可能性的证据，检察机关侦查监督部门应向公诉部门作出必要说明以及提供证据审查核实的调查报告，检察机关向人民法院提起公诉时也应当针对可能存在非法取证的证据作出必要说明。

① ［德］汉斯·普维庭：《现代证明责任问题》，吴越译，法律出版社2000年版，第108、109页。

四、检察机关调查核实非法证据的后续处理问题

(一) 检察机关关于非法证据的调查报告

最高检新《规则》第71条规定，检察机关在对可能存在非法取证的情况调查核实之后，应当制作调查报告，根据查明的情况提出处理意见，报请检察长决定后依法处理。对于调查报告的具体内容，笔者认为至少应当包括：检察机关启动非法证据调查核实程序及理由、讯问犯罪嫌疑人以及询问办案人员及其他在场人员的基本情况、通过听证程序进行调查核实的应在调查报告中详细说明的听证程序进展情况、检察机关查明的事实、排除或不排除该项证据的建议。对于检察机关非法证据调查报告的使用，从最高检新《规则》的规定来看，主要是作为检察机关内部的报批文件，由负责对非法证据相关情况调查核实的部门上报检察长，再由检察长最终决定是否排除该项证据。另外，有检察官提出，对于检察机关是否排除证据的决定，“一般案件应由分管的副检察长决定，对于重大疑难复杂案件由检委会负责决定”。[①] 但笔者认为，检察机关关于非法证据的处理决定仍应当由检察长作出：其一，最高检新《规则》已明确规定了检察长对于是否排除非法证据的决定权，检察机关在执行时应当做到不打折扣、不做选择、不搞变通；其二，非法证据排除与否的决定都直接影响到整个案件的诉讼进程，不排除某项证据的决定可能涉及侵犯犯罪嫌疑人、被告人诉讼权利，排除证据则可能引起对侦查人员的责任追究，因此决定应当慎重，由检察长最终批准对证据的排除与否是合适的；其三，如果由分管副检察长作出一般刑事案件证据的排除决定，重大疑难案件由检委会决定，则又产生了对案件的严重程度如何界定的问题。因此，笔者认为检察机关是否排除非法证据的决定应当严格由检察长作出。当

① 陈海鹰、黄金钟：《确立非法证据排除启动、决定和救济程序》，载《检察日报》2013年2月1日第003版。

然，检察长认为业务部门对非法证据的调查报告需要由检委会讨论的，可以由业务部门直接向检委会汇报非法证据的调查核实情况。

（二）决定的通报和告知

最高检新《规则》只规定了检察机关在调查核实之后确认侦查人员有以非法方法收集证据的情形，决定排除该证据后，对于涉案办案人员尚未构成犯罪的，应当依法向被调查人所在机关提出纠正意见。但至于检察机关在调查核实之后决定不排除某项证据的，新刑诉法及其司法解释均未规定后续处理的问题。笔者认为，检察机关在经过调查核实作出排除或不排除非法证据的决定后，均应及时向侦查机关通报，并告知犯罪嫌疑人及其辩护律师等当事人。检察机关启动的排除非法证据的调查核实程序属于刑事诉讼中一个相对独立的活动，检察机关经调查后作出是否排除该项证据的决定标志着这一诉讼活动的终结。作为程序主导的检察机关，理应将程序最终决定告知参与非法证据调查核实程序的各方当事人。特别是对于犯罪嫌疑人及其辩护律师提出排除非法证据申请，检察机关在经过初审后决定启动调查核实程序但最终又决定不予排除该项证据的，应当及时向犯罪嫌疑人及其辩护律师告知决定情况，并应尽量向其说明决定不予排除该证据的理由。

（三）关于被排除的非法证据随案移送的问题

最高检新《规则》第 71 条第 2 款规定，检察机关在排除证据后仍应将该等被排除的非法证据随案移送。[①] 笔者认为，该条规则值得商榷。正如前文所论述，检察机关在非法证据排除工作中应当发挥“审前阶段排除非法证据主导者的关键作用，要敢于排除非法证据，尽可能防止非法证据进入到审判阶段”，以防止在我国典型的一元法庭审理模式下，非法证据进入法庭审理视野后对法官最

① 最高检新《规则》第 71 条第 2 款规定：“办案人员在审查逮捕、审查起诉中经调查核实依法排除非法证据的，应当在调查报告中予以说明。被排除的非法证据应当随案移送。”

终形成心证，产生对被告人不利的影响。达马斯卡就提出：“在二元法庭，法官可以通过预审，裁定将不可采纳的信息阻挡在事实认定者的门外，是不可采但其他方面却可信的证据不在事实认定者的头脑中留下任何印记——假设法庭的这两部分相互间实行声音隔离的话。相反，在一元法庭，虽然同样是由个体决定证据的可采性和证据应有的证明力，但却无法避免被禁止但又有说服力的信息的污染。它总是要对裁决者的思想产生影响。”① 因此，笔者认为，检察机关在审查批捕、审查起诉阶段经调查核实决定排除某些非法证据后，如果该案其他证据仍能够证明案件事实并达到移送起诉的证明标准，检察机关在向人民法院移送案卷时，对于已经被排除的证据应当单独封存后由检察机关负责保存，不宜再随案移送。除非由侦查机关通过排除非法证据后的救济程序向上一级检察机关提出复核申请，并经上一级检察机关按非法证据排除的救济程序对被排除的非法证据涉嫌的非法取证行为重新进行调查核实后，改变下级检察机关排除非法证据的决定，决定对该等证据不予排除，否则已经被检察机关排除的非法证据不得在该案的后续程序中作为定案根据使用。

（四）关于检察机关排除非法证据的救济程序

根据新刑诉法及其司法解释的规定，人民法院对于当事人及其辩护人、诉讼代理人提出排除非法证据申请但未进行审查且以该证据作为定案根据，或者检察机关、被告人等对人民法院有关证据合法性调查结论不服的，均可以通过非法证据排除规则的救济程序向二审法院寻求救济。但新刑诉法及其司法解释均未规定对于检察机关针对排除非法证据的申请以及调查核实后所作出的相关决定进行救济的程序。笔者认为，司法解释针对检察机关关于非法证据的相关决定有必要确立一定的救济程序。无救济则无权利。检察机关作

① ［美］米尔建·R. 达马斯卡：《漂移的证据法》，李学军等译，中国政法大学出版社2003年版，第65、66页。

出启动或不启动非法证据调查核实程序的决定、排除或不排除某项证据的决定，不管是对侦查机关侦查工作还是对犯罪嫌疑人、被告人的诉讼权利都有重大影响，特别是有些决定如果没有救济程序则直接成为终局性决定，如排除某项证据决定将直接导致该证据不能再在诉讼中使用，且侦查机关也不能向人民法院寻求救济。因此，对于检察机关作出的非法证据相关决定，应当规定必要的救济程序。具体来说，侦查机关对于检察机关排除非法证据的决定可以要求复议，也可以向上一级检察机关提请复核；被告人及其辩护人等向检察机关提出排除非法证据申请但检察机关作出不启动调查核实程序的决定或者调查核实后决定不排除该项证据的，被告人可以向检察机关申请复议也可以向上一级检察机关申诉，另外也可以在审判阶段向人民法院提出排除非法证据申请；上一级检察机关指示下级机关对可能的非法取证行为进行调查核实的，对于下级机关作出排除或不排除的决定，侦查机关或被告人可直接向上一级检察机关提请复核或申诉。

（五）对于涉案侦查人员的处理

最高检新《规则》第 71 条第 3 款第 4 款规定了检察机关在排除非法证据后对涉案侦查人员的处理问题。经检察机关查证属实办案人员在侦查时确系以非法方法收集证据但尚未构成犯罪的，检察机关应当依法向该涉案侦查人员所在机关提出纠正意见，对于需要补正或者作出合理解释的，检察机关应当提出明确要求；经调查核实后，检察机关认为办案人员非法取证行为涉嫌构成犯罪需要追究其刑事责任的，应当依法移送立案侦查。

在实践中，检察机关向侦查机关发出的纠正违法通知书对于规范侦查机关侦查行为已经发挥出比较明显的作用。在笔者于 B 市 S 区人民检察院考察期间，检察院向侦查机关发出纠正违法通知书后，侦查机关即启动展开对涉案侦查人员的内部责任追究，及时向检察院反馈侦查人员接受纠正的情况，并定期开展对侦查人员不符合法律规定的侦查行为的总结活动。在此基础上，检察机关有必要进一步加强对侦查人员违法或不合法侦查行为的监督与纠正，以纠正违法通知为契机，形成检察机关引导、规范侦查的良性机制。

对于检察机关在调查后认为侦查人员非法取证涉嫌构成犯罪，并决定移送立案侦查的规定，检察机关在执行时应当注意以下问题：一是关于原案与侦查人员涉嫌刑讯逼供等非法取证构成犯罪的案件的关系问题。笔者认为，两个案件尽管具有一定的关联关系，但不应当进行并案处理，否则将可能给检察官排除非法证据造成过多的压力，在现阶段非法证据排除规则刚开始实际运行的情况下，非法证据排除规则应主要发挥审查证据合法性、遏制刑讯逼供的作用，不应让非法证据排除规则承担过多的责任，对于涉嫌刑讯逼供等犯罪的侦查人员应当由其他程序进行处理，而不应在原案的非法证据排除过程中并案处理。二是关于另案处理涉嫌犯罪的侦查人员刑事诉讼程序启动的具体时间问题。新刑诉法及其司法解释规定的是检察机关在对非法证据的调查核实工作之后移送立案侦查，笔者认为，该条规定的另案处理的启动时间有必要提前，因为涉嫌构成犯罪的侦查人员其违法取证的行为通常已产生比较严重的后果，检察机关不需要等到调查核实工作全部完成才作出是否涉嫌构成犯罪的判断。同时，检察机关一旦启动对涉案侦查人员的调查，但又不及时对其进行控制，将可能留给涉案侦查人员比较充足的时间掩盖犯罪事实、伪造毁灭证据甚至逃避侦查。从这个角度来说，检察机关有必要对侦查人员涉嫌非法取证的犯罪尽快进行立案，及时采取强制措施对涉案侦查人员予以控制。笔者认为，结合最高检新《规则》第 69 条关于检察机关对非法证据展开调查核实的规定，“必要时，渎职侵权检察部门可以派员参加”，可以将对涉案侦查人员立案侦查时间确定为检察机关调查核实非法证据过程中的。认为非法取证行为可能构成犯罪的，应当通知渎职侵权部门派员参加，并将案件移送立案侦查。三是关于另案处理侦查人员非法取证犯罪的证据问题。在对涉案侦查人员立案处理之前，检察机关实际已经对该侦查人员非法取证的情况作了一定的调查，如询问了该侦查人员，并形成了询问笔录等材料，那么这些材料在对该侦查人员非法取证立案侦查后，是否可以作为证据使用？对于上述问题，可以借鉴新刑诉法及其司法解释关于两法衔接工作机制中行政执法机关收集的相关材料的证据转化方法予以解决。具体来说，对于检察机关调查核实非法证据过程中收集的实物证据，可以直接在另案处理涉案侦查人员的刑事诉讼中使用；收集的言词证据，除非符合“相关人员因路途遥远、死亡、失踪或者丧失作证能力等”特殊情形，负责涉案侦查人员犯罪侦查的渎职侵权部门应当重新讯问该侦查人员、重新询问被害人（即原案犯罪嫌疑人、被告人）。

第五节　各地检察机关审查排除非法证据的实践

自 2010 年《非法证据排除规定》施行以来，各地检察机关根据该司法解释的规定，贯彻执行了我国正式确立的非法证据排除规则。司法实践中已经有多起检察机关排除非法证据的案例，这表明非法证据排除规则能够在我国得到顺利的实施，同时各地检察机关贯彻执行非法证据排除规则的案例也为新刑诉法及其司法解释的施行提供了有益的实践经验，在适当的时候，最高检可以对该等案件进行整理总结，并以指导案例的形式向全国各级检察机关发布，对非法证据排除规则的实施进行指导和完善。

太原市检察机关 2011 年办理的一起审查排除非法证据的案例，对检察机关实施非法证据排除规则颇有启发：太原市吴某故意伤害案发生于 2011 年 7 月 21 日，吴某涉嫌与同居女友王某争吵后用锤子击打王某致其死亡。当地公安机关在侦查后以吴某涉嫌故意伤害罪将案件移送检察机关审查起诉。太原市检察机关在对吴某提审时，被告人辩称自己没有犯罪，认罪口供是在侦查人员非法拘禁并对其刑讯逼供的情况下作出的。检察机关遂启动了非法证据排除程序对讯问笔录进行了调查核实，发现不能排除侦查人员违法收集证据的可能，并且该案其他证据也无法形成完整的证据链条。2012

年 4 月，太原市检察机关向侦查机关退回案卷，并建议重新侦查。同月，吴某被公安机关释放。① 从上述案例分析，太原市检察机关对于不能排除侦查人员以刑讯逼供等非法方法取证可能的证据，在审查起诉阶段坚决地予以排除，同时在排除关键性的被告人有罪供述后，检察机关并未简单地直接退回案卷，其还注意到排除证据后该案其他证据是否能够形成完整的证据链条以证明案件事实，在无法形成完整证据链条的情况下，太原市检察机关才决定将案卷退回侦查机关，从而保证了检察机关办理案件的质量。

福建省石狮市检察机关侦查监督部门也开展了较为有效的审查排除非法证据的工作。该院侦查监督科检察官在讯问某案件犯罪嫌疑人杨某时，发现该名犯罪嫌疑人手上有伤，但杨某称伤是自己不小心造成的。讯问结束后侦查监督科检察官又通过该院驻看守所检察官了解情况，进一步获悉杨某还存在肋骨断裂的伤情，遂启动排除非法证据的调查核实程序，并将有关材料线索移送本院反渎职侵权部门共同展开调查。最终调查结果显示，犯罪嫌疑人杨某的伤是在群众将杨某扭送至公安机关时造成的，由此证明了侦查人员取证合法性。该院侦查监督部门除了联合反渎职侵权部门开展对非法证据的调查核实工作，还建立起逮捕起诉衔接机制，对在审查批捕过程中发现的可能的非法证据要求侦查人员进行补正或解释，并将该等可能的非法证据列出清单移送公诉部门。这样的操作方法既保证了在侦查阶段部分可能存在非法取证的关键证据不至于过早地被排除而影响到案件的侦办，又保证了在审查起诉时公诉部门能够及时发现并进一步调查核实该等证据。截至 2013 年 1 月 19 日，福建省石狮市检察机关已成功排除 18 份非法证据。②

江苏省南通市经济技术开发区人民检察院则在非法证据的调查

---

① 案件整理自《规范非法证据排除，保证取证合法》，载《检察日报》2012 年 11 月 30 日第 04 版。

② 案件整理自《预防 核查 跟踪 排除非法证据 18 份》，载《检察日报》2013 年 1 月 19 日第 04 版。

核实程序上进行了有益的实践。在该院办理的第一起非法证据排除案件中，公安机关以盗窃罪将宋某移送检察机关审查批捕。南通市经济技术开发区检察机关侦查监督部门在对犯罪嫌疑人进行讯问时，宋某拒不承认自己犯罪且提出侦查人员对自己进行了非法取证，该院立即启动非法证据排除程序，通过调查看守所录像资料、体检表、询问犯罪嫌疑人同监室人员等方式，对该案涉及的非法证据问题展开了调查核实。特别是检察机关要求侦查人员到检察院谈话室接受询问，最终证实了侦查人员取证行为的合法性。尽管在审判阶段被告人宋某仍不认罪，但由于检察机关进行了扎实的非法证据调查核实工作，人民法院仍然采纳了全部的证据，判决被告人有罪。[①] 上述案例已充分说明，前文论述的检察机关在调查核实非法证据的程序中询问侦查办案人员的必要性。

南京市建邺区人民检察院在审查排除非法实物证据上进行了大胆的尝试。在该院办理的黎某非法持有毒品案中，检察官发现侦查人员在对犯罪嫌疑人场所进行搜查时，将涉案的3名犯罪嫌疑人的头部用头套蒙住，造成搜查过程完全没有合法的见证人，且扣押清单也没有在搜查现场当场出具，犯罪嫌疑人对侦查人员搜查到的47克毒品拒不承认为自己所有。负责办理该案的检察官认为，侦查人员搜查取得的47克毒品符合刑诉法关于非法物证的界定，即明显违反法律程序、可能影响公正审判、无法补正。该检察官分析："这三个特征，第一个特征比较容易把握，因为有直接的法律依据，即刑事诉讼法对于各类证据都规定了取证程序，就上述案件来说，物证取得没有物品持有人在场，见证人也不合法，违反刑事诉讼法第一百一十二条规定（在搜查的时候，应当有被搜查人或者他的家属，邻居或者其他见证人在场）；第三个特征实践中可以从反面进行把握，也就是可以判断哪些能够通过补正的方式予以解

① 案件整理自《江苏南通：排除非法证据不只警察出庭》，载《检察日报》2012年6月26日第01版。

决，就上述案件来说现场已无法再现，违法物证取得过程已经无法进行补正；难题是第二个特征如何把握，前述黎某非法持有毒品案中，该违法取证行为不能排除47克毒品是他人放入、而非黎某持有，这意味着存在影响公正审判的可能性。”① 最终该检察机关排除了侦查人员从犯罪嫌疑人所在场所搜查到的47克毒品这一实物证据。上述案例为检察机关对非法物证、书证的审查排除提供了有益的实践经验，检察机关在审查可能存在非法取证的物证、书证时，应当重点注意如何判断该等证据可能影响公正审判。

苏州市平江区人民检察院则在排除了侦查机关移送的非法证据之后，及时要求侦查机关对案件进行重新侦查，保证了打击犯罪与保障人权的平衡。在该院办理的高某涉嫌非法出售、购买假币案中，检察机关重点审查了公安机关移送的讯问时录音录像资料，该等资料并未直接反映出侦查机关的非法取证行为，但犯罪嫌疑人高某在录像资料中说的侦查机关在抓捕自己时打了他的一段话引起了检察机关的注意。该检察院据此启动非法证据的调查核实程序，通过提审犯罪嫌疑人、询问侦查人员，最终未能排除该份证据存在非法取证的可能，并决定排除证据。之后，检察机关要求侦查机关重新讯问并再次录音录像后向法院提起公诉。在法庭审理阶段，由于检察机关扎实的证据审查工作，被告人高某仍被判决有罪。② 上述案例表明，尽量将非法证据排除在法庭审理阶段之前，能够有效加强检察机关的侦查监督职能，提高庭审质量和效率。

① 案件整理自《非法证据争议期待修法破题》，载《检察日报》2011年8月10日第05版。

② 案件整理自《非法证据不能留到法庭上再排除》，载《检察日报》2010年11月23日第02版。

第四章　审判机关非法证据排除规则实施问题研究

“完善刑事证据制度，制定刑事证据审查规则，统一证据采信标准”，是最高人民法院 2009 年印发的《人民法院第三个五年改革纲要》中关于改革和完善刑事审判制度这一任务的重要内容。新刑诉法及其司法解释确立的非法证据排除规则作为完善我国刑事证据制度的一座里程碑，必将对推动人民法院审判工作的改革和完善起到重大作用。笔者于 2009 年 5 月起参与了 J 省 Y 市中级人民法院的“非法证据排除规则试点项目”（以下简称“试点项目”），该项目共开展了 1 年零 9 个月的试点规则制定与执行，项目组向法官、检察官、侦查人员发放关于非法证据排除规则调查问卷、讨论制定试点法院非法证据排除试行规则并在审判实践中执行。该法院作为全国唯一的非法证据排除规则的试点法院为 2010 年 5 月《非法证据排除规定》的出台积累了一定的实践经验，是对具有中国特色的非法证据排除规则的先行探索，在试点法院项目试行过程中形成的部分具有典型性的案例，可以作为新刑诉法非法证据排除规则实施的有益参考。2012 年新刑诉法及其司法解释对《非法证据排除规定》进行了完善和改进，特别是庭前会议程序、讯问人员出庭作证等的规定。在现阶段，人民法院应在总结实施《非法证据排除规定》的实践经验的基础上，通过对新刑诉法新增的非法证据排除规则相关规定的贯彻执行，解决其中可能出现的实施难题，丰富中国特色的非法证据排除规则的实践，推动我国非法证据排除规则的进一步发展和完善。

第一节　审判机关实施非法证据排除规则的价值分析

笔者参与的J省Y市中级人民法院的“非法证据排除规则试点项目”成功试行了非法证据排除规则，并在此基础上基本形成了试点法院审理排除非法证据案件的一整套经验，改进了审判工作，提高了审判质量。非法证据排除规则的实施对于推动人民法院审判工作的完善具有重要的现实意义。

一、提高案件审理质量和效果

试行非法证据排除规则，一方面是从源头上对侦查机关、检察机关办理刑事案件的工作进行了规范，保证了移送给人民法院的相关案件证据的质量。在项目试点过程中，侦查机关和检察机关移送法院的证据质量有了明显提高。试点法院也认为：“通过试点非法证据排除规则，赋予辩方申请排除非法证据的权利以及控辩双方对非法证据排除决定的上诉抗诉权，这就对侦查人员的取证工作、对检察人员的取证监督核查工作和对审判人员的证据审查判断工作提出了更高的要求，从而以压力回转的方式倒逼执法办案人员增强合法取证意识、规范取证行为。试点法院非法证据排除规则的实施，促使各个阶段的执法办案人员对证据的收集、使用、判定都更加严格、更加规范、更加慎重，证据的真实性、合法性、关联性等质量标准都得到了提高，从而为保证案件审判质量奠定了坚实的基础。”① 另一方面试点法院通过加强对试行非法证据排除规则的宣传，向当事人进行权利告知并解释相关试行规定，对被告人申请的排除非法证据进行审查，并向当事人告知排除或不排除的具体原因

① 徐清宇：《非法证据排除规则的现实困境及其解决路径——基于“非法证据排除规则试点项目”的实践与思考》，载《政治与法律》2011年第6期。

等方式，实施非法证据排除试行规定，既充分尊重了被告人的诉讼权利，又向被告人展示了对证据审查的过程，较为有效地化解了被告人对证据合法性的异议，增强了被告人对法院判决的认同度，取得了良好的社会效果。试点项目资料显示："试点法院下属三个基层法院在试点期间实验组案件上诉总数为 15 件，上诉率为 2.29%；三个试点基层法院在试点前半年比对组案件上诉总数为 29 件，上诉率为 3.36%；其他六个非试点基层法院在试点期间共审结刑事案件 1253 件，上诉 49 件，上诉率为 3.91%。可见，经过项目试点，上诉率得到了下降，很大程度上反映了当事人服判息诉程度的提高。"①

二、提高法庭审理质量和效率

试点法院在实施非法证据排除试行规定时，对于被告人申请排除证据之后的证据合法性审查，采取了法官自由裁量庭前审理或当庭审理两种灵活的方式，但无论是采取何种方式，法院都将对证据合法性的审查独立出来，一方面使得对证据合法性的审查更为集中，另一方面也使得在法庭审理过程中控辩双方不再就证据合法性问题反复纠缠，而更集中于证据关联性、真实性及法律适用问题，使整个庭审更为集中和有效率。试点法院认为："在以往的审判实践中控辩双方往往把主要精力都放在质证上，而在法律适用上的分歧比较少。在证据的'三性'中，关联性和真实性方面值得争辩之处并不多，真正值得双方交锋的往往在于证据的合法性。由于法律对证据的合法性规定得不具体，辩方往往会在证据的合法性上做文章。多数刑事案件的辩方会在庭审中对证据的合法性提出异议，并且反反复复提出证据的合法性存在问题，导致庭审的很大一部分时间以及法官的很大一部分精力都消耗在证据的合法性审查上。在

① 甘雨来、孙军：《"我国非法证据排除规则实施与完善"研讨会会议综述》，载卞建林、杨宇冠主编：《非法证据排除规则实证研究》，中国政法大学出版社 2012 年版。

法院开展非法证据排除规则试点后，对非法证据的排除已经有了具体的规则，法官明确向被告人告知了申请排除非法证据的权利，并设置了专门程序对证据的合法性问题进行审查。在此情况下，庭审中证据的合法性问题一带而过，庭审焦点集中于证据的其他‘两性’和法律适用上，控辩双方纠缠、反复的状况大大改观，从而使庭审节奏更加明快、紧凑，庭审过程更加简洁、干练，庭审氛围更加轻松、和谐，庭审的质量和效率都得到了提高，这对推动刑事庭审方式改革具有积极的意义。”[①] 根据项目组与试点案件主审法官访谈得知，非法证据排除规则试点案件的庭审时间缩短了约1/3，而且控辩双方能够集中精力在法律适用方面提出更多有价值的意见。[②]

三、推动侦查检察工作的完善和改进

在项目试点工作中，尽管只有人民法院制定并试行了非法证据排除规则，且该规则的效力并不及当地侦查机关、检察机关，但在当地政法委的大力协调和推动下，试点项目得到了侦查机关、检察机关的理解、支持与配合。项目组为争取全面推行非法证据排除试行规则，分别与当地公安机关、人民检察院进行了研讨、座谈和培训。侦查机关、检察机关对于非法证据排除规则的理解进一步深入，侦查行为得以进一步规范，审查判断证据的能力也得到加强。试点法院也认为：“部分办案人员亲历了非法证据排除规则运行过程，证据观念和意识得到了加强，非法证据排除理论水平也得到了提高。试点工作的实践表明，通过非法证据排除规则的促动，检察机关已主动加强了非法证据审查工作。过去，检察机关在审查起诉

---

① 徐清宇：《非法证据排除规则的现实困境及其解决路径——基于“非法证据排除规则试点项目”的实践与思考》，载《政治与法律》2011 年第 6 期。

② 甘雨来、孙军：《“我国非法证据排除规则实施与完善”研讨会会议综述》，载卞建林、杨宇冠主编：《非法证据排除规则实证研究》，中国政法大学出版社 2012 年版。

时对证据合法性问题不够重视，往往是在庭审中辩方提出证据存在非法问题，公诉人员事先没有准备，而重新进行证据采集和审查工作，影响了办案效率。试点以来，当地检察机关通常在审查起诉时就一并采集了证明侦查人员取证行为合法的相关证据，一旦辩方在庭前或庭审中提出排除非法证据的动议，公诉人员当即就能够举出证据，一方面打击了被告人的侥幸和抵抗心理，另一方面也保证了指控工作的质量和效率。"[①] 项目组调查显示："在回答'对于在审查批捕、审查起诉中涉嫌非法取证行为所获得的证据如何处理'这一问题时，40 名接受调查的检察官中有 30 人认为应依法予以排除，不能作为批准逮捕、提起公诉的证据，9 人认为应当要求侦查机关补全有关证据后批准逮捕、提起公诉，无人认为应直接作为批准逮捕、提起公诉的证据，同时，87.5% 的检察官和 81.8% 的警察认为，通过项目试点，检察机关增强了对侦查机关侦查行为合法性的监督和审查。"[②] 基于上述试点工作及调查，笔者认为，在侦查机关、检察机关对于非法证据排除规则没有作出明确规定，仅人民法院实施非法证据排除规则的情况下，通过三机关的相互协调与配合，非法证据排除规则的实施也取得了较好的效果。2012 年新刑诉法及三机关司法解释正式施行后，非法证据排除规则将得到更有力的贯彻和执行，对于规范侦查行为、提高审查判断证据能力将发挥更大的作用。

四、现阶段人民法院在非法证据排除规则实施过程中的作用

通过试点项目工作，人民法院实施非法证据排除规则尽管起到了提高案件审理质量、提高法庭审理效率、推动侦查检察工作完善

---

① 徐清宇：《非法证据排除规则的现实困境及其解决路径——基于"非法证据排除规则试点项目"的实践与思考》，载《政治与法律》2011 年第 6 期。

② 甘雨来、孙军：《"我国非法证据排除规则实施与完善"研讨会会议综述》，载卞建林、杨宇冠主编：《非法证据排除规则实证研究》，中国政法大学出版社 2012 年版。

等积极作用，但笔者认为，试点工作仍暴露出一个比较明显的问题，即法官作出排除某项证据的决定时往往小心翼翼、如履薄冰，甚至是不敢排除。在试点过程中，参与项目的各个法院均未能有一例排除非法证据的案例，这一方面说明法官在排除非法证据问题上有诸多顾虑，包括排除证据后将会面对来自侦查机关、检察机关的压力，以及可能带来的对办案人员追责的影响等；另一方面也显示出当前司法权威有待进一步提高。笔者认为，在2012年新刑诉法及其司法解释正式施行后，法官不敢排除非法证据的问题可能还将在一定时间、一定范围内存在，特别是对那些可能的非法证据，法官能不能坚决执行新刑诉法第58条的规定，排除上述“不能排除存在本法第五十四条规定的以非法方法收集证据情形的有关证据”，可能将成为现阶段贯彻执行非法证据排除规则需要面对的一大难题。在被称为非法证据排除全国第一案的章某受贿案中，在一审法院认定了非法证据并予以排除的情况下，二审法院却又作了改判，实践也清晰地反映出人民法院在实施非法证据排除规则时的困境。[①] 笔者认为，当前各级人民法院都应当严格执行新刑诉法第58条的规定，对于不能排除以非法方法收集证据情形的有关证据要大胆地排除，争取在实践中尽快形成具有全国性指导意义的典型案例。一方面，人民法院应通过对非法证据的实质性的审查，“有效发挥审判权在刑事诉讼中应有的法定职能，向被告人和公众展示出人民法院对于贯彻执行非法证据排除规则的决心和立场”；另一方面，更需要人民法院对于存在非法取证可能的证据予以坚决的排除，“有效地发挥审判机关对侦查机关、检察机关收集、审核、使用证据的司法终局性判定职能”。[②] 如果人民法院只是对非法证据

① 案件整理自《全国首例非法证据排除案二审：检方取证合法可用》，载新浪网，http://news.sina.com.cn/o/2012-07-23/151824827952.shtml。

② 徐清宇：《非法证据排除规则的现实困境及其解决路径——基于“非法证据排除规则试点项目”的实践与思考》，载《政治与法律》2011年第6期。

进行审查但却很少排除存在非法取证可能的证据，反而可能会增加公众对人民法院贯彻执行非法证据排除规则的怀疑，只有通过对此类证据的坚决排除，才能够进一步增加人民法院判决的公信力，提高司法权威。

第二节　关于非法证据排除的庭前会议研究

《非法证据排除规定》对于审判阶段非法证据排除的程序仅规定了在法庭审理过程中对非法证据问题进行审查。新刑诉法及其司法解释则增设了庭前会议制度，对审判阶段非法证据排除的程序进行了完善。根据新刑诉法第 182 条之规定，人民法院可以在开庭前就非法证据排除等与审判相关的问题召集公诉人、当事人和辩护人、诉讼代理人，了解情况，听取各方意见。最高法新《解释》则进一步对庭前会议制度作了细化的规定。该解释第 99 条规定，“开庭审理前，当事人及其辩护人、诉讼代理人申请排除非法证据，人民法院经审查，对证据收集的合法性有疑问的，应当依照刑事诉讼法第一百八十二条第二款的规定召开庭前会议，就非法证据排除等问题了解情况，听取意见。人民检察院可以通过出示有关证据材料等方式，对证据收集的合法性加以说明”。第 183 条第 1 项规定，当事人及其辩护人、诉讼代理人申请排除非法证据的，审判人员可以召开庭前会议。第 184 条第 6 项规定，规定召开庭前会议时审判人员可以就是否申请排除非法证据向控辩双方了解情况，听取意见。最高检新《规则》也对公诉人员参加庭前会议作出了相应的规定。新刑诉法及其司法解释增设庭前会议制度对推动刑事诉讼现代化的意义是毋庸置疑的：一方面，通过召集庭前会议，审判人员能够对即将进行的法庭审理活动做好必要的准备；另一方面，更重要的意义在于通过庭前会议的证据展示后，“审判人员可以询问控辩双方对证据材料有无异议，对有异议的证据，应当在庭审时重点调查；无异议的，庭审时举证、质证可以简化”,[1] 实际上完成了庭前证据开示的工作，有利于法庭审理集中焦点、提高效率。对于庭前会议制度的重要性，有学者就提出：“庭前会议制度的设置是回应司法实践的需要，也是尊重刑事诉讼活动基本规律的需要。此次刑事诉讼法修改不仅在宏观布局上具有前瞻性，就具体的制度设置而言，也体现了极大的智慧。早在《刑事诉讼法》修正案（草案）征求意见稿中就有关于庭前会议制度的设置。庭前会议制度的入法，标志着我国刑事诉讼程序步入了精细化、科学化的发展轨迹。其诞生，在笔者看来，给刑事审判程序的发展又注入了新的活力，必将引起整个庭前程序的重大变革。”[2] 但是，从非法证据排除程序的角度分析，庭前会议只是初步解决了被告人申请非法证据排除的问题，对于检察机关在庭前会议中如何对证据收集的合法性进行证明也缺乏具体规定，新刑诉法及其司法解释也不要求人民法院在庭前会议阶段排除非法证据，仍然将审查排除非法证据的重心放在了法庭审理阶段。笔者认为，对于实施非法证据排除规则，庭前会议还有进一步完善和细化的空间，庭前会议应当在排除非法证据问题上发挥更大和更关键的作用。

一、庭前会议应作为排除非法证据的必经程序

新刑诉法及其司法解释将是否举行庭前会议的决定权赋予人民法院自由裁量，即使是被告方提出了排除非法证据的申请，审判人员也仅仅是“可以”召开举行庭前会议。但笔者认为，庭前会议应作为排除非法证据的必经程序，其必要性主要体现在以下三个方面：第一，举行庭前会议有利于被告人及其辩护律师、诉讼代理人

① 最高检新《规则》184 条第 2 款。

② 陈卫东、杜磊：《庭前会议制度的规范建构与制度适用——兼评〈刑事诉讼法〉第 182 条第 2 款之规定》，载《浙江社会科学》2012 年第 11 期。

提出非法证据排除申请。当事人要提出有效的排除非法证据的申请，应当首先知悉控方都向人民法院移送了哪些证据材料用于对被告方的指控，在此基础上，被告方才能够作出指控证据中哪些是非法证据需要提出排除申请的判断。项目组在试点法院试行非法证据排除规则时就已经注意到该问题并提出："由于缺乏庭前证据开示制度，被告人在庭前不了解指控证据的具体情况，难以对某项特定的证据提出非法证据排除申请。例如，在刑事诉讼过程中，被告人作出多次供述，并认为作出有些供述时存在非法取证的问题，但被告人并不清楚哪一份供述是指控证据，只是笼统地提出存在'刑讯逼供'。所以，试点法院允许被告人在庭前或庭审过程中提出非法证据排除申请，但一旦被告人在庭审过程中提出申请，可能延长整个案件的审理期限。因此，一些法官认为还需建立庭前证据开示制度，才能保障非法证据排除规则的顺利施行。"① 因此，能否通过举行庭前会议向被告方充分展示控方的指控证据就成为关系到非法证据排除规则能否顺利实施的一个重要因素。第二，对于检察机关来说，通过参加庭前会议，能够及时在法庭审理前了解被告方将针对控方的哪些指控证据申请排除。检察机关越早获悉这一信息也就越能充分地准备对该等证据合法性的证据的证明，不至于在法庭审理阶段面对被告方突然提出的非法证据排除申请因准备不足而不知所措。检察机关在庭前会议阶段对非法证据排除问题的准备工作可以包括以下内容：对可能需要出庭说明情况的侦查讯问人员进行提前通知；要求侦查机关出具必要的侦查情况说明；最高检新《规则》第428条第5项规定，检察机关在人民法院决定开庭审判后应当对可能出现证据合法性争议的，拟定证明证据合法性的提纲并准备相关材料，这项工作也可以在庭前会议的过程中及时完成；在庭前会议控辩双方交换意见的过程中，检察机关也能够发现被告

① 杨宇冠、甘雨来：《探索构建中国特色非法证据排除规则的实践》，载《人民法院报》2010年6月9日第6版。

方所提出的非法证据排除申请是否在审查批捕、审查起诉阶段已经提出过并已经过检察机关调查核实，如果该等申请检察机关在调查核实后已经作出不予排除的决定，检察机关在庭前会议上可以及时通报给人民法院，避免人民法院对被告方非法证据排除申请的重复审查，节约诉讼资源。另外，在庭前会议上控辩双方就非法证据问题进行意见交换后，检察机关还能有足够的时间对相关证据的合法性进行再次的调查核实。第三，人民法院举行专门针对非法证据的庭前会议。从现阶段来看，主要由负责法庭审理的合议庭召开庭前会议能够在庭审前对取证合法性存在争议的指控证据形成初步的判断，合议庭在庭前会议后可以根据控辩双方交换的意见拟出法庭审理提纲，对庭审中可能出现的非法证据排除的问题尽早作出预判并安排应对措施，这既能提高庭审质量也能够极大地节约庭审时间。在项目试点过程中试点法院法官就表示，通过庭前针对非法证据问题举行听证会议，案件的庭审时间基本可以缩短了约1/3。从长远来看，笔者认为，人民法院更有必要以庭前会议制度为基础，设立庭前非法证据排除的独立程序，并由独立于法庭审理合议庭的其他审判人员主持该程序，对涉嫌存在非法取证的证据合法性进行独立地审查，并在庭前作出排除或不予排除的决定，以最大限度地避免可能的非法证据进入到法庭审理阶段，即使该等证据最终被排除，消除仍可能产生的对被告方不利的影响。最高院法官也认为，应当将当事人提出非法证据排除申请作为召开庭前会议的条件，并提出："并非所有的案件都要召开庭前会议，而应当由审判人员根据案件情况，确有必要时才组织召开。从司法实践来看，'必要时'包括：案情重大复杂的；当事人已提出非法证据排除申请的；涉案证据材料较多的；案件具有重大社会影响或者较为敏感，需要庭前协调有关开庭事宜的，等等。"①

---

① 胡云腾、喻海松：《刑事一审普通程序修改解读》，载《法律适用》2012年第9期。

对于现阶段将庭前会议作为排除非法证据必经程序的可行性，笔者认为，主要需要考虑设置庭前会议对司法资源的耗费和是否会降低诉讼效率的问题。从试点法院的工作实践来看，设置庭前会议尽管会有一些额外的司法资源耗费，但并不一定会导致诉讼效率的降低，甚至可能会产生提高庭审效率的结果，将庭前会议设置为排除非法证据的必经程序其可行性主要体现在：一是实践中刑事案件被告方提出排除非法证据的申请的案件比例不大，对该等案件均设置庭前会议针对非法证据排除申请进行审查并不会消耗太多的司法资源。从试点法院的试点期间刑事案件数量来看，“D县、S县、B县三个基层法院分别审结刑事案件225件、245件和183件，总数为653件；涉案被告人分别为315人、425人和256人，总数为996人；提出排除非法证据申请的案件分别为11件、10件和13件，涉及被告人分别为11人、11人和14人，共34件案件、36名被告人；其中，申请动议被采纳而启动非法证据排除规则的案件分别为5件、6件和3件，涉及被告人分别为5人、6人和3人，共14件案件、14名被告人。”① 可见，被告方提出非法证据排除申请的案件比例大约为5%，而最终人民法院启动非法证据排除程序的案件大约2%，且随着非法证据排除规则的实施，侦查行为必将进一步规范，今后涉及非法证据排除的案件可能还将进一步减少，因此对排除非法证据的案件增设庭前会议作为其必经程序并不会消耗过多司法资源，从司法公正和司法成本角度考虑是合适的。二是对于被告方向人民法院提出非法证据排除申请的案件，合议庭即使不召开庭前会议，仍然需要通过讯问被告人、询问侦查办案人员及其他人员、听取辩护律师意见等程序对非法证据排除申请进行初步审查，而分别进行该等程序可能反而增加了人民法院工作量，进而可能影响到诉讼效率，如果采用庭前会议的模式，则可在一定的时间

① 徐清宇：《“非法证据排除规则试点项目”报告》，载《法制资讯》2011年2期。

段内同时完成上述各项工作，实际上达到提高诉讼效率的结果。

在新刑诉法及其司法解释出台之后，部分地方人民法院已经开始尝试通过庭前会议对非法证据排除问题进行处理，取得了良好效果。浙江省温州市鹿城区人民法院在2012年11月审理的吴某、陈某等25名被告人涉黑案中召开了该院第一次庭前会议，在庭前会议程序中被告人吴某等提出供述系侦查人员刑讯逼供取得的，但并未提供初步的线索或材料，据此该院决定不启动非法证据排除程序，该院法官认为庭前会议制度极大地提高了此类多人团伙犯罪案件的审理效率。[①] 广东省广州市海珠区人民法院于2012年11月审理黄某等44人涉黑团伙案时通过召开庭前预备会议的方式，对包括非法证据排除在内的程序性问题进行提前处理，将原本复杂的多人团伙犯罪的案件的审理效率大大提高，“从庭审结束到宣判仅用半个月时间”。[②] 四川省成都市青羊区人民法院于2013年1月审理任某、罗某等多名被告人非法经营一案时，召开了庭前会议对被告人申请排除非法证据等问题予以提前解决，使得原本可能需要进行一整天的庭审在一个半小时内即结束，极大地提高了庭审效率。[③] 福建省三明市中级人民法院于2013年1月审理的陈某等10名被告人涉黑一案也是通过召开庭前会议的方式提前处理了非法证据等问题，由此将原先“预计的14个小时庭审时间缩短到了6小时”。[④] 上述司法实践均表明，庭前会议制度对提高涉及非法证据排除的案件的审理效率具有重要作用。

---

① 案件整理自《浙江温州鹿城25人特大涉黑团伙受审　罪名达13项》，载中国新闻网，http://www.chinanews.com/fz/2012/11-26/4359674.shtml。

② 案件整理自《广州一涉黑团伙44人被判刑》，载《人民法院报》2012年11月30日第03版。

③ 案件整理自《成都青羊：程序性问题在庭前会议解决》，载《人民法院报》2013年2月20日第03版。

④ 案件整理自《三明中院试水庭前会议制度》，载《人民法院报》2013年2月23日第04版。

二、以构建独立的非法证据排除程序完善庭前会议制度

（一）排除非法证据的庭前会议的启动

新刑诉法及其司法解释均规定开庭前审判人员可以召集控辩双方召开庭前会议，但并未明确检察机关和被告方是否可以申请人民法院召开庭前会议。有学者就此问题指出："'召集'是等同于决定还是决定之后的'召集'？如果是后一种理解，那么是人民法院自主决定之后的'召集'，还是依公诉人、当事人、辩护人、诉讼代理人申请之后的'召集'？这个问题关涉到庭前会议的启动问题，就其实质乃是公诉人、当事人、辩护人、诉讼代理人有无庭前会议制度的启动权问题。"并进一步提出："这里的'召集'是决定之后的召集，公诉人可以建议人民法院召开庭前会议，当事人、辩护人、诉讼代理人有权提出申请，但是人民法院享有程序启动的决定权，人民法院也可以根据案件的情况在没有申请的情况下启动庭前会议程序。"① 笔者认为，上述论述将庭前会议申请召开权赋予控辩双方，将召开决定权赋予人民法院，这种召开方式针对一般刑事案件的庭前会议程序是合适的，但并不应当适用于关于排除非法证据的庭前会议。首先，检察机关并不需要以排除或不排除非法证据建议人民法院召开庭前会议，对于检察机关认为需要排除的非法证据，其可以通过在审查批捕、审查起诉阶段进行调查核实的程序对该等证据予以排除，对于检察机关决定不排除的证据其也没有理由在提起公诉后申请人民法院排除。另外，如果检察机关已经决定排除了侦查机关取得的某项证据，侦查机关也无权向人民法院提出不予排除该项证据的申请。其次，前文已论述了将庭前会议作为排除非法证据必经程序具有必要性和可行性，在此基础上，则应当赋予被告方启动关于排除非法证据的庭前会议的权利，即被告方可

① 陈卫东、杜磊：《庭前会议制度的规范建构与制度适用——兼评〈刑事诉讼法〉第182条第2款之规定》，载《浙江社会科学》2012年第11期。

以向人民法院提出排除非法证据的申请，人民法院在接到被告方申请时，应当召开庭前会议。再次，被告方提出排除非法证据的申请仍应当符合新刑诉法第56条及最高法新《解释》第96条关于被告方申请排除非法证据应当提出初步的线索或者材料的规定，人民法院在接到申请时应当按照上述法律规定进行初步审查，并作出是否召开庭前会议的决定。另外，如果被告方所提排除非法证据的申请以及相关线索材料在审查批捕、审查起诉阶段已经向检察机关提出过，并经检察机关调查核实最终被决定不予排除，检察机关在被告方再次向人民法院提出排除非法证据申请时，应及时通报人民法院有关检察机关对非法证据的调查核实情况，人民法院可以据此不再受理被告方申请，不再召开关于排除非法证据的庭前会议。最后，对于被告方没有提出排除非法证据申请的案件，人民法院经过初步审查如果认为需要就非法证据排除问题了解情况，听取控辩双方意见，仍然可以自行决定召开关于排除非法证据的庭前会议。

（二）人民法院主持排除非法证据的庭前会议的组织

新刑诉法第182条第2款和最高法新《解释》第183条均规定，“审判人员”可以召集控辩双方召开庭前会议，但未明确此处“审判人员”的具体含义：是否必须由负责该案法庭审理的合议庭主持庭前会议；能不能由该法院其他审判人员主持庭前会议；如果应当由本案合议庭主持庭前会议，那是否可以只是合议庭审判人员中的一名或数名参加并主持。这些问题都没有明确的答案。有学者就该问题指出：“据立法机关的工作机构的解读，这里的‘审判人员’‘可以是合议庭组成人员’。言外之意，‘审判人员’也可以不是合议庭组成人员。这也就说明，关于庭前会议的主持者，只要具有‘审判人员’的身份即可，并不一定要求是合议庭组成人员。”①但最高院法官在解读新刑诉法有关规定时又指出：“庭前会议的主

① 陈卫东、杜磊：《庭前会议制度的规范建构与制度适用——兼评〈刑事诉讼法〉第182条第2款之规定》，载《浙江社会科学》2012年第11期。

持人应当是人民法院的审判人员……对于参加庭前会议的审判人员的范围，宜根据案件的具体情况确定参加审判人员的范围，可以是合议庭部分成员，也可以是合议庭全部成员。”[①] 可见，针对一般刑事案件的庭前会议，审判机关更倾向于由该案的合议庭主持。但笔者认为，对于排除非法证据的庭前会议由该案法庭审理的合议庭主持，可能并不适合非法证据排除规则的实施。在试点项目开展期间，法院试行了排除非法证据听证程序，对于听证程序的召开，“试点法院采取了灵活的方式，有由审理案件的合议庭进行听证，也有另行组成合议庭进行听证。前者能保证案件审理的连贯，节约司法资源，后者则可以预防法官对案件的预断，防止法庭审理形式化。相较而言，后者更符合非法证据排除规则的要求，但司法实践中，可能因此增加司法机关的工作量，可能需要增加刑事案件的审判人员”。[②] 从试点项目的实践经验来看，笔者认为，在非法证据排除规则实施初期，由本案合议庭主持庭前会议有一定的合理性，能够保证在现有司法资源既定的情况下，不过多增加审判人员工作负担，也不会因对人民法院原有审判工作模式和进程产生过多变更而导致规则难以贯彻执行。但从长远来看，有必要让独立于本案合议庭的审判人员或另设合议庭主持庭前会议，一方面是为了避免本案合议庭法官在庭前会议中形成对案件的预判，“防止之后的法庭审理形式化”；另一方面，更重要的是从非法证据排除规则的实施来看，只有在本案合议庭法官接触到案件相关证据材料之前，尽可能把合法性存在疑问的证据排除在庭审之外，才能避免合议庭法官因非法证据对被告产生不利印象。实际上，以庭前会议方式对我国传统的一元化法庭审理模式进行一定的改革，对于推动我国刑事诉

① 胡云腾、喻海松：《刑事一审普通程序修改解读》，载《法律适用》2012 年第 9 期。

② 杨宇冠、甘雨来：《探索构建中国特色非法证据排除规则的实践》，载《人民法院报》2010 年 6 月 9 日第 6 版。

讼现代化进程将具有重要意义。有学者也提出："从长远来看，应当对'审判人员'做扩大解释，即只要具有法官的身份即可。因为庭前审理法官对案件的过度接触难免会导致其形成预断，即便说确实没有形成预断，对于公众而言，也没有任何的说服力。"[①] 并进一步提出，可让立案庭法官主持庭前会议，实际行使预审法官之职权："在此基础上，明确由立案庭的法官来负责主持庭前会议。这并不会带来过多的人员投入，对现行司法体制的冲击也比较小。而且，这种安排不仅有助于庭前会议防止起诉移送全卷所带来的庭前预断问题，还有助于防止庭前会议自身带来的预断与偏见问题。更为重要的是，这会促进法官职责划分更加科学化，给法官体系的改革创造了契机。因为立案庭的法官不仅可以进行公诉审查，还可以进行庭前会议的主持，这便具有了预审法官的雏形。无论在名称上是否被称作预审法官，就实质内容而言其已经具备预审法官的职权。"[②] 笔者认为，在司法实践中人民法院立案庭法官本来就承担着公诉案件的初步审查工作，在此基础上扩大其案件审查职权，由其负责主持审查证据合法性的庭前会议是适格的。另外，如果以立案庭法官组成固定的审查非法证据的庭前会议合议庭，也能够不断提高审判人员审查判断非法证据的能力，最大限度地保证非法证据排除规则的实施。

（三）对排除非法证据的庭前会议的诉讼化改造

新刑诉法及其司法解释在增设庭前会议程序的基础上，并未明确规定人民法院主持庭前会议具体如何进行。有部分观点认为，根据新刑诉法第 182 条第 2 款的规定，在庭前会议中，审判人员只能

---

① 陈卫东、杜磊：《庭前会议制度的规范建构与制度适用——兼评〈刑事诉讼法〉第 182 条第 2 款之规定》，载《浙江社会科学》2012 年第 11 期。

② 陈卫东、杜磊：《庭前会议制度的规范建构与制度适用——兼评〈刑事诉讼法〉第 182 条第 2 款之规定》，载《浙江社会科学》2012 年第 11 期。

向控辩双方"了解情况，听取意见"，而不具有其他的职权。[①] 但笔者认为，即使是在新刑诉法及其司法解释规定的范围内，对于被告方申请排除非法证据的案件的庭前会议，人民法院也不仅仅可以"了解情况，听取意见"，因为根据最高检新《规则》第 432 条之规定，被告方在庭前会议中提出非法证据排除申请，且人民法院认为可能存在非法取证时，检察机关可以对证据收集的合法性进行证明。因此，笔者认为，根据新刑诉法及其司法解释，人民法院审判人员在关于排除非法证据的庭前会议上，除了向控辩双方"了解情况，听取意见"，至少还应当具有对被告方提出非法证据排除申请的初步审查、判断是否需要对非法证据展开调查核实的职权，以及在庭前会议上主持被告方对取证行为的质疑、检察机关对证据收集合法性的证明活动。除此之外，目前对于庭前会议能否排除非法证据争议较大，学界主流观点更倾向于能在法庭审理前解决非法证据的问题，有立法机关人员在解读新刑诉法时提出了相反的意见：庭前会议"规定的非法证据排除，只是听取意见，具体如何排除要根据本法第五十四条、第五十六条、第五十八条的规定依法进行"。[②] 也有学者提出："庭前会议可以采取有限排除的方式，走'有限排除'的折衷主义的路线是当下的一种无奈选择，即对于当事人、辩护人等提出排除申请的非法证据，公诉人同意排除的，则不需要推迟到庭审过程中予以解决；如果公诉人不同意的，则要到法庭上加以解决。"[③] 尽管现阶段以庭前会议为基础构建庭前排除非法证据的程序存在一定的实施障碍，但我国非法证据排除规则应

① 新刑诉法第 182 条第 2 款："在开庭以前，审判人员可以召集公诉人、当事人和辩护人、诉讼代理人，对回避、出庭证人名单、非法证据排除等与审判相关的问题，了解情况，听取意见。"

② 郎胜主编：《中华人民共和国刑事诉讼法修改与适用》，新华出版社 2012 年版，第 327 页。

③ 陈卫东、杜磊：《庭前会议制度的规范建构与制度适用——兼评〈刑事诉讼法〉第 182 条第 2 款之规定》，载《浙江社会科学》2012 年第 11 期。

当以庭前排除非法证据作为今后的发展方向。笔者认为，鉴于新刑诉法及其司法解释均未对被告方提出非法证据排除申请的庭前会议的具体运作机制作出明确安排，但又规定了检察机关可以在庭前会议上对证据收集的合法性进行证明，当前可以上述规定为基础对被告方提出非法证据排除申请的庭前会议进行一定的诉讼化改造，以使庭前会议逐步符合未来作为人民法院庭前排除非法证据的独立程序的需要。

关于参加非法证据排除庭前会议的相关人员，新刑诉法及其司法解释仅仅规定了检察机关公诉人员、当事人和辩护人、诉讼代理人。笔者认为，既然检察机关可以在庭前会议上对证据收集的合法性进行证明，那么庭前会议上应当允许公诉人员申请相关人员到庭说明情况，包括侦查机关办案人员、讯问时其他在场人员、监所监管人员等，从控辩双方平等武装的角度来看，也应当允许被告方申请相关人员出庭说明情况。另外，人民法院如果认为有必要在庭前会议上听取鉴定人员、有专门知识的人及其他证人的意见，也可以通知该等人员出席庭前会议并说明情况。

关于非法证据排除的庭前会议召开方式，从新刑诉法及其司法解释规定的参加各方来看，实际已形成控、辩、审三方的基本构造，尽管目前法律规定人民法院在庭前会议上主要是向控辩双方“了解情况，听取意见”，但就被告方提出排除非法证据申请的案件来看，控辩双方就非法证据问题的意见很可能产生分歧甚至是激烈的冲突，且检察机关如果在庭前会议上要就证据收集合法性进行证明，就更需要人民法院对会议召开进行必要的引导，而不应仅仅局限于“了解情况，听取意见”。在控辩双方就证据收集合法性问题各自发表意见之后，审判人员还可以允许双方就该问题进行互相提问、辩论等活动，允许双方申请到庭的相关人员出席会议说明情况，以便对案件涉及的非法证据问题形成更明确集中的法庭审理提纲，最大限度地发挥庭前会议在非法证据排除问题上集中法庭审理焦点、提高诉讼效率的效用。

关于排除非法证据的庭前会议召开之后人民法院决定的问题，前文已经提到立法机关解读认为在庭前会议阶段不应排除相关证据，但笔者认为，新刑诉法及其司法解释并未禁止人民法院在召开庭前会议后排除有关证据，笔者赞同上述学者提出的“有限排除”的观点，对于经过庭前会议初步审查能够查明该等证据确系非法取证所得的，人民法院可以直接在庭前会议召开后决定排除，而没有必要把已经查明不具有合法性的证据移送到法庭审理阶段再进行排除。另外，人民法院针对被告方在庭前会议上提出非法证据排除申请经过初步审查后认为不需要启动非法证据排除程序的，可以在庭前会议上直接作出决定；对于被告方提出非法证据排除申请，但在庭前会议上检察机关已经证明该等证据的取证行为合法的，人民法院也可以在庭前会议召开后作出对该等证据不予排除的决定；对于被告方提出非法证据排除申请后经过庭前会议不能排除该等证据存在非法取证可能的，现阶段人民法院不应排除该等证据，而可以要求检察机关对该等证据合法性问题进行调查核实，检察机关也可以根据最高检新《规则》第 432 条之规定，自行在开庭前对该等证据的合法性进行调查核实。

综上所述，在现行法律框架之内，对庭前会议按照构建排除非法证据的独立程序的目标进行一定的改造，以人民法院立案庭法官作为主持庭前会议的审判人员，以控辩平等、审判居中裁判的诉讼构造召开庭前会议，并逐步赋予主持庭前会议的审判人员对于排除非法证据的决定权，是现阶段人民法院发展和完善非法证据排除规则实施的重要途径。目前，在尚未确立以独立的庭前会议进行排除非法证据的程序的情况下，可以采取将法庭审理程序进行必要分割，以在庭审过程中先行独立进行非法证据调查核实程序的模式作为过渡性措施。在实践中，这一模式也取得了较好的效果。2012 年 9 月 14 日，北京市第一中级人民法院在审理郭某等 4 名被告人贩卖毒品一案时即采取了此种模式。在法庭审理过程中，合议庭首先根据被告人郭某及其辩护律师提出的非法证据排除申请及相关初步线索和材料启动了非法证据排除的调查核实程序，在进行实体审理前先行独立地展开了证据合法性的调查，在非法证据的调查程序完成后该法院以不能排除非法取证的可能为由决定郭某的该份供述不得在后续的法庭调查中使用。[①] 上述案例表明，通过独立的程序对非法证据问题进行调查核实在现阶段的司法实践中完全可行。该案的法官也表示，此种模式极大地提高了案件审理的质量。

第三节 讯问人员出庭作证制度的完善

一、讯问人员出庭作证制度的实施情况

在传统的非法证据排除规则中，警察作为控方证人出庭向法庭说明侦查取证情况是比较常见的。但在我国侦查、检察、审判三机关分工负责、互相配合、互相制约的刑事诉讼模式下，让侦查讯问人员出庭作证可能会使对证据收集合法性的证明效果大打折扣。[②] 2009 年，笔者在 J 省 Y 市开展非法证据排除规则试点项目，调查显示："当地大部分公安司法机关人员以及律师均表示对证据合法性的证明最有效的方式是以讯问时全程录音录像资料进行证明，其次才是侦查讯问人员出庭说明情况。对于侦查讯问人员出庭的实际效果，大部分法官认为侦查人员出庭对有效排除非法证据的效果一般，检察官和警察中虽然认为效果较好的人数及比例高于法官，但认为效果一般和没有效果的也占不小比例。"[③]

① 案件整理自《实体审理前先启动非法证据排除程序》，载《人民法院报》2012 年 9 月 15 日第 03 版。

② 《非法证据排除规定》规定的是讯问人员出庭作证，但新刑诉法将其修改为讯问人员出庭说明情况，此处为论述方便，统一采用讯问人员出庭作证制度的表述。

③ 徐清宇：《"非法证据排除规则试点项目"报告》，载《法制资讯》2011 年第 2 期。

表 1 实验组人员对证明证据合法性最为有效方式的认识情况表①

选项＼人数	法官（21 人）	检察官（40 人）	警察（44 人）	律师（21 人）
侦查人员出庭作证	14	12	15	20
讯问时录音录像	19	36	33	21
侦查机关说明材料	4	10	12	8
看守所健康检查记录	13	13	7	14

表 2 实验组人员对侦查人员出庭作证效果的评价情况表②

选项＼人数	法官(21 人)		检察官(40 人)		警察(44 人)		律师(21 人)		合计(126 人)	
	人数	比例（%）	人数	比例（%）	人数	比例（%）	人数	比例（%）	人数	比例（%）
效果较好	9	42.9	19	47.5	18	40.9	10	47.6	56	44.4
效果一般	10	47.6	8	20	13	29.5	10	47.6	41	32.5
没有效果	2	9.5	12	30	5	11.4	0	0	19	15.1
无法判断	0	0	1	2.5	8	18.2	1	4.8	10	7.9

2010 年《非法证据排除规定》确立了非法证据排除规则中的讯问人员出庭作证制度。但该规定对于讯问人员出庭作证在司法实践中应当如何具体运作仍然没有进一步的规定，造成该规定在 2010 年 7 月 1 日正式施行后，讯问人员出庭作证制度的实施效果并不理想。有学者指出：讯问人员出庭作证“在适用过程中出现了较多问题。对于证据排除过程中讯问人员出庭规则的适用，基层法院和中级法院遇到的问题侧重点是有区别的。基层法院在适用该规则时遇到的主要问题是讯问人员不配合出庭，对此，法院显得办法不多。与此不同，中级法院在该规则适用过程中，讯问人员配合

① 徐清宇：《“非法证据排除规则试点项目”报告》，载《法制资讯》2011 年第 2 期。

② 徐清宇：《“非法证据排除规则试点项目”报告》，载《法制资讯》2011 年第 2 期。

出庭进行得比较顺利。但问题在于，侦查人员即便出庭也不能证明是否存在刑讯逼供的问题，其与‘办案说明’的方式在效果上并无太大区别。究其原因，很重要的一点就在于现行规定过于粗疏。比如，对讯问人员出庭规则的适用情形以及应当出庭而不出庭的应对措施等均没有相应规定，这就为讯问人员不出庭埋下隐患”。①

2012 年新刑诉法及其司法解释基本承袭了《非法证据排除规定》关于讯问人员出庭作证的制度，从条文内容上看，新刑诉法将规定调整为“提请人民法院通知有关侦查人员或者其他人员出庭说明情况”。对于新刑诉法把“出庭作证”细微修改为“出庭说明情况”，有学者认为：“尽管司法解释和刑诉法修正案对侦查人员出庭存在一些表述上的差异，如前者要求‘出庭作证’，后者则要求‘出庭说明情况’，但是，那些被传召出庭的侦查人员，都具有证人的身份，并向法庭提供口头证言，这却是毫无争议的。”②但笔者认为，即使侦查人员出庭说明情况实际上仍具有证人身份，新刑诉法上述修改的立法目的仍在于淡化侦查人员的证人属性，实质上是强调侦查人员出庭仅仅是向法庭说明取证情况而并非作证，此处立法上的细微修改在我国法庭审理相关制度还不完善的情况下，可能会更增加讯问人员出庭作证制度的实施难度。

二、现阶段讯问人员出庭作证制度的局限性

2010 年《非法证据排除规定》、2012 年新刑诉法及其司法解释确立的讯问人员出庭作证制度，被学界及实务部门普遍认为是我国刑事诉讼的一大突破和进步，并能够在一定程度上对我国的庭审程序予以完善。但是，就该项制度现阶段的实施情况来看，对讯问人员出庭作证制度在证明犯罪嫌疑人、被告人供述等言词证据取得

① 陈卫东、程雷、孙皓、陈岩：《“两个证据规定”实施情况调研报告——侧重于三项规定的研究》，载《证据科学》2012 年第 1 期。

② 陈瑞华：《论侦查人员的证人地位》，载《暨南学报》（哲学社会科学版），2012 年第 2 期。

的合法性方面的实际作用，应当有一个比较清晰的认识。无论是从新刑诉法及其司法解释的规定来看，还是从司法实践情况分析，讯问人员出庭说明情况对证明犯罪嫌疑人、被告人供述等言词证据取得的合法性的作用还是有限的。

从立法上分析，根据新刑诉法第57条第2款之规定，“现有证据材料不能证明证据收集的合法性的，人民检察院可以提请人民法院通知有关侦查人员或者其他人员出庭说明情况”。① 根据上述规定，“现有证据材料不能证明证据收集的合法性”是讯问人员出庭说明情况的前提条件，检察机关只有在穷尽现有证据和证明方法的情况下，才可以提请人民法院通知讯问人员出庭说明情况。也就是说，检察机关必须首先通过向法庭提供讯问笔录、原始的讯问过程录音录像，通知讯问时其他在场人员或者其他证人到庭作证等方法，向法庭证明犯罪嫌疑人、被告人供述取得的合法性。在上述方法不能证明的情况下，才能使用侦查人员出庭说明情况这一证明方法。可见，无论《非法证据排除规定》还是新刑诉法，均未将讯问人员出庭说明情况作为证明犯罪嫌疑人、被告人供述取得合法性的首选方法，反而是将其作为证明侦查人员讯问合法的最后一种手段，这也从一定程度上反映出，上述立法选择可能已经充分考虑到讯问人员出庭作证作用的有限性。

从现阶段我国刑事诉讼司法实际情况分析，也确实存在着制约讯问人员出庭作证制度在非法证据排除中发挥重要作用的因素，主要体现在以下三个方面：第一，我国公安机关、人民检察院、人民法院在刑事诉讼中的地位和职责需要进一步理顺。目前，公检法三机关在刑事诉讼中在一定程度上是一种“互相配合”的关系，从侦查到起诉再到审判，刑事案件的办理基本是公检法三机关进行的

① 《非法证据排除规定》也对讯问人员出庭作证作出了类似规定，要求检察机关应当先“向法庭提供讯问笔录、原始的讯问过程录音录像或者其他证据，提请法庭通知讯问时其他在场人员或者其他证人出庭作证”，“仍不能排除刑讯逼供嫌疑的”，才能够“提请法庭通知讯问人员出庭作证”。

直线型流水化作业，后面的机关很少能够对前面机关所开展的刑事诉讼工作进行纠正。在这种情况下，一方面，人民法院在审理刑事案件时要求参与讯问的侦查人员到庭说明情况，可能会使公安机关反感和抵触；另一方面，参与讯问的侦查人员出庭说明情况还可能直接影响到人民法院中立、独立地对案件进行审判。再加上法律规定，检察机关必须是已经穷尽了其他证明方法均不能对侦查行为合法性进行证明才能提请侦查人员出庭作证，在这种情况下，人民法院面对侦查人员出庭作证的情况要作出排除该项证据的决定势必将承担更大的压力。第二，目前我国刑事诉讼庭审制度并不完善，特别是交叉询问等关键性制度的缺失使得讯问人员出庭作证的作用也难以得到充分发挥，侦查人员如果只是到庭向法庭说明讯问过程中的取证情况，出庭的检察官作为控方、被告人及其辩护律师作为辩方，均没有以合适的形式对讯问人员的证言进行引导作证或质证，侦查人员的说明肯定只能是自说自话，即使其在讯问时存在非法取证的情况。由于一旦在庭上承认有非法取证的行为将很可能使自己面临刑罚或内部处罚的追究，因此侦查人员在法庭上的说明情况也不可能真实反映违法取证行为，单靠侦查人员单方说明很难证明讯问人员取证的合法性。侦查人员“就证据合法性出庭作证，如果取证行为是违法的，那么他谎称不存在违法行为将是必然的”。[①]第三，现阶段刑事案件的辩护率比较低，只有少部分案件的被告人聘请或被指定了辩护律师，在没有专业辩护律师帮助的情况下，被告人仅凭自己的法律常识要想对讯问人员出庭所作的证言提出质疑非常困难。另外，在讯问人员涉嫌非法取证的案件中，被告人可能已经遭受过出庭作证的讯问人员的暴力侵害，要让本就处于弱势地位的被告人在法庭上有胆量面对曾侵犯过自己的讯问人员甚至提出对讯问人员说明情况的反驳，这基本是交付给被告人一个不可能完成的任务。

---

① 张建伟：《纸面上的法与行动中的法》，载《西部法学评论》2010 年第 5 期。

《非法证据排除规定》正式施行以后，笔者参与的J省Y市中级人民法院非法证据排除试点项目继续按照新规定实施了讯问人员出庭作证制度，从试点项目的实践情况来看，出庭作证的讯问人员都没有在法庭上作出自己通过刑讯逼供或其他非法手段获取证据的表述，而人民法院对有侦查人员出庭作证的案件均作出不予排除的决定。笔者认为，人民法院在侦查人员出庭作证后确实查明不存在非法取证的行为并决定不予排除某项证据本无可厚非，但如果在绝大多数案件中只要侦查人员一出庭，人民法院就决定不排除，且人民法院作出不排除该项证据的决定又不以适当的方式向被告方以及公众展示其公正、公平性，这反而可能使被告方或公众对司法权威产生极大的质疑，不利于非法证据排除规则的施行。

三、建立交叉询问制度对讯问人员出庭作证的作用

如何使新刑诉法及其司法解释建立的讯问人员出庭作证制度在非法证据排除规则的实施中发挥应有的证明取证合法性的作用，是当前学术界和实务部门应当研究的一个重要问题。解决上述问题除了需要进一步理顺侦查、检察、审判三机关在刑事诉讼中的地位和职责，完善我国现阶段的庭审制度也是关键的环节。笔者认为，交叉询问制度作为对抗式庭审制度的重要内容，对于现阶段推行非法证据排除规则、发挥讯问人员出庭作证作用具有重要意义。

交叉询问是源于英美法系的一项重要的诉讼制度，最早见于英美法系国家的控辩式庭审，是该法系国家诉讼中最具特色的程序。其基本内容是“在对抗制庭审中由当事人或起代理人主导的，从相对立场对证人进行的询问，包括主询问、反询问、再主询问、再反询问等一系列活动”。[①] 实施交叉询问的目的主要在于使辩护律师有机会对控方证人证言的可信性进行质疑，使该证人吐露在主询

---

① 刘立霞：《交叉询问规则研究》，载《河北科技大学人民警察学院学报》2003年第2期。

问中未陈述的对被告有利的事实，或者作出与其在主询问中所作证言相矛盾的新证言，从而达到使陪审团对该证人的可信性及证言的可靠性持否定或怀疑的态度的目的。英美法系国家交叉询问只适用于陪审团审判。英美法系国家认为，允许控辩双方在法庭上激烈交锋，这更有利于查明事实真相，保证司法的效率和公正。交叉询问与律师行使辩护权是密不可分的，只有通过辩护，才能从实体和程序方面对证据进行仔细的质问，从而更好地发现案件事实。从交叉询问的目的来看，主要是对证人证言进行质证，这是控辩双方参与庭审的一个重要方法。对讯问人员出庭作证来说，交叉询问主要包含控方（公诉人）对出庭的讯问人员的主询问和辩方（辩护人或辩护律师）对出庭的讯问人员的反询问。交叉询问制度的建立，对控辩双方在讯问人员出庭作证时进行质证并发挥讯问人员出庭作证制度对于证据收集合法性的证明作用具有重要价值。

（一）控方对出庭的讯问人员的主询问

在英美法系陪审团审判庭审交叉询问的过程中，先由控方对自己提出的证人进行主询问。在我国构建讯问人员出庭作证的交叉询问制度，可以先由控方公诉人对本方证人即出庭的讯问人员进行主询问。控方公诉人对出庭的讯问人员进行主询问的价值主要体现在以下几个方面：第一是强化控方的指控立场。通过对出庭的讯问人员的详细询问，公诉人能够将本方有关讯问时取得的证据向法官全面具体地展示，并能够对其中可能存在的合法性分歧的问题进行比较彻底地、清楚地阐明，进一步向法官证明讯问人员取证行为的合法性。第二是合理引导讯问人员作证。公诉人相对于讯问人员来说，通常其法律职业素质较高，并且对被告人的指控比讯问人员有更深的认识，对全案事实和证据也了解得更全面。公诉人通过对出庭作证的讯问人员的主询问，可以更好地引导讯问人员就讯问时的详细情况向法庭逐步作出介绍，如什么时间进行的讯问、在什么地点进行的讯问、问的哪些具体问题、犯罪嫌疑人如何回答或如何应对，以更好地证明在讯问过程中讯问人员取证的合法性，使法庭审判的进程尽量向有利于指控的方向进行。第三是澄清或反驳辩方询问不当的提问。构建交叉询问制度后，通常由控方先对出庭作证的讯问人员进行主询问，再由辩方对该讯问人员进行反询问，之后控方可进行再主询问。在辩方对该讯问人员进行反询问的过程中，辩方的提问如果对讯问人员作出不合理的诱导，对控方指控造成不利的影响，公诉人应当在对讯问人员的再主询问的过程中，通过对讯问人员的询问向法官澄清被辩方混淆的问题或直接反驳辩方的提问。

（二）辩方对出庭的讯问人员的反询问

在英美法系陪审团审判庭审交叉询问的过程中，在控方对自己提出的证人进行主询问结束后，辩方可以针对控方证人已经陈述的内容和与之相关的事项进行反询问。而对于非法证据排除规则中的讯问人员出庭作证，辩方对讯问人员的反询问更是讯问人员出庭作证制度发挥应有作用的关键。对辩护职能的发挥来说，针对出庭的讯问人员的反询问主要有以下的价值：第一是直接发现出庭的讯问人员说明情况中的矛盾。在对讯问人员的反询问中，辩护律师可以直接针对公诉人在主询问时向讯问人员提出的问题及讯问人员的回答，在自己掌握的案件事实和证据的基础上进行询问，寻找讯问人员庭上证言与其他证据不一致的地方，如讯问笔录、被告人陈述等与讯问人员庭上证言的矛盾，以发现取证的主体不适格、讯问时涉嫌引诱或威逼等不合法方式等问题，并进一步对讯问人员取证合法性提出质疑。第二是间接质疑讯问人员出庭证言的薄弱环节。英美法系交叉询问制度目的之一就在于让证人公开地在法庭上面对质疑，并当面向陪审团作出证言，以保证其证言的真实性。如果证人所作证言是虚假的，则出庭作证的证人极有可能在回答提问的时候，通过说话语调、说话节奏、表情、情绪等间接地表现出其所作证言的真实性值得怀疑。在对讯问人员进行反询问时，辩护律师提出的问题往往都是经过精心准备的，而且讯问人员对这样的提问事先并不知道。在这种情况下，讯问人员面对突然性的质疑就很容易间接暴露其证据自身的缺陷，如说话结巴、满头大汗、语无伦次等表现，辩护律师可以据此有效地对讯问人员取证的合法性提出质疑。第三是发现并解决自己未曾注意的新问题。在对讯问人员的反询问、再反询问的过程中，辩护律师通过对讯问人员的不断质疑与讯问人员的回答，有可能发现之前不曾留意但对整个辩护比较重要的新问题。这样，辩护律师就可以在这类新问题影响到自己辩护之前，及时地作出调整，以应对之后可能出现的情况，使法庭审判的进程尽量有利于自己的辩护和符合自己当事人的利益。

四、交叉询问制度在讯问人员出庭作证中的构建

交叉询问制度不可能适用于所有的刑事案件，因为采用交叉询问制度对出庭作证的证人进行询问会使整个庭审过程变得很漫长，会极大地占用司法资源。英美法系的交叉询问制度只是适用于陪审团审判的案件，而陪审团审判的案件占整个案件数量的比例相当低，这就保证了司法公正和诉讼效率的兼顾。我国1996年《刑事诉讼法》在参考、借鉴和吸收英美法系诉讼制度的基础上，确立了基本适合我国国情的“混合型”诉讼模式。2012年新刑诉法也基本沿袭了“混合型”诉讼模式。这种模式并非完全的英美法系的对抗制模式，也没有英美法系的陪审团审判，在法庭审理程序中只是设置了法庭调查、法庭辩论阶段，并未确立交叉询问制度。我国现阶段交叉询问制度如何建立，如何在讯问人员出庭作证的过程中适用交叉询问制度，需要根据司法实践的具体情况循序渐进，探索适合中国自身刑事诉讼发展的模式。

（一）交叉询问制度的适用案件范围

交叉询问制度原本是针对证人出庭作证所设计的制度，也就是只要有证人出庭作证，均需要进行交叉询问。公诉人根据新刑诉法第57条第2款的规定，提请法庭通知讯问人员出庭作证的案件，毫无疑问应当属于适用交叉询问制度的范围。但是，就目前的司法

实际情况看，并非所有的讯问人员出庭作证的案件均需要进行交叉询问。现阶段不需要进行交叉询问的讯问人员出庭作证的案件，笔者认为，主要是被告人没有聘请辩护律师、法院也没有为被告人指定辩护律师的案件。笔者在J省Y市开展试点项目期间就曾旁听过一起涉嫌非法取证，讯问人员出庭作证，但被告人没有辩护律师的案件。在这一类案件中，被告人单独作为辩方面对公诉人的指控，由于没有律师的帮助，被告人不知道应该如何去面对讯问人员出庭作证。在上述案件中，尽管讯问人员出庭了，但被告人实际是无话可问，讯问人员也是无问可答，讯问人员只是向法庭简单说明了讯问时的情况，出庭作证就算完成了。在这类案件中，运用交叉询问即无现实基础也没有必要，对于此类案件而言，询问出庭作证的讯问人员需要通过其他方式进行。另外，笔者认为在涉嫌非法证据的案件中，大部分被告人都应当得到辩护律师的帮助，这将在下面部分展开论述。

（二）交叉询问制度的具体规则

英美法系的交叉询问制度已形成了一整套具体的规则。笔者认为，对于在我国讯问人员出庭作证的案件中适用交叉询问制度，应当首先确立禁止主询问方诱导性发问规则。禁止主询问方诱导性发问规则，即公诉人在询问出庭作证的讯问人员时，不得在发问中直接含有公诉人想要的答案，并暗示讯问人员按照他想要的答案进行回答。例如，公诉人不得询问讯问人员“你是不是于今年5月5日，在市第X看守所讯问的被告人”或者“你是不是没有殴打被告人”。这样的询问是必须禁止的。公诉人只能问讯问人员“你是在什么时间进行讯问的”、“你是怎样讯问的”。设置禁止公诉人对讯问人员进行诱导性发问，其目的就在于：一方面，防止公诉人有意识地引导、干扰讯问人员的证言，保证出庭的侦查人员向法庭陈述的真实性；另一方面，关于讯问的具体情况必须由侦查人员亲自向法庭说明，这也有利于法庭全面核实相关证据的合法性。有学者进一步指出：“在普通法系交叉询问程序中，诸如诱导性问题、不明确的问题以及争议性问题均不得使用，证人对此类问题的回答均不具有证据能力。”①

除了禁止公诉人询问讯问人员时的诱导性发问，有学者还提出：“我国确立交叉询问制度还需要建立法官在庭审中的辅助询问制度。法官在庭审中的辅助询问制度对于现阶段我国的交叉询问制度来说，是非常必要的补充。法官辅助询问制度即是在以当事人双方交叉询问为主的前提下，对一些未澄清的关键问题，法官可以继续询问证人。”② 我国刑事诉讼目前仍采取带有职权主义色彩的诉讼模式，法官在庭审过程中本来就拥有调查案件事实和证据的权力。“建立交叉询问为主，法官辅助询问为辅的庭审询问模式在现阶段既可以调动了当事人双方的积极性，又发挥了法官的控制和主导作用，有利于查清案件事实真相，这种模式应当成为我国庭审询问制度改革的方向。”③ 之前已经论述到，当前司法实践中部分讯问人员出庭作证的案件的被告人是没有律师帮助的，在此类案件中法官辅助询问制度更是显得尤为必要。如果此类案件的法官不进行辅助询问，讯问人员出庭作证就会像笔者列举过的案件一样成为“走过场”。因此，针对讯问人员出庭作证但被告方没有辩护律师的案件，应当由法官对该名出庭的讯问人员进行询问，法官进行辅助询问时必须保持其作为裁判者中立、公正的立场，不得有偏向性，特别是不能偏向公诉方。

（三）交叉询问制度的配套制度

我国现阶段在讯问人员出庭作证中适用交叉询问制度，需要尽

① 谢佳宏：《非法证据排除规则比较研究》，中国政法大学2007年博士毕业论文。

② 刘立霞：《交叉询问规则研究》，载《河北科技大学人民警察学院学报》2003年第2期。

③ 刘立霞：《交叉询问规则研究》，载《河北科技大学人民警察学院学报》2003年第2期。

快完善律师辩护与法律援助制度。前文已经论及，如果在讯问人员出庭作证的案件中，被告人没有自行聘请律师或得到法院指定律师的帮助，交叉询问就无从进行，可以由法官进行辅助询问。但是，如果在绝大多数讯问人员出庭作证的案件中，被告方均没有获得辩护律师的帮助，仅仅依靠法官的辅助询问将难以有效发挥讯问人员出庭作证对证据收集合法性的证明作用。笔者最近在对西部 S 省考察过程中了解到，在当地刑事案件中，被告人有律师帮助的案件占全部刑事案件的比例不足 20%，如此低的辩护率将可能使新刑诉法确立的讯问人员出庭作证制度成为一纸空文。因此，现阶段在非法证据排除的案件中保证被告人获得律师帮助，完善法律援助制度就显得尤为重要。当然，要使涉嫌非法证据的案件中的所有被告人都获得律师帮助是不切实际也是没有必要的，考虑到案件的严重程度和被告人的需要，笔者认为，在涉及非法证据排除的案件中，对于被告人可能被判处 3 年以上有期徒刑的，人民法院应当为此类案件的被告人指定辩护律师。

第四节　典型案例分析

2010 年 7 月 1 日《非法证据排除规定》正式施行之后，笔者参与的 J 省 Y 市中级人民法院“非法证据排除规则试点项目”继续深化对非法证据排除规则的实证研究。在项目组于 2010 年 11 月 15 日在该省 D 市人民法院考察时，该法院法官向项目组介绍了该院近日审理的一起刑事案件，该案涉及非法证据排除的问题。对于该案的办理过程，D 市人民法院较为准确地理解了非法证据排除规则，并成功地运用了《非法证据排除规定》对此案进行审理和判决。这起案件可以说是《非法证据排除规定》施行以来，较为典型的一起案例。通过对这起案例的研究，一方面可以考察非法证据排除规则在司法实践中的运行状况，另一方面也能够反映出实施非法证据排除则的一些困难，有助于进一步完善适合我国国情的非法证据排除规则，构建完整的非法证据排除规则体系，对深入开展非法证据排除规则的实证研究富有一定的启发意义，也对人民法院办理涉及非法证据排除的同类型案件具有一定的参考价值。①

一、基本案情介绍

J省D市人民法院审理的这起案件是一起强奸案，发生在2010年4月。案件主要情况是：被告人与被害人的一个朋友认识，在案发当天，被告人约被害人及其他朋友吃饭，期间饮用了大量白酒，被告人与被害人均醉酒，饭后被害人的朋友委托被告人送被害人回家，于是被告人把被害人带回自己的宿舍休息，并趁被害人醉酒之际，与被害人发生了性关系。事发后，被告人主动到公安机关自首并供述自己强奸被害人的犯罪事实。在案件审理阶段，被告人辩称被害人与其发生性关系系出于自愿，并称公安机关在侦查阶段讯问被告人的过程中存在诱供、逼供之嫌疑，要求排除该口供。被告人的辩护律师还提出，被告人之所以自首是因为事发后，被害人曾与多人合谋敲诈被告人。

在该案的庭审过程中，被告人以前所作的有罪供述是否是非自愿的、是否应当排除成为争议问题的关键。如果被告人供述因诱供、逼供被排除了，该案被告人可能被判无罪。

对于被告人及其辩护人以诱供、逼供为由提出对被告人的供述予以排除，经过庭审质证，D市人民法院认为被告人及其辩护人的上述辩护意见不能成立：（1）被告人系主动到公安机关投案自首，其对作案过程供述流畅，特别是对被害人下身衣着的供述，不是亲身经历，不可能作出上述供述，而且被告人的上述供述与被害人陈

---

① 甘雨来：《〈非法证据排除规定〉在实践中的运用——J省D市人民法院一则案例的几点启示》，载卞建林、杨宇冠主编：《非法证据排除规则实证研究》，中国政法大学出版社2012年版。

述能够相互印证；（2）被告人系主动投案并作出上述供述，且被告人主动投案的时间早于被害人到公安机关报案的时间，因此，侦查人员在对被告人进行讯问时，并未掌握本案事实，侦查人员不存在对被告人诱供、逼供的可能；（3）对被告人的讯问，系由不同组侦查人员分别分多次进行，被告人对不同侦查人员的多次讯问，其前后所作供述均一致，也能够证实侦查机关不存在诱供、逼供的可能；（4）侦查机关在讯问被告人时均制作光盘，并随案移送，能够证实侦查机关在讯问时不存在诱供、逼供。综上，法院对被告人上述辩解和辩护人上述辩护意见不予采纳，并认定被告人在自首之后所作的口供不是强迫所致，而是自愿的，不应当排除。其他证据尽管未能证实被告人强奸既遂，但可以证明被告人有违背妇女意志试图发生性关系的行为。据此，该法院判决被告人犯强奸罪(未遂)。

二、人民法院如何审查排除“诱供”所得证据

该案审理的关键在于对被告方提出的侦查机关诱供问题的审查。对于“诱供”的界定、侦查人员防止诱供等问题，笔者已在本书第二章的第二部分进行了较为详细的论述，本部分主要论述人民法院如何审查排除“诱供”所得证据。人民法院审理涉及诱供问题的案件，要正确认定并排除以引诱的非法手段获取的证据，笔者认为，应当把握好诱供的两个关键特征：一是案件事实或证据的已知性，二是犯罪嫌疑人、被告人供述的非自愿性。D市人民法院在办理上述案件时，较准确地理解了诱供的含义，并对被告人及其辩护人以诱供为由提出排除被告人供述的申请作出了正确的判断。D市人民法院在审理时，首先把握住了诱供的第一个关键特征——案件事实或证据的已知性，即诱供必须是侦查人员在对犯罪嫌疑人、被告人进行讯问之前已经对案件的部分情况有了一定的了解，并掌握了案件的部分证据。在D市人民法院办理的这起案件中，被告人系自首，并在自首后主动向侦查机关作出了有罪供述，侦查机

关在讯问被告人之前并未了解案件的发生，也未掌握任何被告人犯罪的证据，不符合诱供的特征。人民法院在审理涉嫌诱供的案件时，要准确地对诱供进行界定，除了对侦查人员在讯问时是否已掌握案情需要有正确的把握，还需要充分认识到诱供的第二个特征——犯罪嫌疑人、被告人供述的非自愿性，即诱供是侦查人员在讯问时，通过明示或暗示的方式诱导犯罪嫌疑人、被告人作出非自愿的供述。侦查人员在讯问犯罪嫌疑人时，即使已经掌握了部分案件事实或证据，甚至是对犯罪嫌疑人有引诱供述的行为，但只要犯罪嫌疑人、被告人在明知侦查人员引诱供述的情况下，仍自愿选择作出有罪供述，笔者认为，这样的供述不符合诱供“非自愿性”的特征，同样不应作为引诱所得的证据加以排除。在上述案例中，犯罪嫌疑人的供述是在主动自首的情况下自愿向侦查机关作出的，也不符合诱供“非自愿性”的特征，D 市人民法院据此对被告人的申请不予采纳，也未排除该被告人供述。因此，人民法院在把握诱供上述两个特征的基础上，并结合具体案件的具体情况对诱供进行审查认定，是可以对实际中比较难以判断的侦查机关引诱取证的问题得出正确判断的。

三、证据合法性审查应结合全案证据予以判断

《非法证据排除规定》对法庭审理时如何对证据收集合法性进行调查作了细化的规定：“经审查，法庭对被告人审判前供述取得的合法性有疑问的，公诉人应当向法庭提供讯问笔录、原始的讯问过程录音录像或者其他证据，提请法庭通知讯问时其他在场人员或者其他证人出庭作证，仍不能排除刑讯逼供嫌疑的，提请法庭通知讯问人员出庭作证，对该供述取得的合法性予以证明。”新刑诉法及其司法解释也进一步明确了上述规定，根据最高法新《解释》第 101 条，法庭对证据收集合法性的调查，可以采取“由公诉人通过出示、宣读讯问笔录或者其他证据，有针对性地播放讯问过程的录音录像，提请法庭通知有关侦查人员或者其他人员出庭说明情

况等方式”。上述规定明确了在法庭审理阶段如何运用讯问时全程录音录像资料以及侦查讯问人员出庭作证的问题，被学界普遍认为是我国刑事诉讼的突破和进步。但就现阶段我国司法实际情况分析，无论是讯问时全程录音录像制度还是侦查讯问人员出庭作证制度，都还存在不足。例如，讯问时全程录音录像的案件范围有限、人民法院向侦查机关调取录音录像资料的障碍、庭审制度的不完善导致的侦查人员出庭作证制度难以发挥应有作用等，上述问题均有待立法和司法实践的进一步完善。因此，在现阶段，人民法院在法庭审理阶段对证据收集合法性进行调查，不能过度依赖讯问时全程录音录像资料以及侦查讯问人员出庭作证。审判人员应当认识到，侦查机关是否提供或者是否愿意提供讯问时全程录音录像资料均不能表明讯问时侦查行为的合法性；讯问人员出庭作证，并不一定证明讯问人员取证的合法性；讯问人员不出庭作证，也不能证明讯问人员采用非法手段取证。如何才能准确认定侦查机关取得的犯罪嫌疑人、被告人于审判前作出的供述的合法性，如何才能对被告人非法证据排除的申请作出正确的判断，D 市人民法院通过对上述案件的审理给了我们一个很好的启发。笔者认为，对于非法证据排除问题的判断，必须结合全案证据进行综合分析。D 市人民法院在审理上述案件时，并未调取讯问时全程录音录像资料也没有通知讯问人员出庭作证，而是对全案证据进行了综合分析，法院结合被害人陈述、被害人衣着、进行讯问的侦查人员不同组成情况、侦查人员讯问被告人的次数以及侦查机关讯问被告人时制作的光盘等证据对被告人陈述进行了综合分析判断，并在此基础上，对被告人提出的非法证据排除申请作出了正确的判断，即侦查机关取得被告人供述不存在诱供的可能，对被告人供述不予排除。从 D 市人民法院的案例可见，侦查机关是否有讯问时全程录音录像资料、讯问人员是否出庭作证并不是判断非法取证问题的唯一途径，即使没有录音录像资料，讯问人员也未出庭作证，人民法院也完全能够结合案件的其他事实和证据对非法取证问题进行判断。对于侦查机关提供了讯问时全程录音录像资料的，人民法院仍应当结合讯问笔录、被告人在法庭上的陈述、讯问时在场的其他人员的证言等证据对侦查讯问合法性进行全面判断，同时还应重点审查讯问时全程录音录像资料有无删减、篡改，是否能够与其他证据相互印证；对于讯问人员出庭作证的，人民法院也不能仅凭讯问人员出庭所作的说明认定被告人供述的合法性问题，即使有讯问人员出庭作证，人民法院也需要在对全案证据综合分析准确判断的基础上，再认定被告人供述的取得是否合法。

北京市第一中级人民法院审理的一起侦查人员出庭作证的案件，对于法院应当结合全案证据审查证据合法性也提供了有力的实践证明。该院负责审理的刘某贩卖毒品一案在移送检察机关后，被告人辩护律师向法庭提出非法证据排除申请，该院即启动了非法证据排除程序。2012 年 9 月 14 日，该院对此案进行了开庭审理。庭审中共有 4 名证人出庭作证，其中包括被通知到庭的 2 名侦查人员。经过当庭质证辩论，法院最终没有采信侦查人员出庭作证提供的证言，合议庭法官认为："被告人郭某对讯问时的细节描述得更清楚，但是作为证人的侦查人员，对当天情况的表述却有些空洞。他们没有提供驳斥被告人'喊冤'的有力证据。根据相关法律规定，证人如果不能提供证据加以证明，或者已提供的证据不够确实、充分的，该供述不能作为定案的根据。所以，合议庭决定给予排除。"① 最终该法院没有采纳侦查人员的证言，但由于出庭的其他 2 名证人（包括戒毒专家和吸毒人员）对被告人贩卖毒品的犯罪事实进行了有力证明，法院据此作出有罪判决。上述案例也充分说明，即使侦查人员出庭作证，人民法院对于侦查人员证言不能证明取证合法性的应当坚决排除，同时结合全案其他证据对案件事实进行认定和判断。

---

① 案件整理自《非法证据排除，对诉讼各方是严峻考验》，载《检察日报》2012 年 9 月 17 日第 05 版。

四、非法证据排除规则与增强人民法院判决书的说理性

刑事判决书的说理性问题并不是非法证据排除规则中的重要内容，也不是非法证据排除规则所要解决的问题，但是，在现阶段实施非法证据排除规则，应当加强刑事判决书的说理性，特别应当强调在被告人提出排除非法证据申请的案件中刑事判决书的说理性具有重要价值。新刑诉法及其司法解释并未对人民法院刑事判决书的内容有具体规定。目前，人民法院通常是使用一个模板化的判决书形式，按照“某某检察院指控”、“被告人辩称”、“本院经审理查明”、“依据某某法某某条之规定”等格式化、机械化的语言制作判决，再在相应的地方填写相关的内容，如在“检察院指控”之后列出检察院提供的证据。法院作出这样的判决，通常缺乏说理性或者只是进行了简单的阐述，而不对审查认定证据的过程以及依据证据对案件事实的分析推理过程有详细的阐述，造成公众特别是被告人对判决的不理解甚至不认同。有鉴于此，增强刑事判决书的说理性在现阶段实施非法证据排除规则的过程中就显得尤为必要，特别是在涉及非法证据的案件的判决书中，更是要详细记载审判人员的思维过程、对证据的认定过程和推理过程，无论对涉嫌用非法手段取得的证据是否采纳，人民法院在刑事判决书中均应当充分说明排除或不排除的理由。

在被告人提起非法证据排除申请的案件中，人民法院最终的判决或裁定主要有三种情况。

第一种情况是，对于被告人提起非法证据排除申请而没有提供初步的线索或材料的，人民法院可以根据新刑诉法第56条第2款、最高法新《解释》第96条之规定，直接不予以审查。这一类情况通常事实比较简单，理由也不难理解，不需要过多强调这类案件判决书中有关非法证据排除问题的说理性。

第二种情况是，对于被告人提起的非法证据排除申请，人民法院认为符合新刑诉法第56条第2款、最高法新《解释》第96条的

规定，并在进行了进一步审查后，确认或者不能排除存在以非法方法收集证据情形的，决定对有关证据予以排除。人民法院排除非法证据的决定尽管通常是有利于被告人，不会遭受来自被告方的质疑，但是却直接影响到检察机关的公诉工作，实际上是对检察机关或侦查机关违法取证行为的一种程序性制裁，人民法院一旦作出排除非法证据的决定，很可能遇到检察机关或侦查机关的不解、不满甚至抵触，在这种情况下，人民法院应当在判决书中对证据的认定过程和推理过程进行详细说明，对排除该证据的理由进行充分的说理解释。在决定排除非法证据的判决书中增强判决书的说理性，其重要意义在于：一方面，通过对侦查机关取得的、合法性存在疑问的证据加以排除，并充分说明为什么要排除此类证据，使侦查机关深刻认识到哪些证据属于非法证据的范围而不能在法庭上使用，也有利于侦查机关深化对非法证据排除规定的理解，有利于规范侦查机关侦查人员今后的侦查行为，正确引导侦查机关按照非法证据排除规则的要求合法地收集证据；另一方面，通过在判决书中详细说明人民法院对证据的认定过程和推理过程，也可以有效地消除侦查机关和检察机关对排除非法证据的抵触，进而促进非法证据排除规则的顺利运行。由于非法证据排除规则的施行并不是法院一家能够独立完成的任务，而是需要侦查机关、检察机关的互相配合、共同推进，消除侦查机关和检察机关对非法证据排除规则的抵触，有利于非法证据排除规则在司法实践中的顺利运行。

第三种情况是，对于被告人提起的非法证据排除申请，人民法院认为符合新刑诉法第56条第2款、最高法新《解释》第96条的规定，在进行了进一步审查后，认为不存在侦查机关、检察机关违法取证情形的，决定不排除被告人申请排除的证据。人民法院不予排除被告人申请排除的证据，直接影响到被告人的诉讼结果，被告人很可能因为人民法院认定了该证据而被定罪判刑。被告人提出排除该证据的申请，除了可能有部分被告方是以逃避惩罚为目的，其他被告人都确实有一定的理由，如果在这种情况下，人民法院不予解释或不作充分的解释，被告人肯定对判决结果产生不满，进而上诉、申诉甚至上访，这将严重影响此类判决的社会效果。因此，人民法院决定对被告人申请排除的证据不予排除的判决更是需要加强判决书说理性，其重要意义体现在：犯罪嫌疑人、被告人提出非法证据排除申请是基于对侦查机关取证行为的合法性存在质疑，但这种质疑有可能是犯罪嫌疑人、被告人对非法证据排除规定的理解存在偏差，可能将侦查机关的一些合法侦查行为也看作非法取证，对于这种情况，人民法院在判决书中通过对不排除证据理由进行充分详细的说明能够消除被告人误解；更重要的是，判决书中充分翔实的说理可以让当事人更容易明白法院裁判的内容，更好地理解法院这样裁判的原因，进而也就更容易接受法院的裁判。

D 市人民法院办理的上述案件属于第三种对于被告人提出的排除非法证据申请不予采纳的情况，法院特别注重加强了判决书的说理性，该案的判决书一共有 7 页，其中有 3 页都是对审判人员对各种证据认定的过程以及审判人员的思维的推理过程。针对被告人及其辩护人以侦查机关诱供为由提出排除被告人供述的申请，D 市人民法院在判决书中用了整整一页对为什么不排除被告人供述进行了详细的说明解释。通过判决书详尽的说理性分析，最终使该案的被告人接受了法院的判决，达到了服判的效果。从试点项目开展过程中 J 省 Y 市中级人民法院及下属法院承办的其他几个具体案件来看，无论法院最终是否接受了被告人提起的排除非法证据的申请、是否排除了控方证据，增强刑事判决书的说理性，对控辩双方及公安侦查机关接受非法证据排除规则，并积极配合非法证据排除规则的施行都起到了很好的作用，特别是起到了使被告人认罪服判、树立人民法院判决权威和公正积极的社会效果。

五、非法证据排除规则与疑罪的正确处理

D 市人民法院在审理上述案件时对非法证据排除规则施行的另一大启发体现在该法院对疑罪问题的处理上。非法证据排除规则的

实施与如何处理疑罪是紧密相关的，因为一旦某项或多项证据被人民法院认定为非法证据而被予以排除，相关案件的部分事实或全部事实便很可能因为缺少该等证据的证明不能得到证实，从而形成疑罪。因此人民法院在审理涉及非法证据排除的案件时，特别是以非法取证排除某项或多项证据之后，需要能够正确处理疑罪。

对于疑罪的处理一直是司法上难以回避又比较复杂的问题。新刑诉法第 195 条第 3 项作了和 96 年刑诉法同样的规定，[①] 该条规定通常被理解为在我国刑事诉讼中确立了“疑罪从无”的原则，但是由于该条规定本身就比较模糊，事实上“疑罪从无”在我国目前法律中是模糊不清的。证据不足到一个什么标准，才不能认定被告人有罪？如果证据尽管不充分，但能够认定部分案件事实又应该作何处理？对于这些疑问，法律均未给出明确的答案，这使得“疑罪从无”在实践操作中存在一定的困难。

笔者认为，正确处理疑罪应当从两个方面把握，一是正确区分疑罪的类型，二是正确区分“疑罪从无”和“疑罪有利于被告人”。

对于正确区分疑罪的类型，有学者提出：“从广义角度将疑罪划分为三种类型：1、案件事实认定上的疑罪，即控方提供的证据没有达到法律上要求的认定有罪证明标准的充分程度，但在很大程度上法官又可以据此相信案件事实成立，导致法官对案件事实存在与否的确信处于摇摆不定的状态。2、犯罪性质认定上的疑罪，即有证据证明有犯罪事实的存在，但对其行为性质如何定性却存在疑问，对被告人的犯罪行为应定为此罪还是彼罪，由于证据不足或法律适用问题而难以认定。3、罪数与刑罚适用上的疑罪，在审判实践中，常会遇到一些复杂、存疑的案件，有些犯罪行为貌似一罪而

① 新刑诉法第 195 条第 3 项规定：“证据不足，不能认定被告人有罪的，应当作出证据不足、指控的犯罪不能成立的无罪判决。”

实为数罪；有些犯罪行为貌似数罪而实为一罪；对有些犯罪行为，应处以何种程度刑罚才符合罪责刑相适应原则，意见不一。”① 实际上，疑罪的类型可以简单地概括为：罪与非罪的存疑、此罪与彼罪的存疑、一罪与数罪的存疑、量刑情节的存疑等。正确区分具体案件中的“疑罪”属于哪一类疑罪，是正确处理疑罪的前提和基础。

对于正确区分“疑罪从无”和“疑罪有利于被告人”原则，有学者提出：“‘疑罪从无’与‘疑罪有利于被告人’在外延上不能等同，疑罪有利于被告是法院在对疑罪处理时通常遵循的一项原则，因为法院对所有的证据、事实进行认定后，仍不能确信被告人是否有罪的情况下，而又必须作出判决，那些不能完全得到认证的事实，不能转嫁到被告人身上而不利于被告人，因此，在对判决具有重要意义的事实尚存怀疑的情况下，应当作出有利于被告人的裁决，但是‘有利’并不简单地意味‘从无’。在重罪与轻罪有疑问时，‘有利’可能是从轻；在量刑较高与量刑较低存在疑问时，‘有利’可能是从低；在有罪与无罪之间选择时，‘有利’可能是‘从无’。可见‘疑罪从无’只是疑罪有利于被告人原则的若干选择中的一种，而不能笼统地一律适用‘疑罪从无’”。②

人民法院在审理被告人提出非法证据排除申请的案件时，如果作出排除非法证据的决定，导致部分案件事实无法得到证实，可以按照正确区分疑罪的类型、正确区分“疑罪从无”和“疑罪有利于被告人”原则处理因排除非法证据所形成的疑罪。对于排除非法证据后，导致被告人罪与非罪存疑的，人民法院应当对被告人作出无罪判决；对于此罪与彼罪存疑的，人民法院应当按照罪名及刑罚较轻的行为定罪量刑；对于一罪与数罪存疑的，人民法院应当只

---

① 杨宇冠、郭志远：《如何理解和把握“疑罪从无”》，载《检察日报》2006 年 6 月 20 日第 003 版。

② 杨宇冠、郭志远：《如何理解和把握“疑罪从无”》，载《检察日报》2006 年 6 月 20 日第 003 版。

判处一罪；对于量刑情节存疑的，人民法院应当认定被告人具有该等法定或酌定量刑情节。

D市人民法院在审理上述案件的过程中，较好地处理了疑罪问题。该案由于公安机关的鉴定结论不能证明被告人与被害人之间于事发当日曾发生过性关系，形成“疑罪”。D市人民法院正确地将该疑罪认定为“犯罪性质认定上的疑罪”，具体来说是犯罪形态的存疑，即既遂与未遂的存疑。在正确区分该案疑罪类型的前提下，D市人民法院按照“疑罪有利于被告人”而不是按照“疑罪从无”对该案进行了判决，即判决被告人犯强奸罪（未遂），保证了刑事诉讼惩罚犯罪的目的得以实现。

从实际案例分析，自《非法证据排除规定》确立我国非法证据排除规则以来，在各级人民法院施行非法证据排除规则的过程中，尽管由于立法上的不完善以及一些司法机关实践中的习惯思维和做法，非法证据排除规则的推行也遇到了诸多的问题甚至困难，但是各级司法机关能够运用司法实践经验来解决非法证据排除规则实施中的现实问题，也能够通过一些创新性的方法来促进非法证据排除规则向着具有中国特色刑事诉讼制度的方向不断发展。实践再次证明，非法证据排除规则现阶段是可以在我国得到顺利实施的，我国的条件已能够培育出符合现代法治要求、具有中国特色的非法证据排除规则。非法证据排除规则的施行能够促进司法公正、维护司法权威，实现法律效果与社会效果的统一。

第五章　辩护律师参与非法证据排除程序研究

非法证据排除规则的确立和发展是2012年刑事诉讼法修改的一大亮点，但此次刑事诉讼法修改的亮点并不只有非法证据排除规则，新刑诉法在2007年修订的《律师法》的基础上，对刑事辩护制度进行了较为全面的改革和完善，也是此次刑事诉讼法修改的重大进步。有学者指出："刑事辩护制度是刑事司法制度的重要组成部分，是维护刑事司法公正，实现社会公平正义的重要制度保障。1996年刑诉法第一次修改，在刑事辩护制度上有很大进步。但是由于时代的局限，立法上仍然存在不少问题。同时，由于多方面的原因，该次刑事辩护制度的修改在司法实践中没有很好地贯彻。以上立法和司法上存在的问题，造成我国刑事司法实践中，刑事辩护制度的运行面临诸多困难甚至障碍。鉴于此，人们对于这次刑事诉讼法再修改如何完善刑事辩护制度极为关切和期待。从目前已公布的《刑事诉讼法修正案（草案）》来看，应该说主要的、突出的问题已经解决。"① 尽管新刑诉法及其司法解释已经对刑事辩护制度有了较大的完善，但由于新确立的非法证据排除规则也才刚开始在实践中施行，而刑事辩护制度与非法证据排除规则有先天性的紧密联系：一方面，非法证据排除规则的贯彻实施需要辩护律师的有效参与；另一方面，辩护律师只有通过非法证据排除规则才能更好地履行辩护职能。因此，现阶段研究新确立的非法证据排除规则在我

---

① 顾永忠：《刑事辩护制度的修改完善与解读》，载《甘肃政法学院学报》2011年第6期。

国的实施问题，不仅仅需要考察侦查、检察、审判三机关贯彻执行非法证据排除规则的问题，同样需要研究辩护律师参与非法证据排除程序的相关问题，包括讯问时律师在场、法律援助制度的完善等，以考察新刑诉法完善后的刑事辩护制度是否契合于新确立的非法证据排除规则，并通过对刑事辩护制度的进一步完善推动我国非法证据排除规则的发展。

第一节 实施非法证据排除规则对刑事辩护的价值分析

一、非法证据排除规则的确立对刑事辩护的意义

新刑诉法及其司法解释确立的非法证据排除规则不仅对侦查、检察、审判三机关的工作产生了深远的影响，同样也对律师开展刑事辩护工作具有重要意义。

首先，非法证据排除规则与刑事辩护制度具有目的上的一致性。正如有学者所说，"刑事诉讼以及证据制度，包括证据排除规则，就是在保持对个人的公正待遇和保持国家控制犯罪所需的权力之间的平衡中发展起来的"，① 非法证据排除规则本身即体现着限制国家公权力滥用的价值；而产生于对抗式诉讼模式下的刑事辩护制度正是赋予了弱小的个人一方以辩护权，使其能够与强大的国家暴力机器进行平等对抗，以保障个人诉讼权利的方式限制国家司法权对个人的任意追诉。非法证据排除规则与刑事辩护制度均体现着对国家权力限制的价值，并以此实现保障基本人权的同一目的。从某种意义上来说，非法证据排除规则的确立本身就是对刑事辩护制度的完善，而刑事辩护制度的不断发展又促进了非法证据排除规则

---

① 杨宇冠：《非法证据排除规则研究》，中国人民公安大学出版社 2002 年版，第 137 页。

的实施。

其次，非法证据排除规则的确立为刑事辩护开辟了新的空间。非法证据排除规则确立以前，我国的辩护律师只能根据 96 年刑诉法第 35 条之规定，“提出证明犯罪嫌疑人、被告人无罪、罪轻或者减轻、免除其刑事责任的材料和意见”，也就是说辩护律师只能针对犯罪嫌疑人、被告人是否有罪，其罪行的轻重以及有无免除刑事责任的情况等实体性法律问题，从案件事实和适用法律两个方面为犯罪嫌疑人、被告人进行实体性辩护，再加上传统刑事诉讼理念重实体轻程序的影响，律师在刑事诉讼中行使辩护权本就受到诸多限制，存在会见难、阅卷难、通信难等障碍，使得辩护律师为犯罪嫌疑人、被告人进行辩护的空间很小。2010 年《非法证据排除规定》、2012 年新刑诉法及其司法解释确立非法证据排除规则之后，犯罪嫌疑人、被告人及其辩护律师可以据此提出排除非法证据的申请，并可参加对侦查人员取证合法性的调查核实程序，对于查证属实的侦查人员违法取得的证据还将面临程序性制裁。非法证据排除规则的确立实际上极大地开拓了辩护律师的辩护空间，将律师的辩护范围从原来的案件事实和适用法律的实体性辩护，扩展到针对公安司法机关工作人员程序违法的程序性辩护。

再次，辩护律师参与非法证据排除规则的实施必须被赋予更多的辩护权，获得更完善的权利保障。非法证据排除程序的启动需要犯罪嫌疑人、被告人及其辩护律师能够提出有效的排除非法证据的申请，排除非法证据的调查核实程序需要被告方能够针对侦查人员取证行为提出有效的质疑，辩护律师要完成上述工作需要其能够尽早地介入侦查活动，并被赋予对侦查行为合法性进行一定的调查取证的权利。从律师的权利保障看，新刑诉法实施以前，刑事案件辩护律师为犯罪嫌疑人、被告人进行辩护，常被强势的侦查机关、检察机关看作与国家司法机关的对立，导致侦查、检察机关工作人员对辩护律师普遍存在反感和抵触的情绪，刑事辩护律师行使辩护权往往如履薄冰，其执业状况堪忧。特别是 1996 年刑诉法增加的第

38 条和 1997 年刑法增设的第 306 条规定了“刑事诉讼中，辩护人毁灭、伪造证据，或帮助当事人毁灭、伪造证据，威胁、引诱证人违背事实改变证言或者作伪证的刑事责任”，更是增加了刑事辩护律师的执业风险。有学者就曾指出，上述规定“其立法意图是明显的，正是这一特殊规定，使得司法实践中控方有时滥用此规定，对辩护律师进行刑事追诉，给其带来了很大的执业风险”。[①] 新刑诉法施行之后，辩护律师将会更多地参与排除非法证据程序，质疑侦查机关取得的证据，特别是犯罪嫌疑人、被告人供述的合法性，很可能使犯罪嫌疑人、被告人最后改变供述，这势必造成侦查机关、检察机关对辩护律师更多的排斥。因此，非法证据排除规则的实施迫切要求对辩护律师提供更完善的权利保障和救济机制。

最后，非法证据排除规则的全面实施，将极大地增加对从事刑事辩护工作的专业律师的需求。在笔者参加的 J 省 Y 市中级人民法院的非法证据排除规则试点项目开展期间，当地虽然仅仅是在法院系统内进行了非法证据排除规则的试行，但即使在只有人民法院向被告人进行了提出非法证据排除的权利告知的情况下，被告人聘请辩护律师为其提出非法证据排除申请的案件比例也出现了较大幅度的上升，根据项目调查报告显示：项目试点期间，“律师参与诉讼的比例有所提高。三个试点基层法院在试点期间，律师参与刑事案件的比例为 47. 8%，而同期其它六个基层法院律师参与刑事案件的比例仅为 33. 9%，三个试点法院试点前半年律师参与刑事案件的比例仅为 30. 7%。这说明，经过人民法院试点工作中的权利告知，被告人寻求法律服务的愿望更加强烈，希望借助律师的帮助来获得对自己有利的刑事认定”。[②] 根据上述非法证据排除规则的实践情况，笔者有理由相信，随着新刑诉法确立的非法证据排除规则

① 陈光中主编：《审判公正问题研究》，中国政法大学出版社 2004 年版，第 39 页。

② 徐清宇：《“非法证据排除规则试点项目”报告》，载《法制资讯》2011 年第 2 期。

在全国范围内的全面施行，对刑事辩护律师的需求将很可能出现井喷式的增长，这对于从事刑事辩护的律师的自身发展来说也将会是一个重要的机遇。

二、辩护律师参与非法证据排除程序的作用

辩护律师参加刑事诉讼程序本就承担着限制国家司法权力，保障犯罪嫌疑人、被告人合法诉讼权利行使的职能。“辩护制度是否健全，辩护人在刑事诉讼程序中能否发挥其应有之功能，不但事关犯罪嫌疑人或被告之权益，且亦足以影响刑事司法之成败。”① 非法证据排除规则的实施需要辩护律师在参与相关程序时发挥更大的作用。在美国的非法证据排除规则中，“律师在排除非法证据的程序中就扮演着极为重要的角色，律师的有效参与、律师权利的充分实现往往直接关乎着非法证据排除的过程推进与结果裁决”。② 而我国的非法证据排除规则作为一项2010年才在刑事诉讼中确立的重要规则，还处于实施非法证据排除规则的初级阶段，再加上该规则本身就是一项极为复杂的证据规则，其中诸多概念和程序对于侦查机关等专业人员来说理解起来可能都存在一定的困难，而公众对非法证据排除规则知悉和了解的程度还不深入，这就造成普通的犯罪嫌疑人、被告人可能很难有效地参与非法证据排除程序并正确行使自己的诉讼权利。我国现阶段非法证据排除规则的实施就需要辩护律师在参与非法证据排除的程序时发挥更重要的作用。

具体来说，辩护律师参与非法证据排除程序的作用主要体现在以下几个方面：一是在侦查机关对犯罪嫌疑人采取强制措施或第一次讯问，犯罪嫌疑人自行聘请辩护律师或者其符合接受法律援助的条件被指定辩护律师之后，辩护律师应尽早会见犯罪嫌疑人，并应

① 林山田：《刑事程序法》，台湾五南图书出版有限公司1998年版，第116页。

② 李晶：《非法证据排除视角下的律师制度完善》，载《西部法学评论》2011年第2期。

在第一时间向其说明新刑诉法及其司法解释关于非法证据排除的相关规定，对其中重要的原则和概念，如不得强迫自证其罪原则等，要向犯罪嫌疑人作出详细的解释，避免因侦查机关或检察机关进行权利告知不规范甚至未向犯罪嫌疑人进行权利告知造成犯罪嫌疑人、被告人不能正确有效行使自己的诉讼权利，尽可能增强犯罪嫌疑人对非法证据排除规则的认识，提高其一旦面临侦查人员非法取证时保留证据或线索的意识。二是辩护律师在会见犯罪嫌疑人、被告人时，或是在检察机关审查起诉之后查阅侦查机关移送的证据材料时发现存在侦查人员对犯罪嫌疑人违法取证的可能的，应及时对侦查人员非法取证行为发生的时间、地点等相关线索或材料进行固定，并尽快向司法机关提出排除非法证据的申请。三是司法机关启动排除非法证据调查核实程序后，辩护律师也应当按照新刑诉法及其司法解释关于律师调查取证权的规定对非法取证的有关情况展开一定的调查，不能因为新刑诉法及其司法解释要求证据收集的合法性的证明责任由检察机关承担，就不对侦查人员非法取证问题的进行调查或者懈怠于开展调查工作，辩护律师只有在掌握必要的充足的证据材料或线索的前提下，在面对侦查机关出具侦查取证情况说明、提请讯问时在场的其他人员作证或是讯问人员出庭说明情况时，才有可能针对检察机关对证据合法性的证明提出质疑，为犯罪嫌疑人、被告人进行有效的程序性辩护。另外，如果将来的刑事诉讼法或司法解释确立了法庭调查过程中的交叉询问制度，辩护律师还可以通过对出庭说明情况的侦查讯问人员进行有效的反询问，暴露侦查讯问人员可能存在的非法取证行为或是对侦查讯问人员提供的证言形成有效的质疑。当然，这一点既是辩护律师在非法证据排除程序中能够发挥的重要作用，也是对刑事辩护律师执业水平提出的较高要求。四是在检察机关或人民法院决定对被告方提出排除申请的非法证据不予排除之后，辩护律师仍可以通过非法证据排除规则的救济程序针对非法取证行为进行程序性辩护，特别是在非法证据排除规则实施的初期，对于经过调查核实仍不能完全排除侦查人员非法取证可能性的证据，一审程序中的检察机关或人民法院很可能不愿或不敢轻易排除，这就为辩护律师通过救济程序继续寻求对非法证据的排除提供了比较大的空间，辩护律师需要在对侦查人员非法取证情况的前期调查基础上，进行更深入地调查，同时根据新刑诉法第 223 条第 1 项之规定，向第二审人民法院提出对第一审人民法院认定证据可能影响定罪量刑的异议，争取二审人民法院对排除非法证据的问题进行开庭审理；如果二审法院决定不开庭审理，辩护律师也应当把握第二审法院不开庭审理需要听取辩护律师意见的机会，向二审法院反映侦查人员可能存在的非法取证问题，以尽可能地维护被告人诉讼权利和其他合法权益。

综上所述，非法证据排除规则的实施需要辩护律师发挥重要作用，辩护律师也应当且能够在非法证据排除程序中扮演关键性的角色。从新刑诉法及其司法解释的相关规定来看，尽管刑事辩护制度已经有了重大的改革和进步，但仍有一些与非法证据排除规则相关的具体制度需要进一步完善，包括讯问时辩护律师在场制度、刑事法律援助制度等，上述与非法证据排除规则紧密相关的刑事辩护制度的缺失或不完善将直接影响到非法证据排除规则的实施效果，需要对该等制度展开更深入的研究以提出完善的建议。

第二节　讯问时律师在场制度的确立

讯问时律师在场制度是指刑事诉讼中司法机关对犯罪嫌疑人、被告人进行讯问时，应当或允许有辩护律师在场。学界也有提出律师在场权的观点，有学者还将律师在场权作了详细的分类，认为："在诉讼阶段上，可以将律师在场权区分为广义的律师在场权和狭义的律师在场权。广义上，律师在场权是指在侦查、起诉和审判三个阶段中，侦查人员、检察人员、审判人员对犯罪嫌疑人、被告人人身、财产和现场进行讯问、勘验、搜查、扣押、询问或者审讯时，辩护律师有权在场为其当事人提供法律帮助，犯罪嫌疑人、被告人也有要求律师在场的权利。狭义上，律师在场权则仅指在刑事诉讼的侦查阶段，自犯罪嫌疑人第一次接受侦查机关的讯问直到侦查终结，侦查机关每次讯问犯罪嫌疑人时，律师均有权在场。”[①] 由于本部分内容主要从现阶段非法证据排除规则的实施角度考察讯问时律师在场制度，因此本部分论述将在上述广义与狭义的定义之间对讯问时律师在场制度进行界定，即侦查机关、检察机关、人民法院对犯罪嫌疑人、被告人进行讯问时，应当或允许有辩护律师在场。[②]

一、确立讯问时律师在场制度对实施非法证据排除规则的必要性

讯问时律师在场制度作为刑事辩护中的一项重要制度，尽管新刑诉法及其司法解释对我国的刑事辩护制度进行了重大的改革和完善，但遗憾的是，新刑诉法并未确立讯问时律师在场制度。该项制度的确立实际上对整个刑事诉讼来说都具有重要价值，确立该项制度将极大地推动我国刑事诉讼现代化的进程。有学者就提出，律师在场权的确立“有利于实现实体正义和程序正义”、“有利于建立符合诉讼民主要求的控辩平衡诉讼机制”、“有利于推动我国侦查讯问方式的改革”、“有利于完善我国刑事辩护制度”。[③] 对于非法证据排除规则的实施来说，确立讯问时律师在场制度的必要性主要体现在以下几个方面：

第一，讯问时律师在场制度的确立最重要的意义在于能够最大限度地遏制刑讯逼供等非法取证行为的发生。从现阶段我国刑事诉

① 屈新：《论辩护律师在场权的确立》，载《中国刑事法杂志》2011 年第 1 期。

② 对于讯问时律师在场制度和律师在场权，笔者认为两者之间并不能直接画上等号，律师在场权可以说是讯问时律师在场制度的高级形式，但可能现阶段我国刑事司法的实际情况并不适合确立律师在场权，但可以初步确立讯问时律师在场制度。有鉴于此，本部分论述内容为“讯问时律师在场制度的确立”而非“律师在场权的确立”。

③ 屈新：《论辩护律师在场权的确立》，载《中国刑事法杂志》2011 年第 1 期。

讼的司法实践来看，侦查讯问是刑讯逼供等非法取证行为的高发、易发阶段，杜培武案、佘祥林案、赵作海案无一例外地均是在侦查讯问时发生了刑讯逼供，究其原因，侦查讯问的高度保密性和不透明性是重要因素之一。正如有学者指出，“在传统的侦查观念中，刑事侦查是高度机密的工作，对外严格封锁，几乎在对外完全封闭状态下进行”，“长期以来我国刑事侦查处于高度保密和封闭的状态，除侦查机关及侦查人员外，其他机关和人员是不可介入的”。[①]因此，要遏制侦查讯问中刑讯逼供等非法取证行为的发生，必须在侦查讯问中引入必要的“阳光”以对侦查讯问进行监督。确立讯问时律师在场制度，由辩护律师见证整个侦查讯问过程，对侦查人员行使侦查权进行必要的制约，无疑是打破侦查讯问高度封闭状态的重要途径。有司法实务部门人员曾提出，“讯问时律师在场制度主要是为了防止侦查讯问人员不依法文明讯问，从而保护犯罪嫌疑人的合法权益。但这一目的实际上可以通过其他替代措施来实现，例如，实行侦查讯问全程录音录像制度，因此讯问时律师在场制度没有确立的必要”。[②] 笔者认为，不可否认，讯问时全程录音录像制度对于监督侦查讯问、遏制刑讯逼供等非法取证行为的发生同样能够发挥巨大的作用，但是，正如前文所论及，现阶段的讯问时全程录音录像制度还并不完善，在讯问时录音录像均由侦查机关负责制作、保存的情况下，该项制度对于侦查讯问的监督作用实际上大打折扣。即使将来讯问时全程录音录像制度得到进一步完善，其与律师在场制度也能够起到较好地互补作用，对于某些没有条件进行录音录像的案件，可以由律师在场作为补充。另外，相较于讯问时全程录音录像制度，讯问时律师在场制度的实施更简单，不需要消耗现有的司法资源。因此，当前对于最大限度地遏制刑讯逼供等非

---

① 顾永忠：《名正言顺：侦查阶段律师回归辩护人诉讼地位》，载《检察日报》2012年3月23日第003版。

② 朱孝清：《侦查讯问时律师在场之我见》，载《人民检察》2006年第10期。

法取证行为、保障非法证据排除规则的顺利实施，在逐步完善讯问时全程录音录像制度的同时，确立讯问时律师在场制度就显得尤为必要。

第二，讯问时律师在场制度的确立有利于加强辩护职能，切实保障犯罪嫌疑人、被告人的诉讼权利和其他合法权益。讯问时辩护律师在场首先是能够通过对刑讯逼供等非法取证行为的遏制，防止侦查权的滥用对犯罪嫌疑人、被告人的侵犯，从而维护其合法权利。此外，讯问时律师在场制度丰富了犯罪嫌疑人、被告人的辩护权，能够进一步强化辩护律师在侦查阶段的诉讼地位。根据新刑诉法第33条的规定，犯罪嫌疑人在侦查阶段即可委托律师作为辩护人。上述规定改变了1996年刑诉法对于侦查阶段律师只能接受犯罪嫌疑人聘请向其提供法律上的帮助的规定，明确赋予了律师在侦查阶段的完全辩护人的诉讼地位。正如有学者所说，是“名正言顺地将侦查阶段的律师定位为‘辩护人’，并且从多方面规定了侦查阶段辩护律师的诉讼权利”。尽管律师在侦查阶段的诉讼地位得到明确，但笔者认为，辩护律师在侦查阶段能够行使的权利范围并未有太多的变化。新刑诉法第36条规定：“辩护律师在侦查期间可以为犯罪嫌疑人提供法律帮助；代理申诉、控告；申请变更强制措施；向侦查机关了解犯罪嫌疑人涉嫌的罪名和案件有关情况，提出意见。”而96年刑诉法第96条规定：“犯罪嫌疑人在被侦查机关第一次讯问后或者采取强制措施之日起，可以聘请律师为其提供法律咨询、代理申诉、控告。犯罪嫌疑人被逮捕的，聘请的律师可以为其申请取保候审。受委托的律师有权向侦查机关了解犯罪嫌疑人涉嫌的罪名，可以会见在押的犯罪嫌疑人，向犯罪嫌疑人了解有关案件情况。”从上述规定可以看出，新刑诉法规定的律师在侦查阶段可以进行的辩护工作仍然是“提供法律帮助”、“代理申诉、控告”、“了解犯罪嫌疑人涉嫌罪名”等内容，与96年刑诉法的规定基本一致。可以说，现阶段律师在侦查阶段只是有了“辩护人”之名，未有“辩护人”之实。特别是针对非法证据排除规则的实施，律师在侦查阶段可以进行的辩护工作有限。如果能够确立讯问时律师在场制度，辩护律师在侦查阶段的辩护职能将得到有效地加强，在侦查人员讯问犯罪嫌疑人时，在场律师能够在第一时间对侦查人员的不当讯问提出异议，在讯问结束之后也能够及时为犯罪嫌疑人提供法律帮助，并掌握最新的案件情况，从而切实保障犯罪嫌疑人、被告人的诉讼权利和其他合法权益。

第三，讯问时律师在场制度的确立不会对侦查讯问工作造成不利影响，有助于非法证据排除规则的顺利实施。对于讯问时律师在场制度的确立问题，学界与司法实务部门之间一直存在比较大的争论。司法实务部门对该项制度基本上持否定的态度。有观点认为，“侦查讯问时律师在场不利于犯罪嫌疑人如实供述犯罪事实”，并提出“侦查讯问时律师在场，除起到保护犯罪嫌疑人合法权益作用外，在客观上还必然起到为犯罪嫌疑人撑腰壮胆，从而稳定其心理，延缓以至妨碍其由拒供向供述转化的作用；如果律师有意识地施以帮助，则其一个暗示性的表情、眼神、动作，一句暗示性的插话或问语，都能被犯罪嫌疑人读懂，从而使犯罪嫌疑人拒供、少供或翻供”。[①] 笔者认为，在2010年非法证据排除规则实施以前，确立讯问时律师在场制度确实会对侦查讯问工作造成比较大的影响，但是非法证据排除规则实施之后，客观上已对侦查讯问工作的改进产生了促进作用，侦查人员的讯问技巧也有所提高，特别是2012年新刑诉法对非法证据排除规则进一步完善之后，确立了不得强迫自证其罪原则，正式引入了讯问时全程录音录像制度，这些措施的施行也要求对侦查讯问工作进行全面改革，在此背景下，确立讯问时律师在场制度对侦查讯问工作的影响将远低于司法实务部门的预期。另外，笔者认为，对现阶段确立的讯问时律师在场制度的具体形式还可以进行更深入的探讨和实践，可以采取辩护律师不能与犯罪嫌疑人、被告人接触的形式，解决上述观点提到的辩护律师可能

① 朱孝清：《侦查讯问时律师在场之我见》，载《人民检察》2006年第10期。

通过不当的暗示影响到犯罪嫌疑人、被告人如实供述的问题。笔者还认为，讯问时律师在场并不必然导致犯罪嫌疑人、被告人不愿意作出供述。犯罪嫌疑人、被告人在接受讯问的时候如果知道自己委托的律师在场，即使是不能与律师直接接触，其心理上的安全感也会得到一定程度的增强，在这种情况下，犯罪嫌疑人、被告人可能更愿意自愿如实供述。有研究审讯方法和犯罪嫌疑人供述心理的学者就提出了情感接纳法，认为可以“利用有罪犯罪嫌疑人对社会关系的依恋和对安全感的需求，强调对其违法犯罪行为合理性的接受，并给予其充分的理解，进而降低其罪责感，在情感层面接受现实，放弃自我否定，并选择说实话实现自我解脱”。[①] 此外，讯问时律师在场除了能够提高犯罪嫌疑人、被告人所作供述的真实性，其合法性也有较为充分的保证，被告方通常也不会对律师在场时所作出的有罪供述提出非法证据排除申请，这也避免了刑事诉讼进入到非法证据排除程序可能造成的对司法资源的耗费和对诉讼效率的降低。

二、关于现阶段应确立何种形式的讯问时律师在场制度

前文已经提到有学者提出了律师在场权的确立，并对律师在场权从广义和狭义的角度进行了界定。笔者认为，确立讯问时律师在场制度与确立律师在场权是两个不相等的概念。如果是确立律师在场权，则是赋予了辩护律师要求讯问时在场的权利，同时也赋予了犯罪嫌疑人、被告人在接受讯问时要求律师到场的权利，权利主体可以自行决定权利的行使，一旦辩护律师要求在场，或犯罪嫌疑人、被告人要求辩护律师在场，则进行讯问的公安司法机关就有义务保障当事人权利的行使，即在辩护律师未到场的时候不得对犯罪嫌疑人、被告人进行讯问。讯问时律师在场制度的外延，笔者认为

① 马皑、宗会生：《审讯方法及其心理学原理》，载《中国刑事法杂志》2010 年第 1 期。

比律师在场权更广，确立律师在场权可以算是讯问时律师在场制度的一种形式，实际上，其他国家确立的讯问时律师在场制度也各不相同，即使是明确规定了律师在场权，对该项权利的限制也有多种形式。

“从两大法系司法实践来看，英美法系国家对律师在场权的态度更为开放，普遍确立辩护律师在场权，对律师的在场权给予了较充分的保障。大陆法系国家的刑事诉讼受职权主义的影响，在侦查程序中较为注重实体真实的发现，对律师在场权的态度较为保守，对其加以一定限制。”① 美国对律师在场权的行使限制较少，犯罪嫌疑人只要要求律师在场，则讯问必须等到律师到场后才能进行。“在上世纪50年代，最高法院的少数法官实际上就已在表明犯罪嫌疑人享有使其律师在讯问时在场的宪法性权利。”② 美国联邦最高法院米兰达诉亚利桑那州案③等一系列判例进一步确立起律师在场权，并强调“讯问时律师在场权对保护第五修正案的特权来说，是必不可少的”。④“美国确立的律师在场权的基本原则是：只要嫌疑人坚持要律师到场的，没有律师在场就不能讯问嫌疑人；嫌疑人先前放弃律师帮助权，在讯问过程中又明确主张需要律师到场的，讯问必须立即中止，直到律师到场才能恢复讯问。”⑤ 德国对讯问时律师在场限制得更严，“律师在警察讯问犯罪嫌疑人时无权在场，也无权参加检察院和警察对证人和鉴定人的讯问。律师虽然无权在警察讯问时在场，但可以参加检察院对被告人的讯问，检察院要提前通知讯问日期，但通知如果会影响调查时，可以不予通

① 屈新：《论辩护律师在场权的确立》，载《中国刑事法杂志》2011年第1期。

② [美] 伟恩·让拉费弗等：《刑事诉讼法》（上册），卞建林等译，中国政法大学出版社2003年版，第352页。

③ Miranda v. Arizona，384U. S. 436 (1966).

④ 李学军主编：《美国刑事诉讼规则》，中国检察出版社2003年版，第187页。

⑤ 孙长永：《侦查程序与人权———比较法考察》，中国方正出版社2000年版，第343页。

知”。①

由此可见，各国确立的讯问时律师在场制度差异很大，美国模式是赋予了辩护律师和犯罪嫌疑人、被告人权利，可以由其自行决定行使，但德国模式并不能算作律师在场权，辩护律师或犯罪嫌疑人并没有权利决定律师是否在场。因此，我国现阶段确立该项制度也有必要结合司法实践的具体情况，对讯问时律师在场制度的具体形式作出合适的选择。对此问题，有学者提出了分阶段、分层次实现我国律师在场权的主张，认为“律师在场权的实现主要通过三个阶段：第一，侦查人员讯问犯罪嫌疑人时的律师在场；第二，侦查人员、检察人员、审判人员讯问犯罪嫌疑人、被告人时的律师在场；第三，讯问以及采取搜查、扣押等强制性措施时的律师在场”。“律师在场权可分为三个层次：一是间接监督权，即在犯罪嫌疑人接受讯问时，律师通过‘看得见，听不见’的方式间接实现在场，如观看经过消音的同步录像等；二是直接监督权，即在犯罪嫌疑人接受讯问时，律师在场陪同，但不能与犯罪嫌疑人进行交流或提供法律意见，仅对违法取证活动予以及时制止；三是咨询帮助权，即在犯罪嫌疑人接受讯问时，律师不仅予以全程陪同，监督讯问的合法性，而且能够及时为犯罪嫌疑人提供法律帮助与咨询”，“我国应当首先确立侦查讯问时的律师在场权”及“第一层次的律师在场权。”② 笔者赞同上述学者分阶段、分层次地确立我国律师在场权的观点，但对于当前应具体确立何种形式、哪个阶段、何种层次的讯问时律师在场制度，笔者倾向于更保守的意见。

关于讯问时律师在场制度的具体形式，笔者认为，现阶段的司法实践情况还不具备直接赋予犯罪嫌疑人、被告人要求讯问时律师在场的权利以及辩护律师要求讯问时在场的权利的条件，理由有

---

① 《德国刑事诉讼法典》，李昌珂译，中国政法大学出版社 1995 年版。

② 李晶：《非法证据排除视角下的律师制度完善》，载《西部法学评论》2011 年第 2 期。

三：一是立法修改不现实。新刑诉法及其司法解释对刑事辩护制度的修改完善力度已经很大，刑事辩护实践中需要优先解决的会见难、阅卷难、调查取证难的“三难问题”可以说基本得到解决。[①] 在此背景下，相对来说实践中需求不强烈的律师在场权的确立在现阶段要进入立法再次修改的视野就显得不太现实。二是司法实践条件不成熟。新刑诉法及其司法解释 2013 年 1 月 1 日才正式开始施行，新的刑事诉讼侦查模式还未形成，在司法实践中，司法机关对于口供依赖程度仍较高，有学者在 2006 年时曾提出：“我国目前尚不具备以物证证明为司法证明主要方式的条件，口供在诉讼中仍占有重要地位，特别是贿赂等主要以言词证据定案的案件，口供的地位更为突出。”[②] 就现在司法的实际情况看，这种状态还没有得到根本性的改变，将侦查模式从“由供到证”转变为“由证到供”还需要司法机关对新刑诉法及其司法解释的一定时间的践行，如果现阶段即确立律师在场权，将律师介入侦查完全交由当事人及其辩护律师决定，很可能对侦查工作产生较大影响，进而招致侦查司法机关的抵触，即使通过司法解释确立起律师在场权，在实践中也很可能被司法机关束之高阁而无法运行。因此，笔者认为不宜直接确立犯罪嫌疑人、被告人或辩护律师要求律师在场的权利，现阶段讯问时律师在场制度应由司法机关作出决定，可以按照犯罪嫌疑人、被告人及其辩护律师提出讯问时律师在场的要求，再由司法机关根据案件实际情况决定是否允许律师在场。对于具体哪些案件司法机关应当允许讯问时律师在场，可以借鉴新刑诉法根据刑罚轻重确定应当进行讯问时录音录像的案件范围予以确定，笔者建议目前可以规定“对于可能十年以上有期徒刑、无期徒刑、死刑的案件或者其他重大犯罪案件，经犯罪嫌疑人、被告人或其辩

① 顾永忠：《律师“会见难”、“阅卷难”基本解决》，载《检察日报》2012 年 3 月 26 日第 003 版。

② 朱孝清：《侦查讯问时律师在场之我见》，载《人民检察》2006 年第 10 期。

护律师申请，应当允许辩护律师讯问时在场”，至于其他案件则交由司法机关自由裁量。

关于确立讯问时律师在场制度的阶段问题，笔者认为，鉴于目前刑讯逼供等非法取证行为主要发生侦查人员讯问犯罪嫌疑人时，因此律师在场制度应首先确立在讯问过程中，至于在“勘验、搜查、扣押、询问”等侦查活动中确立律师在场制度则可以随着刑事辩护制度的进一步完善、刑事诉讼现代化的进一步发展再逐步确立。另外，也有学者提出，目前可以先确立在侦查人员讯问犯罪嫌疑人时律师在场，而检察人员、审判人员讯问犯罪嫌疑人、被告人时律师在场制度的确立有待于今后进一步完善。[①] 但笔者认为，当前确立讯问时律师在场制度的难点就在于侦查阶段的讯问时律师在场，如果能够确立侦查讯问时律师在场制度，则检察人员、审判人员讯问犯罪嫌疑人、被告人律师在场制度的确立也就顺理成章。

关于讯问时律师在场制度的层次问题，笔者赞同上述学者提出的辩护律师以“间接在场”的方式对侦查讯问进行间接监督，这种方式对于现阶段实施非法证据排除规则已经能够较为有效地保证侦查讯问合法进行。至于间接在场的具体方式，笔者认为不仅能以“看得见、听不见”的观看经过消音的同步录像的形式，甚至能以“看得见、听得见”的全程音视频直播的形式进行间接监督，因为，实行律师间接在场主要目的在于防止辩护律师通过不恰当的暗示影响到犯罪嫌疑人、被告人作出供述，以“看得见、听得见”的间接方式进行监督已经能够实现上述目的。另外，侦查讯问中的非法取证行为包括刑讯逼供、威胁、引诱、欺骗等多种形式，律师以“看得见、听不见”的形式间接在场只能够防止刑讯逼供的发生，对于其他几种多发的非法取证行为并不

---

① 李晶：《非法证据排除视角下的律师制度完善》，载《西部法学评论》2011年第2期。

能起到监督遏制的效果，而以“看得见、听得见”的间接形式在场则基本能够保证有效防止侦查讯问时可能出现的任何非法取证行为。

关于讯问时律师在场制度的实施方式，笔者建议可以按照以下程序运行：犯罪嫌疑人、被告人在聘请辩护律师或被指定辩护律师之后，可以向侦查机关、检察机关、人民法院提出讯问时律师在场的申请；公安司法机关对提出讯问时律师在场的申请案件进行初步审查后，对于符合辩护律师讯问时应当在场的案件范围以及公安司法机关允许辩护律师讯问时在场的其他案件，公安司法机关应当及时通知辩护律师进行讯问的时间；对于辩护律师讯问时应当在场的案件，公安司法机关不得在辩护律师未到场的情况下对犯罪嫌疑人、被告人进行讯问，违反上述规定进行讯问的所取得的犯罪嫌疑人、被告人供述应当被认定为严重违反刑事诉讼程序取得的证据，并对该等证据作出程序性制裁，即禁止该等证据在刑事诉讼中作为不利于犯罪嫌疑人、被告人的证据使用。

第三节 刑事法律援助制度的完善

一、新刑诉法对刑事法律援助制度的修改及局限

刑事法律援助制度是指在刑事诉讼中，对于没有自行委托律师但又符合一定条件的犯罪嫌疑人、被告人，由国家法律援助机构指派律师为其提供辩护的制度。新刑诉法及其司法解释对我国刑事法律援助制度进行了较大幅度的修改和完善，主要改进包括三方面：“一是将法律援助的适用阶段从原来的审判阶段提前到侦查阶段；二是扩大了应当指定辩护的适用范围；三是明确了国家法律援助机构的责任。”① 对于新刑诉法及其司法解释对刑事法律援助制度的

① 新刑诉法第33条、第34条。

完善，学界给予了比较高的评价，有学者就认为："以上三个方面的修改，表明我国刑事法律援助制度获得显著发展。这对于加强犯罪嫌疑人、被告人在刑事诉讼中的人权保障，体现程序正义，促进实体公正，都将产生重大的意义。"① 司法行政部门从事法律援助工作的人员也提出："新《刑事诉讼法》关于法律援助方面的规定，肯定了当前法律援助实践工作中一些成熟的行之有效的做法，使得法律援助的作用更加凸显，在维护人权、被告人权益保障方面发挥了更为重要的作用。"②

然而，笔者认为在看到刑事法律援助制度进步意义的同时，也应当注意到此次新刑诉法及其司法解释对刑事法律援助制度的修改仍留有进一步完善的空间。针对新刑诉法对刑事法律援助制度的上述三个主要修改，有学者就提出了不同的意见："刑事法律援助制度的上述进步当中，第三点（指明确国家法律援助机构的责任）属于顺水推舟，配合《法律援助条例》进行改革；第二点（指诉讼阶段提前）则或多或少属于'意外的惊喜'，超出很多论者的预期；第一点（指适用范围扩大）看似有实质进步，然而不仅低于世界各国法律援助的普遍水平，也与中国当下的经济社会发展水平不相适应。"③ 笔者认为，此次对刑事法律援助制度的修改除了上述学者指出的不足，更大的遗憾是对该制度的修改并未考虑到新确立的非法证据排除规则的实施。但实际上，刑事法律援助制度的完善与否也是一个影响到非法证据排除规则能否顺利实施的关键因

① 顾永忠：《法律援助：范围扩大、时间提前》，载《检察日报》2012 年 4 月 9 日第 003 版。

② 许冷、侯子峰：《关于新〈刑事诉讼法〉法律援助规定的思考》，载《中国司法》2012 年第 6 期。

③ 兰荣杰、胡珉瑞：《历史与比较视野中的刑事法律援助——兼论〈刑事诉讼法〉修改的进步与局限》，载《浙江社会科学》2012 年第 11 期。

素，特别是在现阶段我国刑事辩护率低下的背景下，① 犯罪嫌疑人、被告人由于缺乏辩护律师的帮助，可能很难提出有效的排除非法证据的申请，或者即使提出申请也无法展开一定的调查取证活动，导致最终被司法机关决定不予排除相关证据。因此，如何为提出非法证据排除申请的犯罪嫌疑人、被告人提供必要的辩护律师的帮助，也就成为当前顺利实施非法证据排除规则需要解决的重点问题。笔者认为，现阶段对刑事法律援助制度的完善可以从扩大适用范围、提高参与非法证据排除程序的法律援助律师的专业性以及确立公设辩护人制度三个方面进行。

二、将涉及非法证据排除的案件纳入法定刑事法律援助的范围

根据新刑诉法第 34 条之规定，“现行刑事法律援助制度对于法律援助机构应当指派律师提供辩护的情况包括以下三种：一是犯罪嫌疑人、被告人是盲、聋、哑人；二是尚未完全丧失辨认或者控制自己行为能力的精神病人；三是可能被判处无期徒刑、死刑的，即法定刑事法律援助”。② 除以上情况外，“其他的犯罪嫌疑人、被告人可以向法律援助机构提出申请，但也必须符合法定的情形，即酌定刑事法律援助”。③ 根据最高法新《解释》第 43 条以及最高

---

① 据《法制日报》2011 年 8 月 8 日报道，全国律师协会刑事专业委员会秘书长韩嘉毅在接受采访时表示：“各种统计数据表明，当前我国刑事案件辩护率不到 30%；如果这一数字低于 10%，我国的刑事辩护制度就相当于一种摆设。”根据笔者参加 J 省 Y 市中级人民法院的非法证据排除规则试点项目的调查，试点期间该法院及下属基层法院共审结刑事案件 1906 件，其中律师参与的案件 737 件，辩护率约为 38.7%。J 省 Y 市作为沿海发达省市，辩护率情况稍好。而笔者 2011 年在西部 S 省考察时，据 M 市法官表示，当地刑事案件律师辩护率仅有 10% 左右。

② 新刑诉法第 34 条第 2 款第 3 款规定：“犯罪嫌疑人、被告人是盲、聋、哑人，或者是尚未完全丧失辨认或者控制自己行为能力的精神病人，没有委托辩护人的，人民法院、人民检察院和公安机关应当通知法律援助机构指派律师为其提供辩护。犯罪嫌疑人、被告人可能被判处无期徒刑、死刑，没有委托辩护人的，人民法院、人民检察院和公安机关应当通知法律援助机构指派律师为其提供辩护。”

③ 最高法新《解释》第 43 条。

院、最高检、公安部、司法部共同下发《关于刑事诉讼法律援助工作的规定》（以下简称“《刑事法律援助规定》”）第2条之规定，能够提出法律援助申请的犯罪嫌疑人、被告人必须符合以下六种情形之一，包括经济困难，一定程度的智力残疾，共同犯罪案件中其他犯罪嫌疑人、被告人已经委托辩护律师，检察机关抗诉，具有重大社会影响的案件，被告人的行为可能不构成犯罪。根据现行法律及司法解释的规定，提出非法证据排除申请的犯罪嫌疑人、被告人甚至都没有明确包括在可以提出法律援助申请的范围之内，这显然不符合实施非法证据排除规则的需要。笔者认为，现阶段对于已经提出非法证据排除申请的犯罪嫌疑人、被告人，其又没有委托辩护律师的，公安司法机关可以允许其提出法律援助的申请，因为此类案件已经涉嫌国家司法机关工作人员违法犯罪，该类案件在互联网等新媒体发展迅猛、信息传播速度迅速的背景下，很可能造成重大的社会影响，允许该类案件的犯罪嫌疑人、被告人提出法律援助的申请符合上述新刑诉法及其司法解释的相关规定。

更重要的是，应当尽快通过制定刑事法律援助制度实施细则等司法解释将犯罪嫌疑人、被告人提出排除非法证据申请的案件纳入到应当为其提供法律援助的案件范围，理由有以下三个方面：第一，从新刑诉法及其司法解释关于应当提供法律援助的案件范围的规定分析，法定法律援助主要存在两个立法目的，即保障特殊的不能自行行使诉讼权利的犯罪嫌疑人、被告人的辩护权以及可能遭受严重刑罚处罚的犯罪嫌疑人、被告人获得必要的法律帮助，体现了诉讼平等和基本人权保障的理念。而提出非法证据排除申请、但又未委托辩护律师的犯罪嫌疑人、被告人实际上处于不能有效行使排除非法证据的辩护权的状态，将该等案件纳入到法定法律援助的范围符合上述立法目的和理念。第二，除了对诉讼权利保障的要求，提出非法证据排除申请的犯罪嫌疑人、被告人的人身权利可能已经遭到严重侵犯，并面临被进一步侵犯的威胁，而这种侵犯是由司法机关工作人员造成的，国家理所当然应当为该类案件的犯罪嫌疑人、被告人提供必要的法律帮助以使其免受国家公权力的侵犯。第三，近年来我国改革开发的深入和经济的快速增长也为进一步扩大法定法律援助的案件范围提供了坚实的物质基础。2012 年就有学者提出了我国财政完全能够支持将全部刑事案件纳入到法定法律援助的范围的观点："从国家财政能力来看，2011 年全国 GDP 达到 471564 亿元，已经跃居世界第二，为 1996 年修改《刑事诉讼法》时（70143 亿元）的 6.7 倍。2011 年全国财政支出 108930 亿元，为 1996 年（7938 亿元）的 11.3 倍。与此同时，刑事案件数量虽有攀升，但增长幅度明显低于经济发展速度。2011 年全国法院受理一审刑事案件共 845714 件，为 1996 年（618826 件）的 1.4 倍。姑且不论自行聘请律师的被告人，即使将 2011 年度全国 105 万名被告人全部纳入援助范围，以 800 元/件的办案补贴标准计算，全国共需援助经费 8.4 亿左右，不到两公里地铁的建设成本。由此可见，当前国家财政已经有能力支持一个覆盖面更广的援助系统。"① 在第十二届全国人民代表大会第一次会议上，国家发改委发布的《关于 2012 年国民经济和社会发展计划执行情况与 2013 年国民经济和社会发展计划草案的报告》显示，2012 年实现国内生产总值 519322 亿元，② 而根据最高法发布数据显示，2012 年 1 月至 9 月，全国人民法院受理一审刑事案件 737712 件。③ 可见，国家经济实力和财政收入的增长足以支撑起扩大刑事法律援助范围所需要的司法资源投入。另外，在所有刑事案件中，提出非法证据排除申请的犯罪嫌疑人、被告人所占比例也并不大。在笔者于 J 省 Y 市开展非法证据排除规则试点项目期间，当地 3 个试点基层法院审结刑事案

① 兰荣杰、胡珉瑞：《历史与比较视野中的刑事法律援助——兼论〈刑事诉讼法〉修改的进步与局限》，载《浙江社会科学》2012 年第 11 期。

② 新华网，http://news.xinhuanet.com/2013lh/2013-03/05/c_114898648.htm。

③ 数据来源于最高人民法院权威发布司法数据，http://www.court.gov.cn/qwfb/sfsj/。

件653件，只有34件案件的犯罪嫌疑人、被告人提出了排除非法证据申请，可以预测从2010年《非法证据排除规定》施行以来，非法证据排除规则对于刑讯逼供等非法取证行为的遏制效果逐渐显现的情况下，以后提出非法证据排除申请的案件比例可能还会进一步下降。因此，将该类案件纳入到法定刑事法律援助的范围也并不会增加太多的司法成本，但却能最大限度地保障司法公平、促进司法公正、树立司法权威。

三、提高非法证据排除案件法律援助的质量

新刑诉法实施以前，我国提供刑事法律援助的质量一直为学界所诟病，承担法律援助的往往是执业较短、经验不足的律师，且可能怠于提供实质性的法律帮助。“在北京律师事务所接受的刑事法律援助案件中，律师会见过被告人的比率为58.7%，律师经常会见被告人的比率仅为9.8%”。[①] 另外，承担法律援助义务的律师是否适格也是需要考虑的问题，法律援助中辩护律师的不适格往往会对案件审理结果造成较大影响。据报道，在赵作海案中，当年商丘市中院指定为赵作海辩护的“辩护律师”胡泓强在案件审理时其实不是律师，只是一个律师事务所的实习生，既无律师资格证，也没有独立办案的经验。[②] 该案法律援助律师的不适格也是这起冤假错案发生的一个原因。因此，有学者提出有必要加强刑事法律援助的质量：“首先，国家应当加大对刑事法律援助的投入力度，优化刑事法律援助的基础环境，提高刑事法律援助的办案经费，增强承担援助义务律师的积极性；其次，强化法律援助队伍的建设，提高专职法律援助人员的比率，拓展其他法律援助人员的范围，强化法律援助人员的业务素质，形成一个梯队完整、结构稳定、专业过硬

---

① 李晶：《非法证据排除视角下的律师制度完善》，载《西部法学评论》2011年第2期。

② 《赵作海冤案追踪：当年法院指定辩护律师是实习生》，载网易新闻，http://news.163.com/10/0515/06/66N1OIVI000146BD_3.html。

的法律援助队伍；再次，建立关于法律援助的质量跟踪评估体系和结果考核备案机制，通过办案过程记录、办案结果反馈、办案效果回访等一系列方法完整再现援助律师提供法律服务的全过程，以督促援助律师积极为当事人提供法律帮助，防止法律援助流于形式。”① 笔者认为，除了通过以上措施加强刑事法律援助的质量，当前明确规定在非法证据排除案件中承担法律援助义务的律师的资格，是保障该等案件中法律援助质量的比较有效的途径。

现行法律及司法解释对在可能被判处无期徒刑、死刑的案件以及未成年人案件中承担法律援助的律师已经规定了资格上的要求。根据《刑事法律援助规定》第13条之规定，该等案件的法律援助律师必须具有一定年限的刑事辩护执业经验或是熟悉未成年人身心特点。对上述案件法律援助律师资格的限制，立法可能主要考虑到该类案件的特殊性。笔者认为，犯罪嫌疑人、被告人提出非法证据排除申请的案件同样具有特殊性：非法证据排除规则本身的复杂性要求辩护律师对规则必须有准确的理解和把握；非法证据排除程序的强对抗性要求辩护律师具有丰富的侦查阶段及法庭上与侦查人员、公诉人对抗的经验；现阶段排除非法证据的困难性要求辩护律师必须有较强的调查取证能力。针对涉及非法证据排除的案件的上述特殊性，有必要对该等案件中承担法律援助义务的律师的资格作出必要的限制，才有可能发挥该等案件法定刑事法律援助制度的应有作用，保障提出非法证据排除申请的犯罪嫌疑人、被告人辩护权的充分行使。笔者认为，对于涉及非法证据排除的案件确定法律援助的辩护律师的具体资格，可以从律师的从业年限和从业经历等方面进行明确的限定，可以考虑规定该类案件法律援助机构指定的辩护律师“应当从业3年以上”、“具有重大刑事案件出庭辩护经验”、“具有参与排除非法证据案件办理的相关经验”等。同时，

① 李晶：《非法证据排除视角下的律师制度完善》，载《西部法学评论》2011年第2期。

法律还应增设一定的资格审查程序，以防止不符合法定资格的人被指定为刑事法律援助的辩护律师。

四、公共辩护律师制度的确立

公共辩护律师制度是法律援助制度的一种具体模式，区别于指定辩护律师制度以国家向私人律师事务所购买法律服务并由律师承担一定法律援助义务的模式为有需要的被追诉人提供法律帮助，公共辩护律师制度则是直接由国家设立专门机构雇用专业律师作为国家公务人员为被追诉人提供法律帮助。确立公共辩护律师制度对于非法证据排除规则的实施具有重要价值。首先，公共辩护律师制度作为现行法律援助制度的有益补充，能够在一定程度上提高刑事法律援助的整体质量。有学者指出，公共辩护律师制度“具有专业性、协调性、对抗性、保障性、监管性、工作热情高等优势”，认为“公设辩护人主要是为贫困犯罪嫌疑人、被告人提供辩护服务，显然其专业性很大程度上得益于他们能够比私人律师接触更多的刑事案件；公设辩护人与检察官、法官等司法人员能够建立起更融洽的工作关系；公设辩护人作为‘公家律师’，意味着他们有足以对抗检察官的‘公家资本’，双方的‘平等武装’使得控辩之间的对抗更有可能达致‘平等对抗’；公设辩护人作为国家工作人员，具有良好的身份保障；公设辩护人制度更有利于对辩护质量的控制；公设辩护人工作热情高于私人律师是其工作职责使然，因为从事该职业需要有敬业和献身精神，而私人律师工作热情被认为常受经济利益影响”①。笔者赞同上述学者的分析，特别是公共辩护律师制度具有的“协调性、对抗性、保障性”，使得公共辩护律师在参与非法证据排除规则实施过程中可能发挥比指定辩护律师更积极的作用。其次，公共辩护律师制度能够为讯问时律师在场制度提供必要

① 谢佑平、吴羽：《公设辩护人制度的基本功能——基于理论阐释与实证根据的比较分析》，载《法学评论》2013年第1期。

的保障。通过在侦查机关或者看守所设立值班的公共律师，可以在公安司法机关讯问犯罪嫌疑人、被告人时，保证第一时间有律师在场见证监督整个讯问过程，最大限度地保障讯问时律师在场制度的实施，并遏制讯问时刑讯逼供等非法取证行为的发生。第三，公共辩护律师制度能够在一定程度上保证侦查机关讯问的及时性。对于前文论述到符合特定条件的犯罪嫌疑人、被告人应当为其指定辩护律师且讯问时律师应当在场的案件，如果按照犯罪嫌疑人、被告人申请法律援助，公安司法机关通知法律援助机构提供法律援助，法律援助机构 7 日内决定、3 日内指派辩护律师的程序，就可能对侦查机关讯问造成延误，甚至致使错过最关键的破案时机。如果确立公共辩护律师制度，对于讯问时应当有律师在场的案件，侦查机关可以随时通知值班律师到场后进行讯问，避免了指定辩护律师可能对侦查造成的延迟。第四，公共辩护律师制度能够在一定程度上缓解我国部分地区律师数量匮乏的困境。根据调查，截至 2010 年，在全国近 3000 个县中，仍有 200 多个县没有律师执业。[①] 在此背景下，通过在县级以上地区设立公共辩护律师，能够保障较大范围的案件的犯罪嫌疑人、被告人都能够获得最低限度的法律帮助。

对于公共辩护律师的具体设置问题，有学者提出了“由各地法律援助中心统一配备和管理，实行‘专职化’和‘值班制’，工作地点设置在侦查机关内部”这样一种方案。[②] 笔者赞同公共辩护律师的专职和值班制度，但工作地点设在侦查机关内部值得商榷，毕竟全国承担侦查职能的机构设置比较繁多，除了公安机关和检察机关，国安部门、海关部门、铁路部门等都有侦查机构，要在所有侦查机关都设置公共辩护律师投入太大，并不现实；根据新刑诉法

① 张烁：《中国律师 30 年增近 850 倍仍有 210 个县无从业人员》，载《人民日报》2010 年 8 月 29 日。

② 李晶：《非法证据排除视角下的律师制度完善》，载《西部法学评论》2011 年第 2 期。

及其司法解释，侦查机关在执行拘留之后应当将犯罪嫌疑人在最迟24小时之内移送看守所，实际上大多数讯问都是在看守所进行，并且全国看守所的数量要远少于侦查机关的数量，因此现阶段在每个看守所内设置一到两名值班的公共辩护律师是更加可行的方案。

结 语

我国的非法证据排除规则自 2010 年 7 月 1 日正式施行以来，已经过了数年的司法实践。总体上看，司法实务部门对非法证据排除规则的贯彻执行实现了打击犯罪与保障人权的平衡，从实体公正和程序公正两个方面促进了司法公正；在实践中也已经出现了不少排除非法证据的案例，但并未因此放纵了犯罪。在本书考察研究的 15 个案例中，有 5 个案件均有证据被排除，但其中只有 1 个案件的犯罪嫌疑人、被告人被释放，其他案件中检察机关、审判机关均能够做到结合全案其他证据综合判断案件事实，最终保证了在保障犯罪嫌疑人、被告人权利的同时又对犯罪进行了有效打击。因此，现阶段非法证据排除规则的实施符合我国司法的实际情况。但从长远来看，具有中国特色的非法证据排除规则仍有待进一步的完善和发展。

侦查机关实施非法证据排除规则需要进一步加强对不得强迫自证其罪原则、严禁刑讯逼供的理解和把握，以在实践中正确适用该等原则；讯问制度也有待完善，应当全面确立起讯问时全程录音录像制度，进一步完善讯问笔录的制作，不断提高侦查人员讯问的质量和水平；应明确将侦查机关法制部门作为侦查机关实施非法证据排除规则的负责部门，在侦查阶段需要排除的非法证据主要应限定在查证属实确系违法取得的言词证据；在两法衔接工作机制中也应贯彻执行好非法证据排除规则。

检察机关实施非法证据排除规则需要明确把握自身的法律监督地位和作用；理顺内部涉及非法证据排除的各职能部门之间的关系；规范非法证据排除的权利告知以及启动程序；完善检察机关对

非法证据的调查核实程序，进一步加强检察机关对非法证据的调查核实职能。

审判机关实施非法证据排除规则应当进一步完善和改革庭前会议制度，构建非法证据排除的独立程序；通过交叉询问制度的正式确立完善讯问人员出庭作证制度；对证据合法性的审查应注意结合全案证据予以认定和判断；增强判决的说理性。

从实施非法证据排除规则的角度看，我国的刑事辩护制度也有待进一步完善，讯问时律师在场制度需要在立法上予以确定，进一步扩大刑事法律援助的覆盖范围、提高刑事法律援助的质量，并在合适的时机确立公共辩护律师制度。

现阶段非法证据排除规则的实施树立了我国司法权威，促进了我国司法公正。实践证明，非法证据排除规则能够在司法实践中得到全面的贯彻执行。但由于这一规则正式施行的时间还较短，新刑诉法及其司法解释也正处于司法实践的磨合时期，我国非法证据排除规则的发展仍然任重而道远。只要继续我们坚持立足于我国的司法实际情况，坚持总结、升华非法证据排除规则的实施经验，就一定能够构建起具有中国特色的、更完善的非法证据排除规则体系。

参考文献

一、著作类：

1. 卞建林、杨宇冠主编：《非法证据排除规则实证研究》，中国政法大学出版社 2012 年版。

2. 陈光中主编：《中华人民共和国刑事证据法专家拟制稿》，中国法制出版社 2004 年版。

3. 陈光中主编：《刑事诉讼法》，北京大学出版社 2005 年版。

4. 陈光中主编：《审判公正问题研究》，中国政法大学出版社 2004 年版。

5. 陈瑞华：《程序性制裁理论》，中国法制出版社 2005 年版。

6. 樊崇义主编：《诉讼原理》，法律出版社 2003 年版。

7. 樊崇义主编：《刑事诉讼法修改专题研究报告》，中国人民公安大学出版社 2004 年版。

8. 郎胜主编：《中华人民共和国刑事诉讼法修改与适用》，新华出版社 2012 年版。

9. 《德国刑事诉讼法典》，李昌珂译，中国政法大学出版社 1995 年版。

10. 李学军主编：《美国刑事诉讼规则》，中国检察出版社 2003 年版。

11. 林山田：《刑事程序法》，台湾五南图书出版有限公司 1998 年版。

12. 宋英辉、吴宏耀：《刑事审判前程序研究》，中国政法大学出版社 2002 年版。

出版社 2002 年版。

13. 宋英辉主编：《刑事诉讼法修改问题研究》，中国人民公安大学出版社 2007 年版。

14. 孙长永：《侦查程序与人权——比较法考察》，中国方正出版社 2000 年版。

15. 徐静村、樊崇义主编：《刑事诉讼法学》，中国政法大学出版社 1994 年版。

16. 徐静村主编：《中国刑事诉讼法（第二修正案）学者拟制稿及立法理由》，法律出版社 2005 年版。

17. 杨宇冠：《非法证据排除规则研究》，中国人民公安大学出版社 2002 年版。

18. 杨宇冠：《人权法——〈公民权利和政治权利国际公约〉研究》，中国人民公安大学出版社 2003 年版。

19. 郑旭：《非法证据排除规则》，中国法制出版社 2009 年版。

20. ［德］汉斯·普维庭：《现代证明责任问题》，吴越译，法律出版社 2000 年版。

21. ［美］米尔建·R. 达马斯卡：《漂移的证据法》，李学军等译，中国政法大学出版社 2003 年版。

22. ［美］伟恩·让拉费弗等：《刑事诉讼法》（上册），卞建林等译，中国政法大学出版社 2003 年版。

23. ［意］贝卡利亚：《论犯罪与刑罚》，黄风译，中国大百科全书出版社 1993 年版。

二、论文类：

1. 卞建林：《检察机关与非法证据排除》，载《人民检察》2011 年第 12 期。

2. 卞建林、李晶：《非法证据排除规则在中国的确立与实施》，载卞建林、杨宇冠主编：《非法证据排除规则实证研究》，中国政法大学出版社 2012 年版。

3. 卞建林、李晶：《检察机关排除非法证据的规范——基于预防和排除的双重视角》，载《政治与法律》2011 年第 6 期。

4. 陈光中：《加强司法人权保障的新篇章》，载《政法论坛》1996 年第 4 期。

5. 陈光中：《刑事证据制度改革若干理论与实践问题之探讨——以两院三部〈两个证据规定〉之公布为视角》，载《中国法学》2010 年第 6 期。

6. 陈海鹰、黄金钟：《确立非法证据排除启动、决定和救济程序》，载《检察日报》2013 年 2 月 1 日第 003 版。

7. 陈瑞华：《论侦查人员的证人地位》，载《暨南学报》（哲学社会科学版），2012 年第 2 期。

8. 陈瑞华：《非法证据排除规则的中国模式》，载《中国法学》2010 年第 6 期。

9. 陈卫东：《中国刑事证据法的新发展——评两个证据规定》，载《法学家》2010 年第 5 期。

10. 陈卫东、程雷、孙皓、陈岩：《“两个证据规定”实施情况调研报告——侧重于三项规定的研究》，载《证据科学》2012 年第 1 期。

11. 陈卫东、杜磊：《庭前会议制度的规范建构与制度适用——兼评〈刑事诉讼法〉第 182 条第 2 款之规定》，载《浙江社会科学》2012 年第 11 期。

12. 陈卫国、李红妹：《审查起诉环节非法证据排除工作机制研究》，载《政治与法律》2011 年第 4 期。

13. 樊崇义：《“两个证据规定”理解与适用中的几个问题》，载《证据科学》2010 年第 5 期。

14. 樊崇义、吴光升：《审前非法证据排除程序：文本解读与制度展望》，载《中国刑事法杂志》2012 年第 11 期。

15. 甘雨来：《加拿大裁决不公正，误解中国法律——评加拿大联邦法庭对赖昌星案的审理》，发表于《中国政法大学校报》。

16. 甘雨来：《〈非法证据排除规定〉在实践中的运用——J省D市人民法院一则案例的几点启示》，载卞建林、杨宇冠主编：《非法证据排除规则实证研究》，中国政法大学出版社2012年版。

17. 甘雨来、孙军：《"我国非法证据排除规则实施与完善"研讨会会议综述》，载卞建林、杨宇冠主编，《非法证据排除规则实证研究》，中国政法大学出版社2012年版。

18. 顾永忠：《名正言顺：侦查阶段律师回归辩护人诉讼地位》，载《检察日报》2012年3月23日第003版。

19. 顾永忠：《刑事辩护制度的修改完善与解读》，载《甘肃政法学院学报》2011年第6期。

20. 顾永忠：《律师"会见难"、"阅卷难"基本解决》，载《检察日报》2012年3月26日第003版。

21. 顾永忠：《法律援助：范围扩大、时间提前》，载《检察日报》2012年4月9日第003版。

22. 何家弘：《中国已确立沉默权制度》，载《人民法院报》2012年8月1日第006版。

23. 胡云腾、喻海松：《刑事一审普通程序修改解读》，载《法律适用》2012年第9期。

24. 李晶：《非法证据排除视角下的律师制度完善》，载《西部法学评论》2011年第2期。

25. 刘彦辉：《论非法证据调查程序在我国的立法确立》，载《中国法学》2011年第4期。

26. 刘立霞：《交叉询问规则研究》，载《河北科技大学人民警察学院学报》2003年第2期。

27. 龙宗智：《两个证据规定的规范与执行若干问题研究》，载《中国法学》2010年第6期。

28. 龙宗智：《进步及其局限——由证据制度调整的观察》，载《政法论坛》2012年第5期。

29. 兰荣杰、胡珉瑞：《历史与比较视野中的刑事法律援助

——兼论〈刑事诉讼法〉修改的进步与局限》，载《浙江社会科学》2012 年第 11 期。

30. 吕广伦、罗国良、刘雅玲等：《〈关于办理刑事案件排除非法证据若干问题的规定〉理解与适用》，载《人民检察》2010 年第 16 期。

31. 马皑、宗会生：《审讯方法及其心理学原理》，载《中国刑事法杂志》2010 年第 1 期。

32. 屈新：《论辩护律师在场权的确立》，载《中国刑事法杂志》2011 年第 1 期。

33. 沈德咏、何艳芳：《论全程录音录像制度的科学构建》，载《法律科学》（西北政法大学学报）2012 年第 2 期。

34. 上海市人民检察院疑罪不诉证据问题课题组：《证明层次理论下的公诉证明标准》，载《华东政法大学学报》2008 年第 1 期。

35. 汪海燕：《评关于非法证据排除的两个〈规定〉》，载《政法论坛》2011 年第 1 期。

36. 汪海燕、范培根：《论刑事证明标准层次性——从证明责任角度的思考》，载《政法论坛》2001 年第 5 期。

37. 吴高庆：《论我国非法证据排除程序的完善》，载《浙江工商大学学报》2011 年第 4 期。

38. 汪建成：《刑事证据制度的重大变革及其展开》，载《中国法学》2011 年第 6 期。

39. 王姝：《公安部强调命案必破将全力推动命案讯问全程录音录像》，载《新京报》2006 年 5 月 17 日。

40. 万毅：《论“不强迫自证其罪”条款的解释与适用——〈刑事诉讼法〉解释的策略与技术》，载《法学论坛》2012 年第 3 期。

41. 瓮怡洁：《英国的讯问同步录音录像制度及对我国的启示》，载《现代法学》2010 年第 3 期。

42. 谢佳宏：《非法证据排除规则比较研究》，中国政法大学2007年博士毕业论文。

43. 谢佑平：《检察机关与非法证据排除》，载《中国检察官》2010年第11期。

44. 谢佑平、陈莹莹：《非法证据排除规则的实质与适用误区》，载《甘肃政法学院学报》2010年第5期。

45. 谢佑平、吴羽：《公设辩护人制度的基本功能——基于理论阐释与实证根据的比较分析》，载《法学评论》2013年第1期。

46. 肖玮：《分三步推行讯问全程同步录音录像》，载《检察日报》2006年1月18日第1版。

47. 徐清宇：《非法证据排除规则的现实困境及其解决路径——基于“非法证据排除规则试点项目”的实践与思考》，载《政治与法律》2011年第6期。

48. 徐清宇：《“非法证据排除规则试点项目”报告》，载《法制资讯》2011年2期。

49. 徐汉明、赵慧：《非法证据排除规则若干问题探究》，载《人民检察》2011年第20期。

50. 许冷、侯子峰：《关于新〈刑事诉讼法〉法律援助规定的思考》，载《中国司法》2012年第6期。

51. 杨宇冠：《非法证据排除规则及其在中国确立问题研究》，载《比较法研究》2010年第3期。

52. 杨宇冠：《〈刑事诉讼法〉修改凸显人权保障——论不得强迫自证有罪和非法证据排除条款》，载《法学杂志》2012年第5期。

53. 杨宇冠、甘雨来：《探索构建中国特色非法证据排除规则的实践》，载《人民法院报》2010年6月9日第6版。

54. 杨宇冠、孙军：《构建中国特色的非法证据排除规则——〈关于办理刑事案件非法证据排除若干问题的规定〉解读》，载《国家检察官学院学报》2010年第4期。

55. 杨宇冠、孙军：《检察机关如何审查排除非法证据》，载《检察日报》2010 年 9 月 20 日第 003 版。

56. 杨宇冠、杨恪：《〈非法证据排除规定〉实施后续问题研究》，载《政治与法律》2011 年第 6 期。

57. 杨宇冠、郭志远：《如何理解和把握“疑罪从无”》，载《检察日报》2006 年 6 月 20 日第 003 版。

58. 杨晓娜：《对非法证据排除规则的法哲学思考》，载《中国检察官》2011 年第 4 期。

59. 朱孝清：《侦查讯问时律师在场之我见》，载《人民检察》2006 年第 10 期。

60. 朱孝清：《检察官客观公正义务及其在中国的发展》，载《中国法学》2009 年第 2 期。

61. 张建伟：《纸面上的法与行动中的法》，载《西部法学评论》2010 年第 5 期。

62. 詹建红：《检察机关排除非法证据的制度构建》，载《法商研究》2012 年第 3 期。

三、传媒报道及网络信息：

1. 《杜培武错案的前前后后》，载人民网，http://unn.people.com.cn/GB/channel23/176/842/200011/08/6165.html。

2. 赵作海案，载百度百科，http://baike.baidu.com/view/3592528.htm。

3. 《郎胜：“不得强迫任何人证实自己有罪”与“应当如实回答”不矛盾》，载人民网，http://lianghui.people.com.cn/2012npc/GB/239293/17332481.html，最后访问日期 2013 年 3 月 25 日。

4. 《内江中院宣判四川“非法证据排除”第一案》，载《法制日报》2013 年 2 月 19 日第 008 版。

5. 《同步录音录像制度：总结中不断完善》，载人民网，http://legal.people.com.cn/h/2011/0717/c226563-4130142804.html。

6.《证据非法？反贪干警出庭对质》，载《检察日报》2012年9月23日第01版。

7.《规范非法证据排除，保证取证合法》，载《检察日报》2012年11月30日第04版。

8.《预防 核查 跟踪 排除非法证据18份》，载《检察日报》2013年1月19日第04版。

9.《江苏南通：排除非法证据不只警察出庭》，载《检察日报》2012年6月26日第01版。

10.《非法证据争议期待修法破题》，载《检察日报》2011年8月10日第05版。

11.《非法证据不能留到法庭上再排除》，载《检察日报》2010年11月23日第02版。

12.《广州一涉黑团伙44人被判刑》，载《人民法院报》2012年11月20日第04版。

13.《成都青羊：程序性问题在庭前会议解决》，载《人民法院报》2013年2月20日第03版。

14.《三明中院试水庭前会议制度》，载《人民法院报》2013年2月23日第04版。

15.《实体审理前先启动非法证据排除程序》，载《人民法院报》2012年9月15日第03版。

16.《非法证据排除，对诉讼各方是严峻考验》，载《检察日报》2012年9月17日第05版。

17.《关于2012年国民经济和社会发展计划执行情况与2013年国民经济和社会发展计划草案的报告》，载新华网，http://news.xinhuanet.com/2013lh/2013-03/05/c_114898648.htm。

18. 最高人民法院权威发布司法数据，载中华人民共和国最高人民法院网，http://www.court.gov.cn/qwfb/sfsj/。

19.《赵作海冤案追踪：当年法院指定辩护律师是实习生》，载网易新闻，http://news.163.com/10/0515/06/66N1OIVI000146BD_3.html。

20. 张烁：《中国律师30年增近850倍仍有210个县无从业人员》，载《人民日报》2010年8月29日。

21. 《浙江温州鹿城25人特大涉黑团伙受审　罪名达13项》，载中国新闻网，http://www.chinanews.com/fz/2012/11-26/4359674.shtml。